历史文化遗产保护管理
的困境及策略研究

Study on the Dilemma and
Strategy of Historical and Cultrual
Heritage Protection

邵 波 著

天津社会科学院出版社

图书在版编目（ＣＩＰ）数据

历史文化遗产保护管理的困境及策略研究 / 邵波著
. -- 天津 : 天津社会科学院出版社，2024.9
ISBN 978-7-5563-0956-6

Ⅰ．①历… Ⅱ．①邵… Ⅲ．①文化遗产－保护－研究
－中国 Ⅳ．①K203

中国国家版本馆CIP数据核字(2024)第029707号

历史文化遗产保护管理的困境及策略研究
LISHI WENHUA YICHAN BAOHU GUANLI DE KUNJING JI CELUE YANJIU
责任编辑：李思文
装帧设计：安　红
出版发行：天津社会科学院出版社
地　　址：天津市南开区迎水道7号
邮　　编：300191
电　　话：（022）23360165
印　　刷：北京盛通印刷股份有限公司
开　　本：710×1000　　1/16
印　　张：21.5
字　　数：320千字
版　　次：2024年9月第1版　　2024年9月第1次印刷
定　　价：78.00元

前　言

　　历史文化遗产是记录人类社会文明发展的重要载体和实物见证，是祖先留给我们的宝贵财富。随着我国城镇化进程的不断推进，作为占国土总面积0.9%以上的历史文化遗产，如何在经济社会发展大潮中对其加强保护已然成为社会各界普遍关注的热点问题。以习近平同志为核心的党中央高度重视历史文化遗产保护工作，多次强调要爱惜历史文化遗产，指出遗产保护与经济发展同等重要，要秉持科学的理念正确处理好城乡建设开发与历史文化遗产保护的关系，切实做到在保护中发展、在发展中保护。在这样的时代背景下，研究新时代我国经济社会发展中的历史文化遗产保护问题显然具有很强的理论和现实意义。

　　为此，本书以经济社会发展中的历史文化遗产保护困境及策略为研究主题，贯穿"提出问题—理论分析—实证分析—经验借鉴—对策建议"的研究思路展开相关研究工作。在系统梳理当前我国历史文化遗产保护面临的困境和矛盾的基础上，对历史文化遗产保护的相关问题进行有针对性的理论分析，探讨历史文化遗产保护对经济社会发展的促进作用，吸收和借鉴国外的先进经验，结合我国实际提出相应的对策和建议，以期进一步推动我国历史文化遗产保护事业的发展。

　　本书共分为五个部分，第一部分为引论部分，简要阐释本书的选题背景、研究意义、理论基础、文献综述和研究内容，在对我国历史文化遗产保护历程和保护特点进行总结概述的基础上,指出当前我国历史文化遗产保护面临"建设性"破坏依然严重、保护管理体系不顺畅、产权保护制度不完善以及公共财政投入不足等困境。

第二部分为理论研究部分,综合运用多种理论对我国历史文化遗产保护面临的问题进行分析研究。首先,运用价值理论、公共产品理论、外部性理论等对历史文化遗产的经济特征进行分析,指出历史文化遗产是一种具有很强正外部性的公共产品,认为在外部性治理方面应从公益性的角度加大公共财政投入,通过保护历史文化遗产增进社会福利。其次,从产权理论的角度对历史文化遗产的产权特征、属性、结构、产权安排及效率等问题进行探讨,认为明晰的产权制度对于加强历史文化遗产保护具有很强的保障作用。再次,从博弈论的角度分析与历史文化遗产保护相关的各类组织及其利益诉求、博弈行动与博弈策略,指出历史文化遗产保护与破坏的表象背后是中央政府、地方政府、开发企业、居民群体和非政府保护组织之间多方博弈的结果。最后,从土地发展权理论的角度分析历史文化遗产保护的土地权利交易问题。通过对土地发展权的起源与发展、权利归属、参与主体、交易区域的限定以及交易实施等方面的探讨,认为在市场经济条件下开展土地发展权转移对于促进城市土地开发建设、推动历史文化遗产保护具有非常积极的作用,为平衡保护与发展关系、实现两者的和谐共赢提供了一条新的解决思路。

第三部分为实证分析部分,主要研究历史文化遗产保护对经济社会发展的贡献和带动作用。分别从历史文化遗产保护对相关行业发展的影响、对宏观经济的总体贡献以及对地区经济发展的推动作用等三个方面进行研究，指出历史文化遗产作为一种宝贵的经济文化资源，其保护利用对于我国经济社会发展具有一定的促进作用。同时，选取河北承德、陕西秦汉新城以及浙江良渚作为研究对象，较为全面地分析了富集的历史文化资源对当地经济社会发展的直接和间接影响，用真实案例和翔实数据破除长期以来人们固有的加强历史文化遗产保护会阻碍经济建设发展的传统观念。

第四部分为经验借鉴部分，主要分析美国、日本和法国等西方发达国家在历史文化遗产保护方面的先进经验及对我国的启示。通过对这些国家历史文化遗产的保护历程、保护管理方式和经济刺激政策等方面的考察和研究，进一步阐释西方国家的经验对加强我国历史文化遗产保护体系建设、完善保护经济政策、协调保护与发展关系的借鉴意义。

第五部分为对策建议部分。本书认为，在当前我国经济社会发展迈入新时代和社会主要矛盾发生转变过程中，历史文化遗产对于经济社会发展的作用日益显著。为进一步加强经济社会发展中的历史文化遗产保护，贯彻"在保护中发展、在发展中保护"理念的落地生根，本书从公共政策的角度提出推动保护与发展的管理体制改革、开展产权结构治理、改善资金保障制度以及创设土地发展权转移制度四个方面的建议和意见，以期进一步完善我国历史文化遗产保护管理制度建设，推动我国历史文化遗产保护事业与经济社会和谐有序发展。

目　录

第一章

绪论

第一节　选题背景及研究意义

一、选题背景

作为世界文明古国的中国，文化源远流长。5000多年的悠久历史不仅创造了灿烂的华夏文明，也为我们孕育和保存下众多弥足珍贵的历史文化遗产。它们是人类社会在不同的发展阶段保留下来的实物见证，是物质文明和精神文明的具象载体，真实客观地展现了当时的政治、经济、社会和科技成就，反映了中华文明独有的文化底蕴和精神内涵，也潜移默化地塑造了与众不同、独具特色的传统文化与人文精神。可以说，中华文化的特质和魅力很大一部分是由祖先遗留下来的历史文化遗产决定的。透过历史文化遗产及其背后所蕴含的丰富文化信息，能够让人们真切地感受到博大精深的中华文明，这要远比古籍里的记载、教科书上的描述、心口相传式的讲述更加直观、生动、真实，也更令人震撼。人们对于一个国家、一个民族、一个城市最初和最直观的印象往往是从探寻和了解当地的历史文化遗产开始的，比如故宫之于北京、外滩之于上海、避暑山庄之于承德、布达拉宫之于拉萨，许多著名的历史文化遗产已然成为中华文化的象征和城市的代名词。

然而，随着经济社会的迅猛发展和城市化进程的快速推进，历史文化遗产在开发建设中遭受到了长期持续性的破坏。中共中央、国务院印发的

《国家新型城镇化规划（2014-2020 年）》一针见血地指出，当前我国"自然历史文化遗产保护不力，城乡建设缺乏特色……'建设性'破坏不断蔓延，城市的自然和文化个性被破坏。一些农村地区大拆大建，照搬城市小区模式建设新农村，简单用城市元素与风格取代传统民居和田园风光，导致乡土特色和民俗文化流失"。部分地区在"重经济发展轻文化建设"的路径依赖下，在城市土地开发过程中为了 GDP 的快速增长采取大拆大建的方式将成片的老旧建筑夷为平地，其中也包括很多具有保存价值的文物建筑。例如天津"自 1980 年以来。已经被拆毁的天津市文物保护单位 4 个、区县文物保护单位 16 个、文物点 160 个，约占全市文物保护单位的 1/6"[①]。有的地方利用历史文化遗产大打经济牌，将其当作发展经济的摇钱树，在旧城改造中对其中的历史文化街区大搞商业性开发，或拆掉真正的文物建筑修建整齐划一的仿古建筑一条街，或对历史文化遗产进行大肆改扩建，不惜破坏遗产本体及周边环境来达到商业开发的目的。如改革开放以后，北京琉璃厂历史街区多次进行大规模翻建改建，拆除原有历史建筑修建仿古街，其独有的历史信息消失殆尽。此外，一些地方政府对于历史文化遗产采取消极保护的态度，既不增加经费投入也不采取任何保护措施，任由历史文化遗产在自然和人为的侵蚀与破坏下自生自灭。据国家文物局发布的数据，我国目前共登记各类不可移动文物有 766722 处，其中 17.77% 保存状况较差，8.43% 保存状况差，约 4.4 万处不可移动文物已经消失[②]。国家文物局原局长单霁翔曾以"缺乏加强保护的正确认识""缺乏实施保护的法律保障""缺乏实施保护的成熟经验""缺乏合理利用的科学界定[③]"概括了改革开放以来我国历史文化遗产保护存在的问题。

当然，在看到历史文化遗产面临种种挑战和生存危机的同时，我们也欣喜地看到不少地方能够正确认识和处理历史文化遗产保护与经济社会发展问题。它们采取保护与发展并重的策略，在城市建设中充分挖掘历史文化遗产的文化内涵，在保护的基础上进行活化利用，让历史文化遗产重新

① 方兆麟,张洪森,张原.历史建筑:天津如何将你留住?[N].人民政协报,2006-09-18(B01).

② 新华每日电讯:文保困境呼唤政府更有为.[EB/OL].(2016-04-04)[2023-04-15].http://cpc.people.com.cn/pinglun/n1/2016/0414/c78779-28274579.html.

③ 单霁翔.20 世纪遗产保护的实践与探索[J].城市规划,2008(06):11-32+43.

焕发了生命力，不但促进了当地的经济发展，而且反过来也提升了保护水平，实现了历史文化遗产保护的社会效益和经济效益互利共赢的良好态势。例如平遥古城和丽江古城，由于真实、完好地保存和展现了当地特有的历史文化风貌，1997 年双双入选世界文化遗产并由此带动文化旅游业的发展，成为经济社会发展与历史文化遗产保护利用完美结合的典范。

党的十八大以来，以习近平同志为核心的党中央高度重视历史文化遗产保护工作。2014 年，习近平总书记在北京考察期间，指出"历史文化是城市的灵魂，要像爱惜自己的生命一样保护好城市历史文化遗产……要本着对历史负责、对人民负责的精神，传承历史文脉，处理好城市改造开发和历史文化遗产保护利用的关系，切实做到在保护中发展、在发展中保护[1]"。在 2016 年全国文物工作会议召开之际，习近平总书记作出重要指示，要求各级党委和政府要增强对历史文物的敬畏之心，树立保护文物也是政绩的科学理念，统筹好文物保护与经济社会发展，全面贯彻"保护为主、抢救第一、合理利用、加强管理"的工作方针，切实加大保护力度，推进合理适度利用，使文物保护成果更多惠及人民群众[2]。他在广州永庆坊考察时指出，城市文明传承与根脉延续非常重要，传统与现代要融合发展，旧城的保护与更新，更多地要采取微改造的方式，用绣花功夫让具有深厚历史积淀的老街古巷焕发新的活力，让城市留下记忆，让人们记住乡愁。2019 年在天津视察历史文化街区时，习近平总书记强调要爱惜城市历史文化遗产，在保护中发展，在发展中保护。党的二十大报告中，习近平总书记提出要"加大文物和文化遗产保护力度，加强城乡建设中历史文化保护传承，建好用好国家文化公园"的重要论述，为我国历史文化遗产保护事业的发展提供根本遵循。

在此时代背景下，如何在经济社会发展和城市开发建设过程中加强历史文化遗产保护、探究历史文化遗产的经济价值、发挥历史文化遗产的经济功能、实现"在保护中发展、在发展中保护"的目标成为摆在我国历史文化遗产保护领域面前的一个重大课题。在以往的研究中，大多数的研究

---

① 欧阳雪梅.努力走出一条符合国情的文物保护利用之路——习近平总书记文化遗产观研究[J].湖南社会科学,2018(06):8-14.

② 张舜玺.习近平文物事业法治思想研究[J].中国法学,2017(04):5-22.

成果主要聚焦历史文化遗产的文化价值和社会价值上，更多强调历史文化遗产保护在传承和延续传统文化方面的作用和贡献，较少探讨历史文化遗产保护与经济社会发展之间的关系，这也导致人们片面地认为加强历史文化遗产保护会阻碍经济社会发展，甚至成为城市建设的绊脚石。为此，本书拟从公共政策的角度出发，运用经济学的研究思路和研究方法，探讨当前我国历史文化遗产保护事业发展面临的困境，阐释历史文化遗产的经济学特征和产权特点，考察与历史文化遗产保护相关的组织间博弈，分析历史文化遗产保护对经济社会发展的推动作用，在吸收和借鉴国外有益经验的基础上对我国的历史文化遗产保护提出建议和对策，以期推动我国历史文化遗产保护与经济社会发展之间实现互利共赢的良好局面。

二、研究意义

（一）理论意义

不同于传统的历史学、城市规划学、文物考古学、建筑学等学科对历史文化遗产保护的研究思路，本书试图将经济学的理论研究框架和研究方法引入历史文化遗产保护中来，综合运用公共产品理论、外部性理论、产权理论、博弈论等理论方法多角度、多方位、多层次地对历史文化遗产保护发展面临的困境进行深入分析，有助于我们从理论层面上加深对历史文化遗产保护的认识和理解，探索历史文化遗产保护对经济社会发展的贡献，对于丰富我国历史文化遗产的保护理论内容、构建具有中国特色的历史文化遗产保护制度、推动实现"在保护中发展、在发展中保护"目标具有很强的理论指导意义。

（二）现实意义

自改革开放以来，我国历史文化遗产保护与经济社会发展之间的矛盾在某些地区已经演化到难以调和的地步。尤其是随着我国城市化进程的快速推进，大量农村剩余人口迁移到城市，人口的增加和城市规模的急剧扩大加剧了对土地资源的需求。然而随着 18 亿亩国家耕地红线政策的落地和大城市划定开发边界的施行，在可供开发土地日益匮乏的情况下，经济发展、城市开发与遗产保护之间的矛盾越来越凸显。特别是近些年来在"旧城改造""棚户区改造"的过程中，不少有着深厚文化底蕴的历史文化名城名镇名村、历史文化街区、传统村落、文物建筑和历史古迹正逐步沦为推土机下的牺牲品。随着当前我国各个城市正在实施"城市更新"行动，如何妥善处理好保护与发展已经成为摆在城市管理者面前考验决策智慧的一道难题。为此，习近平总书记指出要正确处理历史文化遗产保护与城乡建设的关系，强调要在坚持保护的前提下进行适度合理开发和建设，通过适度合理开发和建设来实现更好的保护。不能把保护和发展对立起来，要坚持与时俱进，用改革的思路、创新的意识，把保护与开发、建设有机结合起来，不断开拓保护与发展"双赢"的新路子，最终实现生态效益、环境效益、经济效益和社会效益的辩证统一①。

当前，我国经济正从高速增长阶段转向高质量发展阶段，中国特色社会主义进入新时代，社会主要矛盾已经转化为人民日益增长的美好生活需要和不平衡不充分发展之间的矛盾。在新发展理念的正确引领下，尤其是随着我国经济增长方式的转变和供给侧结构性改革的持续推进，从经济学的角度探讨历史文化遗产保护与经济社会发展关系，认识历史文化遗产的经济功能，研究历史文化遗产保护在推动经济社会发展的作用，破除历史文化遗产保护阻碍经济发展的陈旧观念，不仅对于延续城市文脉、保护历史环境和传承传统文化具有重要的现实意义，而且对于推动我国经济结构转型、促进经济社会发展、满足人民群众对于美好精神文化的需要也有一定的促进作用。

① 习近平文物保护简史.[EB/OL].(2015-01-11)[2023-04-15].https://cn.chinadaily.com.cn/2015-01/11/content_19289854.htm.

第二节　理论基础与核心概念

一、理论基础

（一）公共产品理论

公共产品（Public Goods）是经济学领域使用最为广泛的概念之一。对于公共产品的概念，正如黄恒学（2002）所认为的，要对公共产品下一个精确的定义确实是困难的[①]。诺贝尔经济奖获得者萨缪尔森（1954）认为，公共产品是这样一些产品，无论每个人是否愿意购买他们，它们带来的好处不可分割地散布到整个社区里[②]。奥尔森则认为，任何产品，如果一个集团 X1，…Xi，…Xn 中的任何个人 Xi 能够消费它，它就不能适当地排斥其他人对该产品的消费[③]，则该产品就是公共产品。而布坎南指出，任何集团或社团因为任何原因通过集体组织提供的商品或服务，都被定义为公共产品[④]。这也就是说，任何集团或社团提供的产品都是公共产品。尽管经济学家对公共产品很难规范一个精确的定义，不过一般来说，公共产品相较私人产品（Private Goods）具有两个明显的特征，即消费的非排他性和非竞争性。

1. 非排他性

所谓非排他性，是指某项产品只要生产出来就难以将其他免费使用的消费者排除在外，也就是说任何人都可以不用付费便能消费它。这里面包含了三层含义：一是在公共产品的覆盖范围之内，任何人都不可能不让别人消费，如果要想把他人排除在外，要么技术不可行，要么阻止他人消费

---

① 黄恒学.公共经济学 [M].北京：北京大学出版社,2009:92.

② 保罗·A·萨缪尔森,威廉·D·诺德豪斯.经济学：第十四版 [M].胡代光,等译.北京：北京经济学院出版社,1996:571.

③ 曼瑟尔·奥尔森.集体行动的逻辑 [M].陈郁,郭宇峰,李崇新,译.上海：上海人民出版社,1995:13.

④ 詹姆斯·M·布坎南.民主财政论 [M].穆怀朋,译.北京：商务印书馆,1999:20.

的成本过高。二是任何人都必须消费公共产品，即便有人不想消费也没办法拒绝。三是任何人消费的产品数量都是相同的[①]。

2. 非竞争性

所谓非竞争性，是指只要公共产品生产出来后即使新增加一人消费也不会对其他人造成影响，即新增消费者使用该产品的边际成本为零。而边际成本为零，意味着一方面公共产品的边际生产成本为零，即增加消费者对生产者来说其边际成本为零；另一方面则是边际拥挤成本为零，即在未实现产品消费饱和的情况下，每个消费者的消费都不影响其他人的消费数量和质量。

根据非排他性和非竞争性，公共产品一般可以分为纯公共产品、准公共产品和私人物品。所谓纯公共产品，是指能够严格满足非排他性和非竞争性两个条件的产品。同时具有排他性和竞争性的产品，通常是私人产品，一般具有独占性、有限性等特点。介于两者之间的，我们称之为准公共产品。一般来说，我们把具有排他性而缺乏竞争性的产品称之为俱乐部产品，其特点是当消费者超过一定数量后便产生拥挤现象，这时能够采取一定技术手段来限制使用者的数量，即"俱乐部产品是可以排除他人消费的一种拥挤性质的公共产品[②]"。另一类准公共产品是公共资源，具有竞争性但没有排他性或排他性成本很高。

表1：公共产品分类

	竞争性	非竞争性
排他性	私人产品	俱乐部产品
非排他性	公共资源	纯公共产品

（二）外部性理论

外部性一词最早源于马歇尔《经济学原理》中使用的"外部经济"，

① 黄恒学. 公共经济学 [M]. 北京：北京大学出版社,2009:94.

② 鲍德威,威迪逊.公共部门经济学(第二版)[M].邓力平,主译.北京:中国人民大学出版社,2000:67.

是指一个部门内部的各个厂商之间的关系，对部门内的厂商来说这种外部
经济是外在的，但对整个部门来讲就是内在的。庇古在马歇尔的基础上，
对外部性的定义进行了拓展和充实，指出如果一个厂商对另外厂商或社会
造成损害而无需付出代价，这就是外部不经济。此时，厂商的边际私人成
本低于边际社会成本，边际私人福利高于边际社会福利。据此庇古认为要
改变这种情况需要国家采取干预措施，比如征税或补贴。道格拉斯·诺斯
则认为，个人收益或成本与社会收益或成本之间存在差异，意味着有第三
方或者更多方在没有他们许可的情况下获得或者承受一些收益或成本，这
就是外部性[①]。

　　虽然在外部性的概念方面存在不同表述，但大多数经济学家都认可外
部性有如下特征：外部性存在于不少于两个以上的交易主体之间；很难对
外部性的生产者给予惩罚或奖励；外部性在现实世界里是无法完全消除的；
外部性会造成生产者的生产可能性曲线和消费者的效用可能性曲线发生扭
曲；外部性有正负之分。如果双方的交易使第三方获益，而且并没有向
第三方收费，我们称之为正外部性。如果双方交易使第三方利益受损却没有
给予惩罚或赔偿，则称之为负外部性。也就是说，产生外部性的行为主体
无法通过市场交易的方式获得补偿或为此付费。研究表明，只要存在外部
性，不论是正外部性还负外部性，都无法达到资源配置的帕累托最优。

（三）产权理论

　　现代经济学关于产权的认识，一般认为源于科斯《企业的性质》和《社
会成本问题》这两篇经典论著。在论文中，科斯打破以往传统经济学的束
缚，借助交易费用的概念通过对产权的界定来分析现实中的经济问题。他
认为，在交易费用为零或很低的情况，不论产权如何进行初始配置，通过
市场交换都会达到资源配置的帕累托最优。如果交易费用大于零，那么权
利之间的不同界定，会带来不同效率的资源配置结果。

　　对于产权的定义，不同的经济学家有着不同的理解。思拉恩·埃格特

---

① Douglass C North Robert P Thomas. *The Rise of the West World*[M].Cambridge University Press, 1973:2-3.

森把个人使用资源的权利称为产权①。阿尔钦认为，产权是一个社会所强制实施的选择一种经济品的使用的权利②。巴泽尔则认为，个人对资产的产权由消费这些资产、从这些资产中取得收入和让渡这些资产的权利或权力构成③。柯武刚、史漫飞研究指出，产权并非物质对象，而是一些在社会中受到广泛尊重的权利和义务④。德姆塞茨也认为，产权是一种社会工具……是界定人们如何受益及如何受损，因而谁必须向谁提供补偿以使其修正人们所采取的行动⑤。显然，我们很难从以上经济学家们的表述中形成一个统一全面而又系统精确的定义，人们总是从不同的角度根据研究的需要来对产权进行理解和归纳。不过可以肯定的是，经济学家眼里的产权比一般法律意义上的产权定义更为宽泛，所涵盖的内容也更多元。在这里，产权不仅仅指的是一种财产权，包含的也不单单是人与物的关系，而是由于物品的存在与使用而产生的人与人之间相互认可的行为关系，也可以说是由物品的稀缺性所引起的人们之间权利的交易。产权实际上是人与人之间的社会工具，是人们为有效地利用和配置稀缺资源而设立的。产权不仅是人们使用资源的一组权利束，而且也是隐含在人和物之间的人与人的关系，可以说产权是一系列的社会制度，是一种契约形式。在市场经济条件下，这些权利是可以进行交易和买卖的。

（四）博弈论

博弈论是研究决策主体的行为发生直接相互作用时候的决策以及这种决策的均衡问题⑥。学术界一般认为，冯·诺依曼和摩根斯坦在1944年合作出版的《博弈论与经济行为》是第一本将博弈论引入经济学研究领域的

---

① 思拉恩·埃格特森.新制度经济学[M].吴经邦,等译.北京:商务印书馆,1996:35.

② 罗纳德·H.科斯,等著.财产权利与制度变迁:产权学派与新制度学派译文集[C].刘守英,等译.上海:格致出版社,2014:121.

③ 巴泽尔.产权的经济分析[M].上海:上海人民出版社,1997:2.

④ 柯武刚,史漫飞.制度经济学:社会秩序与公共政策[M].北京:商务印书馆,2000:212.

⑤ 罗纳德·H.科斯,等著.财产权利与制度变迁:产权学派与新制度学派译文集[C].刘守英,等译.上海:格致出版社,2014:71.

⑥ 张维迎.博弈论与信息经济学[M].上海:上海人民出版社,2004:2.

著作。而到了 20 世纪 50 年代，博弈论的发展进入了快速发展期，先是约翰·纳什在 1950 年和 1951 年发表了两篇重要的非合作博弈的论文，提出了著名的纳什均衡，然后塔克的"囚徒困境"理论模型和纳什、夏普利的"讨价还价"模型的创立为现代博弈理论奠定了坚实的基础。20 世纪 60 年代，泽尔腾通过对动态博弈的分析提出了子博弈精炼纳什均衡。海萨尼则将不完全信息的研究成果带入博弈论中，推动了博弈论的发展。到了 20 世纪 80 年代，博弈论的研究进入快车道，在柯瑞普思、威尔逊、罗伯茨等人的推动下，博弈论的相关研究理论和研究成果在经济学领域大放异彩，得到大规模的应用和推广，并逐步成为主流经济学的重要组成部分。

根据博弈论理论，其主要由参与人、行动、信息、战略、支付、结果和均衡等部分组成。

参与人是指在博弈过程中选择行动以最大化他的支付（效用）的决策主体。参与人可以是自然人，也可以是企业或组织，甚至是政府机关或国际机构等。

行动是指在博弈过程中参与人在某个时点的决策变量。博弈中参与人选择的行动的集合构成了一个行动组合，不同的行动组合会导致不同的博弈结果。

信息是指在博弈过程中参与人所掌握的知识，主要包括对己方、对方战略或行动的相关函数。在博弈过程中信息是非常重要的，我们可以借助信息掌握的多少来进行战略或行动的选择。

战略是在给定信息情况下参与人实施行动的策略，它指导参与人在不同信息情况下选择对应的行动。

支付是指在给定战略组合下参与者得到的报酬。参与者获得支付的高低不仅取决于自身选择的战略也依赖其他人选择的战略。

结果是指博弈的参与者最终希望得到的东西。

均衡是指所有参与人的最优策略或行动的组合，即博弈中的稳定状态。在这种状态下，所有参与人都不再愿意改变自己的战略。

一般来讲，博弈可划分为四种形态。根据参与人行动的先后顺序，可划分为静态博弈和动态博弈。按照参与人掌握信息、战略和支付等情况，分为完全信息博弈和非完全信息博弈。由此得出博弈的四种类型，分别是

表 2：博弈论的分类

	静　态	动　态
完全信息	完全信息静态博弈； 纳什均衡； 代表人物：纳什（1950，1951）	完全信息动态博弈； 子博弈精炼纳什均衡； 代表人物：泽尔腾（1965）
不完全信息	不完全信息静态博弈； 贝叶斯纳什均衡； 代表人物：海萨尼（1967—1968）	不完全信息动态博弈； 精炼贝叶斯纳什均衡； 代表人物：泽尔腾（1975） 克瑞普斯和威尔逊（1982） 弗登博格和泰勒尔（1991）

完全信息静态博弈、完全信息动态博弈、不完全信息静态博弈、不完全信息动态博弈。与上述四类博弈相对应的是四个均衡概念，即纳什均衡、子博弈精炼纳什均衡、贝叶斯纳什均衡、精炼贝叶斯纳什均衡。[①]

（五）土地发展权理论

从经济学的角度来看，土地发展权是发展土地的权利，是一种可与土地所有权分离而单独处分的财产权[②]，也是一种特殊类型的产权。作为一项用于平衡市场开发与空间资源保护的弹性调控理论，自 20 世纪 60 年代末以来，土地发展权理论一直当作以市场为导向的规划工具进行研究，并首先应用于成为城市标志的历史建筑保护之中[③]。由于土地发展权理论能够将政府强制管控转换为以市场为主导的调控策略而广受欢迎，并在随后的几十年来得到广泛应用，取得了良好的效果。

土地发展权理论是在土地分区管制规划容积率被限定的背景下产生的。在严格的土地分区开发控制体系下，土地的容积率都是明确规定的，其地块开发强度和土地收益也是确定的。在这种情况下，如果部分地块的容积

---

① 张维迎 . 博弈论与信息经济学 [M]. 上海：上海人民出版社 ,2004:2.

② 毕宝德 . 土地经济学 [M]. 北京：中国人民大学出版社 ,2016:145.

③ Johnston R A, Madison M E. From Landmarks to Landscapes: A Review of Current Practices in the Transfer of Development Rights[J]. *Journal of the American Planning Association*, 1997(63): 365–378.

率未得到有效利用，那么就给土地所有权人造成相当的经济损失，并由此催生了土地发展权理论制度。皮泽（Pizor）指出，土地发展权是土地所允许的最大潜在使用强度与使用现状之间的差异[①]，其发展权转移是指将一宗土地的发展权全部或者部分转移到另一宗土地上的工具[②]。美国学者希夫曼（Schiffman）也认为创造土地发展权理论的目的，是为了解决土地所有权人之间因土地利用分区管制而造成的不公平和土地使用效率降低这个双重问题[③]。也就是说，土地发展权是指通过容积率、建筑密度、开发强度等一系列指标的制订、调整和转移管理，再将限定开发地区的土地发展权通过经济手段转移到其他地块，在补偿限定开发地区的同时鼓励开发企业对其他地块增大开发强度，进而实现城市空间布局与区域经济发展的共同发展。

土地发展权理论在我国的出现最早可追溯到 1992 年原国家土地管理局出版的《各国土地制度研究》一书。书中介绍了美国、英国、法国的做法，并指出土地发展权即土地变更使用性质之权，如农地变更建设用地，或变更土地原使用状态的集约度，如开发强度增大。在创设土地发展权前，土地上的一切财产权或使用权，以现有的使用价值为限，也就是说土地所有权的范围，是以当前已经依法取得的既有权利为限。而在此后变更土地使用性质或强度的决定权则属于发展权[④]。在此之后，我国的学者对土地发展权及其转移进行许多探讨并由此衍生出了狭义上的土地发展权和广义的土地发展权概念。所谓狭义土地发展权仅指对土地用途的变更。如李世平（2002）指出，土地开发权是将土地变更为不同使用性质的权利[⑤]，杜业明（2004）认为，土地发展权是土地所有权人改变土地用途而获得额外收益的权利[⑥]。朱道林（2010）通过研究指出，土地发展权是一种农用地转变为

① Pizor P J. Making TDR Work: A Study of Program Implementation[J]. *Journal of the American Planning Association*, 1986,52(02):203–211.

② Moskowitz H S, Lindbloom C G. *The Latest Illustrated Book of Development Definitions*[M]. Routledge, 2004.

③ Schiffman I, Schiffman A. *Alternative Techniques for Managing Growth*[M]. Berkeley: University of California, Institute of Governmental Studies Press, 1999.

④ 屠帆. 政府行为和城市土地资源配置—以浙江省为例 [D]. 浙江大学 ,2009.

⑤ 李世平. 土地发展权浅说 [J]. 国土资源科技管理 ,2002(02):15–17.

⑥ 杜业明. 现行农村土地发展权制度的不均衡性及其变迁 [J]. 西北农林科技大学学报 (社会科学版),2004(01):4–8.

建设用地进行开发利用的权利，这种权利是由土地利用规划的限定而设立的。相反，广义发展权则既包括土地用途的变更也包括土地利用集约程度的变化。胡兰玲（2002）认为，土地发展权是指土地在使用中变更土地用途，或者在空间上的纵深方向利用再开发的权利[①]。王万茂、臧俊梅（2006）也认为，土地发展权是指土地变更用途使用和对土地原有集约度的改变之权[②]。此外，孙弘、郭湘闽、张安录、刘国臻等人也认为，土地发展权包括土地使用性质（用途）的改变与土地开发强度的改变这两种情况。

之所以土地发展权的概念在我国会出现这种情况，主要是因为在土地发展权概念引入的时候，我国的城镇化水平较低，在提升土地使用密度、强度和容积率方面的现实需求及引发的问题还不突出，导致部分学者将土地发展权的研究注意力放在了土地使用性质转换上。事实上，西方国家对于土地发展权的研究更多地倾向于广义的概念，其发展权除了变更土地用途的权利外，主要是指市政建设用地之间建设强度、密度、高度等可测量的建设开发容量的权利。一般认为，土地发展权的概念由四方面组成。第一方面，土地发展权是土地尚未开发的权利，是土地开发潜力的重要指标。与土地所有权的静态性相比，土地发展权侧重于权利的动态性。第二方面，土地发展权是改变土地利用用途和性质的权利，一般是从价值较低的土地性质变更为价值较高的土地性质。第三方面，土地发展权是改变土地利用强度的权利，一般是从较低的开发集约度向较高的开发集约度的转换，其衡量指标主要是容积率。第四方面，土地发展权是一种与土地所有权平行且能够与之分离而单独使用和处分的权利，能够按照一定的规则在不同的土地所有权人之间进行流转。

二、核心概念

历史文化遗产保护是本书研究的核心问题。历史文化遗产的概念脱胎于文化遗产，最初的意思指祖先留给后代的东西，往往指代物质的、可供

---

① 胡兰玲.土地发展权论[J].河北法学,2002(02):143-146.

② 王万茂,臧俊梅.试析农地发展权的归属问题[J].国土资源科技管理,2006(03):8-11.

怀念的纪念物、人类遗址、历史遗迹等 [1]。而现代意义上的文化遗产，则来自美国及联合国教科文组织的推动。1970 年，美国出台《国家环境政策法》，指出人文环境是生活环境的重要组成部分，提出要树立保护国家的历史遗产、文化遗产和民族遗产的理念。同年，美国发布《人类环境行动计划》，提出在全世界范围内推动缔约保护文化和自然遗产的公约。在此背景下，1972 年，联合国教科文组织在法国巴黎举行的第 17 届会议上通过了《保护世界文化和自然遗产公约》。这是全世界首次以正式文件的方式提出要通过建立必要的国际公约来保存和维护具有突出普遍价值的人类文化和自身留下的珍贵遗存。在《保护世界文化和自然遗产公约》中，指出文化遗产由文物、建筑群和遗址组成 [2]。这一定义在国际社会尤其是遗产保护领域得到了正式认可和广泛应用。随后，联合国教科文组织成立了由公约缔约国组成的"世界遗产委员会"并开展《世界遗产名录》的申报、遴选、登录工作。《保护世界文化和自然遗产公约》是迄今为止加入缔约国最多、运作最为成功的公约之一。随着时代的发展和人们对文化遗产认识的加深，文化遗产的内涵和外延也不断丰富，1992 年 12 月，联合国教科文组织世界遗产委员会第 16 届会议将文化景观作为文化遗产的类型，进一步扩展了文化遗产的范围。

作为历史悠久的文明古国，我国拥有众多的历史文化遗产。不过，在概念上我国一直将具有重要历史、艺术、科学价值的人类文化遗存中的物质部分称之为"文物"。尤其在中华人民共和国成立后，我国建立了完整的文物保护管理体系，出台了一系列与文物保护相关的法律法规，开展和实施了众多文物保护维修工程。文物的内涵和外延也在不断丰富和完善，其组成由最初的不可移动文物和可移动文物，扩展到历史文化名城、名镇、名村、历史文化街区等。文物在年代上也不再局限于古代，还将近代、现代甚至是当代的重要物质遗存囊括其中。随着对外交往的深入，尤

---

① 张朝枝, 保继刚. 国外遗产旅游与遗产管理研究——综述与启示 [J]. 旅游科学, 2004(04):7-16.

② 《保护世界文化和自然遗产公约》中对文物、建筑群和遗址进行了定义：文物是指从历史、艺术或科学角度看具有突出的普遍价值的建筑物、碑雕和碑画、具有考古性质成分或结构、铭文、窟洞以及联合体；建筑群是指从历史、艺术或科学角度看，在建筑式样、分布均匀或与环境景色结合方面，具有突出的普遍价值的单立或连接的建筑群；遗址是指从历史、审美、人种学或人类学角度看具有突出的普遍价值的人类工程或自然与人联合工程以及考古地址等地方。

其是文化遗产概念的引入和传播，我国的保护理念也逐步向世界接轨，从文物保护转向文化遗产保护。1985 年，我国政府批准加入了《保护世界文化遗产和自然遗产公约》，成为该公约的缔约国。随后的 1987 年，我国的长城、北京故宫、莫高窟、秦始皇陵及兵马俑坑、周口店北京猿人遗址五处不可移动文物登录世界文化遗产目录。为促进我国文化遗产事业的发展，2005 年国务院年印发《关于加强文化遗产保护的通知》（国发〔2005〕42 号），首次以公文的形式对文化遗产的概念和范围作了规定。该通知指出，文化遗产分为物质文化遗产和非物质文化遗产，其中与历史文化遗产密切相关的是物质文化遗产，是由"具有历史、艺术和科学价值的文物，……以及在建筑样式、分布均匀或与环境景色结合方面具有突出普遍价值的历史文化名城（街区、村镇）"组成。

在我国学术界，一般认为历史文化遗产是文化遗产的重要组成部分，主要是指现实生活中有形的物质文化遗产，是人类社会在长期发展历程中保留下来的具有特殊价值的历史实物遗存。张松（2009）指出，历史文化遗产主要由三部分组成，第一部分是历史建筑及其周边环境；第二部分是城市内的历史地段，如传统街区、历史城区、工业遗址等；第三部分是历史城镇[1]。通过研究，本书认为历史文化遗产是指在人类社会发展过程中保留下来的具有历史、艺术和科学价值的物质文化遗存，涵盖各类不可移动文物、具有突出普遍价值的建筑群、历史文化城镇街区等实物遗迹。这些实物遗存在现实世界中表现为不同历史发展阶段留存下来的具有一定历史价值的地上地下有形的物质文化遗存。其概念主要由三个层次构成，分别是不可移动文物和历史建筑，如古遗址、古墓葬、古建筑、石窟寺石刻、近现代重要史迹及代表性建筑、历史建筑、工业遗产、乡土建筑等；历史文化名城，如保存文物特别丰富、具有重大历史文化价值和革命意义的国家级历史文化名城和省市级历史文化名城等；历史文化保护区，如由不可移动文物和历史建筑构成的历史文化名镇名村、历史文化街区、传统村落以及背后蕴含和承载各种历史文化信息的历史环境、具有美学和历史价值文化景观等。需要指出的是，历史文化遗产是不断发展的，古人留下的

---

① 张松 . 中外城市遗产保护的制度比较与经验借鉴 [J]. 城市与区域规划研究 ,2009,2(02):114-127.

建筑成为今日之遗产，今天有价值的建构筑物将来也可能会成为未来的遗产，历史文化遗产的概念和范围总是随着认识的不断深入而逐步扩展延伸。

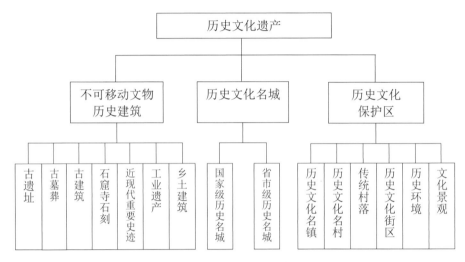

图1：历史文化遗产的构成

资料来源：作者自绘。

对于历史文化遗产保护，国际社会通常遵循两个原则，分别是真实性和完整性。真实性（Authenticity），也常翻译为原真性，其概念最早见于国际社会在1964年通过的《威尼斯宪章》。该宪章指出，为维护历史文化遗产的真实性应该尽一切可能确保历史纪念物或建筑遗存"一点不走样地把全部信息传下去"。然而，这一过于机械死板的标准在东方文化遗产保护领域引起了强烈的不满和质疑。于是，1994年来自28个国家的45名学者齐聚日本奈良专门召开会议研讨真实性问题，并结社出版《与世界遗产公约相关的奈良真实性会议》，又称《奈良真实性文件》。文件认为真实性"不可能基于固定的标准来进行价值性和真实性评判"，而是基于不同文化传统认知，结合"相关文化背景之下来对遗产项目加以考虑和评判"。随后，世界遗产委员会在《实施〈世界遗产公约〉操作指南》采纳了《奈良真实性文件》的定义，对文化遗产的真实性进行重新规范。指出如果遗产的外形和设计、功能和用途、材料和实体、位置和方位、传统技术和管理体制、语言和其他形式的非物质遗产、精神和感觉以及其他内外因素是真实可信的，可以认定遗产是具有真实性。真实性是遗产保护核心原则，阮仪三等曾指出，真实性是衡量文化遗产的文化意义与表现形式的内在统一程度[①]。完整性（Integrity）作为历史文化遗产保护的原则，最早也出现在《威尼斯宪章》中，"古迹遗址必须成立专门照管对象，以保护其完整性"。1976年《内罗毕宣言》对完整性进行了新的阐释，指出完整性不仅包括物质环境的安全，同时还涵盖经济社会等方面的影响。这些年来，历史文化遗产的"完整性"内涵有了进一步的丰富和发展。《维也纳备忘录》和《保护历史城市景观宣言》指出，功能用途、社会结构、政治环境以及经济发展的变化，都体现在对历史城市景观的结构性干预中，也应该是城市历史的一部分。《西安宣言》认为，文化遗产的完整性包含人工与自然、现代与传统、有形与无形各方面的要素，是人们对于遗产完整性探索的新认识。2021年《实施世界遗产公约操作指南》对完整性进行了详细规定，指出完整性是衡量历史文化遗产及其特征的整体性和无缺憾性，需要满足所有表现其突出的普遍价值的必要因素、面积足够大，确保能完整地代表体现遗产价值的特色和过程以及受到开发的负面影响和缺乏维护。

　　对于历史文化遗产保护来说，真实性和完整性是判断其保护程度和价值高低的最重要指标。虽然不同文化体系和历史发展历程的不同，"将文化遗产的价值和原真性置于固定的评价标准之中来评判是不可能的"[②]，但是也不代表真实性没有基本的评判标准。处在同一文化圈层中，通过历史文化遗产的设计、材料、使用功能等方面的指标依然是评估遗产反映历史忠实程度的重要方面。而完整性用以评价遗产的综合性和延续性，旨在要求遗产能够全面完整地体现出其所具有的价值。由此可见，真实性是对历史文化遗产保护深度的要求，完整性是对历史文化遗产保护广度的要求，两者是相互关联密不可分的。

---

① 阮仪三，林林.文化遗产保护的原真性原则 [J].同济大学学报（社会科学版），2003(02):1-5.

② 张松.历史城市保护学导论：文化遗产和历史环境保护的一种整体性方法 [M].上海：上海科学技术出版社，2001:309.

第三节　文献综述

一、历史文化遗产的经济学特征研究方面

关于历史文化遗产的经济学特征方面，学者们关注的焦点主要集中在公共产品、外部性以及价值内容的探讨上。2001年，大卫·斯罗斯比（David Throsby）在其所著的《经济学与文化》一书中将历史文化遗产视为一类特殊的公共产品，指出历史文化遗产作为一种生命周期很长的经济商品或资源，具有文化价值和经济价值双重属性。他将历史文化遗产的经济效益分为三个层次，一是使用效益（Use-benefits），即历史文化遗产产生的直接产品和服务，对其分析主要是通过经济评价进行的。二是非使用效益（Non-use benefits），包含存在价值（Existence value）、选择价值（Option value）和遗赠价值（Bequest value）等。三是外部价值（Externalities value），指历史文化遗产对于其他经济利益的连带作用[①]。受国际古迹遗址理事会（ICOMOS）委托，纳撒尼尔·里奇菲尔德（Nathaniel Lichfield）在1993年出版的《保护经济学：关于建成文化遗产的成本收益分析》一书中，对建成文化遗产（Built Cultural Heritage）的公共产品特征进行了分析，系统阐释了成本收益分析的基本概念和方法[②]。1998年，ICOMOS出版了《保护经济学报告：理论、规则和方法》，更加全面地论述了建成文化遗产作为公共产品的经济学属性和特殊性，以及其所具有的价值和影响。该书将历史文化遗产的经济学属性概况为10个方面，分别是非均质性、不可再生性、不可替代性；供应或需求具有前瞻性；具有"使用价值"；需求评估和支付意愿设计文化经济学；

① David Throsby. *Economics and Culture*[M]. Publisher: Cambridge Universtiy Press, 2001:23-24.

② Nathaniel Lichfield, William Hendon, Peter Nijkamp, Christian Ost, Almerico Realfonzo, Pietro Rostirolla. *Conservation Economics: Cost Benefit Analysis For The Cultural Built Heritage: Principles and Practice*[C]. ICOMOS, 10th General Assembly in Colombo, 1993.

可促进文化遗产的供应；供应具有市场垄断性；作为集体物品，提供针对个人和集体服务；有比其他经济产品更长的生命周期；具有联动效应；属于全球性稀缺资源，也是促进当地发展的机会[①]。美国盖蒂保护所（Getty Conservation Institute）出版的一份名为《经济学和遗产保护》的会议报告，也对历史文化遗产的经济学特征进行了研究，指出历史文化遗产具有经济、美学、文化、政治、教育等方面的价值，主张对遗产价格的评价和衡量应基于对遗产全部价值的认识和分析，该研究试图建立起一个多学科框架和概念，提出经济学与文化相联系的研究方法。

在国内的相关研究方面，赵宇鸣（2006）在其博士论文中对于属于历史文化遗产的大遗址进行了基于公共产品的考察，指出大遗址更接近于纯公共产品，它的社会价值、经济价值以及时空影响力显示了其明显的正外部性。而一旦出现拥挤，则会从纯公共产品转换为公共资源[②]。顾江（2009）运用成熟的经济学理论，对我国历史文化遗产的经济价值、保护发展理念以及与经济社会发展之间的关系进行了探讨，专门就历史文化遗产的公共产品特征进行了研究，并由此分析了历史文化遗产的外部性，指出其外部性的大小由历史文化遗产及所提供的服务"效用"和消费者的支付意愿来衡量[③]。喻学才、王健民（2010）从经济学的角度对历史文化遗产的经济价值进行研究，指出其总经济价值由使用价值、非使用价值、直接使用价值、间接使用价值、选择价值、存在价值以及遗赠价值等组成，并粗略估算我国现存有形文化遗产的价值为53.44万亿元[④]。吕晓斌（2013）认为，文化遗产具有公共物品的特征，根据文化遗产的分类和消费特性，可以将其分为俱乐部物品、公共资源和纯公共物品三种类型。他指出文化遗产保护行为也是一种纯公共物品，完全由政府来提供保护既有正外部性又有负外部性，产生原因主要是因为存在政府利益和社会利益不完全一致从而产

① Report On Economics of Conversation: *An Appraisal of Theories, Principles and Methods*[C]. ICOMOS International Economics Committee, 1998.

② 赵宇鸣. 城市区大遗址保护中外部性治理的理论与实证研究 [D]. 西北大学 ,2006.

③ 顾江. 文化遗产经济学 [M]. 南京 : 南京大学出版社 ,2009:30-31.

④ 喻学才 , 王健民 . 文化遗产保护与风景名胜区建设 [M]. 北京 : 科学出版社 ,2010:46-68.

生委托——代理的问题[①]。蒋颖（2017）运用公共物品理论、外部性理论
及可持续发展等理论对政府部门在历史文化遗产保护中的权利责任、保护
资金投入、保护执行力度等方面进行剖析[②]。孟祥懿（2018）等人通过研
究认为，长期以来我国历史文化遗产保护采取的是政府主导的"纯公共物
品"模式，但在市场经济条件下，该模式出现了很多弊端。他在借鉴公共
产品理论的基础上，根据产权划分构建历史文化名城及保护利用的完全谱
系，提出底线保护、街区综合开发、公共"俱乐部"与私有遗产积极利用
等模式，并用实证分析的方法探索文物古迹、历史文化名城、市域整体空
间三个维度的保护与利用导则[③]。此外，相关的研究如《公共产品悖论——
国家公园旅游产品生产分析》（马梅，2003）《中国城市区域大遗址管理
运营研究》（马建昌，2015）、《城市更新中的历史文化遗产保护》（苗
红培，2014）《旅游景区地方公共产品性质分析》（姜真林、苏志平、朱
珠，2014）等。这些研究成果也从多个层面对历史文化遗产的公共产品属
性及外部性问题就进行了探讨，为论文的深入分析奠定了厚实的基础。

二、历史文化遗产保护的产权理论研究方面

产权在历史文化遗产保护中占据着极其重要的作用，明晰的产权能够
有效地保护历史文化遗产，推动经济社会发展。应臻（2006）在探讨历史
文化遗产保护问题时，指出产权界定在历史文化遗产中的重要作用，研究
如何更加精准地界定公共产权与私人产权并有效利用有限的公共资源保护
更多的历史文化遗产问题[④]。汤自军（2011）以加拿大为例，对国外的历
史文化遗产产权制度进行了介绍，在此基础上提出了国外经验对我国历史

---

① 吕晓斌 . 基于产权视角的自然文化遗产保护机制研究 [D]. 中国地质大学 ,2013.

② 蒋颖 . 景德镇市历史文化遗产保护研究 [D]. 南昌大学 ,2017.

③ 孟祥懿 , 于涛方 , 吴唯佳 , 等 . 公共物品视角论历史文化名城保护谱系 [C]// 中国城市规划学会 ,
杭州市人民政府 . 共享与品质——2018 中国城市规划年会论文集（ 09 城市文化遗产保护）. 北京：
中国建筑工业出版社 ,2018:13.

④ 应臻 . 城市历史文化遗产的经济学分析 [D]. 同济大学 ,2008.

文化遗产保护的借鉴意义 ①。邵甬、王丽丽（2016）对我国公有产权制度下的历史文化遗产保护问题进行了分析，认为公有产权制度导致历史文化遗产的"所有权人虚空"和"产权关系模糊"等问题 ②。邵波、钱升华（2019）则从产权经济学的角度出发，在分析古典经济学解决外部性利弊的基础上，对不可移动文物的产权界定、产权归属和权能交易进行探讨，提出了改进文物认定制度、界定产权归属、建立产权交易市场以及加强监管等建议，进而实现不可移动文物的外部性内部化 ③。

在旧城改造和城市更新过程中，历史文化遗产保护的产权问题引起很多学者的关注。吴昊天（2009）在对北京旧城危旧房改造和历史文化遗产保护的研究中发现，由于存在各类错综复杂的产权关系和产权形式，导致保护与开发之间面临众多困难和难题，成为制约旧城经济社会发展的障碍。因此他对北京旧城的相关产权问题进行了梳理，分析了产权在旧城开发与历史文化遗产保护方面的积极和消极作用，并以什刹海历史文化保护区为例提出了相关的参考解决办法 ④。张杰（2010）利用产权经济学的思维方式对我国旧城改造中的产权问题进行了分析，通过界定和探讨城市中心地区的老旧房屋的产权归属和产权交易，提出发挥产权在自由市场中资源配置的特殊作用是实现旧城更新的有效途径 ⑤。孙艺丹（2014）指出在历史文化街区保护更新过程中，产权问题决定了保护的主体和获利方式。在城市发展过程中，旧城改造是城市发展的必经阶段，成功与否决定了城市的历史面貌和城市形象。西方国家城市更新的成功，与产权制度有着密切的关系。当前，我国历史文化遗产的相关产权人缺乏保护动力，产权市场长期忽视历史文化遗产的经济价值。不过如果能够让历史文化遗产的产权在

① 汤自军. 国外自然文化遗产产权制度比较研究——以加拿大为例 [J]. 文史博览（理论）,2011(05):53-55.

② 邵甬, 王丽丽. 产权制度下遗产保护与居住改善策略探讨——以上海公有居住类遗产为例 [J]. 城市规划,2016,40(12):73-80.

③ 邵波, 钱升华. 产权视阈下的不可移动文物外部性及其治理研究 [J]. 天津城建大学学报,2019,25(01):8-14.

④ 吴昊天. 北京旧城保护改造中的产权现象及其问题研究——以什刹海历史文化保护区烟袋斜街试点起步区为例 [D]. 清华大学,2007.

⑤ 张杰. 从悖论走向创新——产权制度视野下的旧城更新研究 [M]. 北京：中国建筑工业出版社,2010.

市场交易中获得经济效益，这样既能调动所有者和开发商对历史建筑保护的动力，又能很大限度上减轻政府的财政负担。石莹（2017）认为，历史文化街区在保护更新中存在的问题主要是产权不明晰。为此，她在借鉴产权理论的基础上提出产权制度、产权重组和产权流转三个层面的历史街区保护更新市场化路径[①]。季欣（2017）在分析苏州历史建筑的时候，也发现当前羁绊保护与再利用的症结出在产权问题上，认为只有明晰产权、整合产权和完善产权制度才能有效地延续历史建筑的生命。此外，还有一些其他的研究成果如《风景名胜资源产权的经济分析》（胡敏，2004）、《"集体选择"视野下的历史文化遗产保护研究》（沈海虹，2006）、《双维度产权视角下论我国历史街区的保护策略》（李世庆，2007）、《产权理论下的建筑遗产保护》（李敏，2007）、《苏州历史文化遗产保护中的产权问题》（柳秋英，2008）、《试析大遗址保护文物产权管理制度》（于冰，2014）、《历史文化遗产保护公私权冲突的规划应对》（李和平、吴骞、章征涛，2016）等也分别对历史文化遗产的产权问题进行了分析，形成了一整套比较成熟的历史文化遗产保护产权理论分析框架。

三、历史文化遗产保护的博弈论研究方面

在历史文化遗产的保护过程中，不可避免地会出现与历史文化遗产密切相关的利益群体之间的博弈问题。汤诗伟（2010）采用实证的方法，对成都市在房地产开发过程中发现金沙遗址的处置问题进行了考察，分析了中央政府（以国家文物局为代表）、地方政府（成都市政府）、开发商以及社会公众等利益相关者的相关诉求以及博弈过程，指出金沙遗址之所以能够得到妥善保护是各个利益主体妥协合作的结果[②]。陈月娜（2011）对历史文化街区保护与拆迁的博弈问题进行了研究，分别从政府与开发商、政府与街区居民、开发商与街区居民等三个方面对历史文化街区保护与拆

① 石莹. 产权视角下历史街区保护更新的市场化路径研究——以苏州市平江历史街区为例 [D]. 苏州科技大学 ,2017.

② 汤诗伟 . "金沙模式"——成都金沙遗址保护与利用研究 [D]. 西安建筑科技大学 ,2010.

迁建立博弈矩阵，分析了博弈参与者的诉求、战略以及博弈过程[1]。吴铮争（2012）在对区域经济建设与历史文化遗产保护的考察中发现，认为之所以出现"保护限制发展，发展破坏保护"的现象，实质上是各相关利益群体（地方政府、保护部门、居民、开发商等）之间的矛盾难以调和。为此，他从博弈论的视角对汉长安城遗址保护与区域发展中的矛盾进行了分析，认为应注重制度与体制改革，达成集体理性与个体理性的"双赢"[2]。廖涛（2017）对与历史文化街区保护相关的利益相关者进行了分类，对居民、开发企业、社区管理部门、政府部门以及游客这五个方面的利益诉求进行博弈分析，指出地方政府会为了经济利益而破坏遗产，上级政府（中央政府）若选择对地方政府处罚，那么开发企业选择保护遗产的概率会加大，但若选择对开发企业处罚，则不能有效降低对历史文化遗产的破坏概率。由此，他认为地方政府是整个博弈模型的核心，加大对地方政府的监管能够有效保护历史文化街区[3]。张小平、闫凤英（2018）认为，当前历史文化遗产保护主体呈现出多元化的倾向，他们从有限理性的角度入手，建立了历史文化遗产不同保护主体的博弈演化机制，将保护主体划分第一利益圈层、第二利益圈层和第三利益圈层，分别选取不同案例进行比较，提出建立政府、专业组织、遗产使用人以及公众协同参与的机制，以此解决历史文化遗产保护面临的"主体困境"[4]。此外，相关的研究还包括《文化遗产保护利用的博弈与探索——以青岛地区的调查和分析为例》（董德英，2014）、《政府在历史文化街区保护和开发中的角色定位——以福州市上下杭街区保护为例》（吴伟彬，2014）、《公共性视野下的古城保护》（苗红培、陈颖，2015）等。

---

① 陈月娜 . 基于博弈论解构历史街区保护与旅游开发的矛盾——以扬州双东历史街区为例 [D]. 扬州大学 ,2011.

② 吴铮争 . 基于博弈论的汉长安城遗址保护策略研究 [J]. 城市问题 ,2012(11):37–41.

③ 廖涛 . 历史文化街区利益相关者诉求及其影响研究——以成都为例 [D]. 西南交通大学 ,2017.

④ 张小平 , 闫凤英 . 有限理性视角下城市遗产保护主体的行为机制——基于上海市三个案例的比较研究 [J]. 城市规划 ,2018,42(07):102–107+116.

四、历史文化遗产保护的土地发展权研究方面

对于历史文化遗产保护的土地发展权理论研究，西方国家的很多专家学者表现出了浓厚的兴趣。土地发展权理论最早发源于英国，20世纪60年代传到美国并经推广实践后被许多国家所借鉴和采用。约翰·康斯德尼斯（John Constonis）（1973）是较早探索和研究土地发展权理论的学者，他在论著中对土地发展权理论及实施土地发展权转移（Transfer of Development Rights，简称 TDR）的相关运行规则进行了介绍和研究[①]。莱斯利·斯莫尔（Leslie Small）和唐·德尔（Donn Derr）（1980）从市场的角度对土地发展权问题进行了分析[②]，詹姆士·巴瑞斯（Jams T. Barrese）（1983）侧重研究了 TDR 实施过程中的公平问题、效率问题以及主要优势等问题[③]，阿里克·莱文森（Arik Levinson）（1997）研究发现 TDR 对于经济发展具有一定的推动作用[④]。瑞克·普鲁兹（Rick Pruetz）（2003）对土地发展权理论的研究较为详细，在书中他着重介绍了土地发展权的概念、土地发展权理论的演化过程、土地发展权理论的适用范围、TDR 能够成功的因素、TDR 的优势和劣势、与其他理论相比土地发展权理论的特点等[⑤]。在其研究的 181 个 TDR 计划中，有 10% 以上是涉及历史文化遗产保护问题的[⑥]。丹尼尔·曼德尔科（Daniel Mandelker）（1997）指出，TDR 是一项保护文物古迹和自然资源的土地利用管理的技术手段[⑦]。罗伯特·C·埃里克森（Robert C. Ellickson）和薇琪·贝恩（Vicki

---

① John J. Constonis. Development Rights Transfer: An Exploratory Essay[J]. *The Yale Law Journal*, 1973,83(75):75-128

② Leslie E.Small, Donn A.Derr. Transfer of Development Rights: A Market Analysis[J]. *American Journal Economics*, 1980,62(01):130-135.

③ Jams T. Barrese. Efficiency and Equity Considerations in the Operation of Transfer of Development Rights Plans[J]. *Load Economics,* 1983,59(02):235-241.

④ Aik Levinson. Why oppose TDRs? Transferable Development Rights Can Increase Overall Development[J]. *Regional Science and Urban Econmomics*, 1997,27:283-296.

⑤ Rick Pruetz. *Beyond Takings and Givings: Saving Natural Areas, Farmland and Historic Landmarks with Transfer of Development Rights and Density Transfer Charges*[M]. Sundsvall: Arje Press, 2003.

⑥ Rick Pruetz, Erica Pruetz. *Transfer of Development Rights Turns 40*[C]. American Planning Association, Planning& Environmental Law, June 2007 Vol.59,No.6.3.

⑦ Daniel Mandelker. *Land Use Law*[M]. Lexis Law Publishing. 472,(1997).

L. Been）（2020）等也认为，政府通过 TDR 能够有效调整分区规划对土地所有权人造成的影响，实现土地资源的有效配置[①]。亚瑟·尼尔森（Arthur Nelson）（2011）等人通过研究指出从 20 世纪 70 年代 TDR 开始实施以来，美国 33 个州超过 200 个社区实行过 TDR 项目，使用 TDR 最普遍的是农地保护、环境敏感区、历史遗迹、农村特色保护和城市复兴，他们认为在美国 TDR 制度对于保护特殊区域具有很强的适用性[②]。此外，还有不少学者对 TDR 的运行成本和市场化运作问题进行了探讨。如理查德（Richard）（1977）指出，在市场条件下，对于政府而言在忽略管理成本的前提下，TDR 的运行基本不需要任何支出。威塞思（Veseth）（1979）通过研究也认为，在土地发展权从发送区向接收区流转的过程中，可以完全依赖市场机制运作，管理成本极低。

　　相对于国外的研究，我国现有的研究大都从相关的概念入手，在分析国外相关经验的基础上，结合国情实际对土地发展权理论在我国历史文化遗产保护领域中的现实应用进行了探索。在土地发展权的概念方面，早在 20 世纪 90 年代初期，我国原土地管理局承担的国家社会科学基金研究课题的最终研究成果——《各国土地制度研究》（总报告）中，便引入土地发展权的概念。该书认为，土地发展权是土地变更为不同性质使用的权利。如农业用地变更为城市建设用地，或者对土地原有开发利用的集约度的提高。此后，很多学者进行了深入研究，出现了广义土地发展权和狭义发展权之分。持广义土地发展权观念的学者，如柴强（1993）、胡兰玲（2002）、王万茂（2006）、陈华彬（2010）等人认为土地发展权包括土地使用性质变更和土地开发强度变更两方面的权利，而持狭义土地发展权观点的学者，如江平（1999）、李世平（2002）通过研究认为土地发展权在我国更多地表现为农地发展权。在土地发展权的归属和流转方面，张友安（2005）提出国家是土地发展权配置和流转的主体，提出政治促进型、市场促进型和

①　Robert C. Ellickson, Vicki L. Been, Roderick M. Hills, Christopher Serkin. *Land Use Controls: Cases and Materials*[M]. Aspen Publishing Inc, 2020.

②　Arthur C. Nelson. Rick Pruetz, Doug Woodruff. *The TDR Handbook: Designing and Implementing Transfer of Development Rights Programs*[M]. Island Press, 2013.

混合型三种流程促进模型，希望以此建立土地发展权配置和流转机制[①]，臧俊梅（2008）在此基础上提出在中央和省市层面构建以行政配置为主的推动发展权配置及流转机制，而在市县层面建立以市场配置为主的土地发展权配置及流转机制，以此推动我国土地发展权制度的发展[②]。关于土地发展权在历史文化遗产保护的应用方面，王群、王万茂（2005）指出，土地发展权是土地产权制度中的重要内容，在保护耕地、古代建筑物等因规划造成土地所有权利益受损方面发挥出积极作用[③]。运迎霞、吴静雯（2007）在介绍国外开发权（即发展权）转移经验及对历史与生态环境保护等建设发挥卓有成效作用的基础上，提出发展权转移是解决我国经济社会发展与历史文化遗产保护、实现地方政府与土地开发部门利益共赢的有效途径[④]。沈海虹（2006）在介绍美国 TDR 制度的基础上，提出我国应在历史文化遗产保护领域实行发展权转移，并就如何构建 TDR 交易市场、政府应发挥的作用及交易原则等问题进行了探讨[⑤]。刘明明（2007）认为，在当前难以建立土地发展权交易市场的情况下，政府有必要为了保护历史文化遗产而出资购买其上空的发展权[⑥]。刘文敬、方瑜（2009）在对历史文化街区的保护与更新的研究过程中引入土地发展权理论，设计了基于 TDR 的历史街区开发策略、开发强度和实施方法，是对城市规划方法的有益探索[⑦]。刘夏夏（2011）针对上海市文化遗产保护管理过程中面临土地升值带给遗产保护的巨大压力和保护规划目标与市场化运作目标难以统一两大困境，认为美国历史文化遗产保护的 TDR 为这些问题的解决提供了良好的经验和有益的借鉴。他在研究了相关理论和实践的基础上，考察了上海市历史文化遗产保护管理体系在实施发展权转移中的操作难点，提出

① 张友安，陈莹．土地发展权的配置与流转 [J]．中国土地科学，2005(05):10–14．

② 臧俊梅．农地发展权的创设及其在农地保护中的运用研究 [D]．南京农业大学，2008．

③ 王群，王万茂．土地发展权与土地利用规划 [J]．国土资源，2005(10):28–30．

④ 运迎霞，吴静雯．容积率奖励及开发权转让的国际比较 [J]．天津大学学报 (社会科学版)，2007(02):181–185．

⑤ 沈海虹．文化遗产保护领域中的发展权转移 [J]．中外建筑，2006(02):50–51．

⑥ 刘明明．土地发展权基本理论问题研究 [D]．山东科技大学，2007．

⑦ 刘文敬，方瑜．基于开发权转移的历史街区开发模式初探 [J]．山西建筑，2009,35(04):43–44．

将准备实施保护更新的历史地段与拟出让土地进行挂钩并同时捆绑出让的解决方案，利用市场机制无需政府直接拨付资金而是通过容积率移转的方式实现两个地块的保护与发展共赢①。除此之外，类似探讨发展权转移的论著还有《借鉴台湾经验的历史街区保护视角下的容积率转移制度研究》（覃俊翰，2012）、《美国开发权转移研究及其启示》（李冕，2013）、《历史风貌保护开发权转移制度的实施困境及对策——以上海为例》（刘敏霞，2016）、《非国有不可移动文物上的权利冲突研究——以土地发展权转移为突破》（王楚云，2018）等。这些研究论著从多个角度对我国历史文化遗产保护的土地发展权转移问题进行了多方位的探索。

五、历史文化遗产保护对经济社会发展影响的研究方面

历史文化遗产保护与经济社会发展之间的关系问题一直是社会比较关注的热点，也是很多专家学者研究的重要领域。多诺万·雷普科马（Donovan D.Rypkema）（2005）对历史文化遗产的经济作用进行了系统分析，研究了美国城市发展中的历史文化遗产的保护策略、城市历史地段的复兴以及发展文化遗产旅游等方面②。吉多·利恰尔迪和拉纳·阿米尔塔玛塞比（Guido Licciardi、Rana Amirtahmasebi）（2012）通过研究认为，历史文化遗产是人类社会未来发展的一个连续和稳定的关键因素，指出历史文化遗产保护是推动地方经济发展的重要驱动力，通过引导利益相关者的参与、开展相关保护工程以及吸引外来投资等方式，能够更好地评估和发挥历史文化遗产的经济价值，使之成为城市复兴的助推剂。路易吉·福斯科·吉拉德（Luigi Fusco Girard）（2016）认为，城市遗产保护是经济发展和城市复兴的催化剂，具有特殊美感的历史建筑和遗址不论是在发达国家还

---

① 刘夏夏.上海城市文化遗产保护管理中借鉴"发展权转移"制度的探讨[J].上海城市规划,2011(03):79-83.

② Donovan D. Rypkema. *The Economics of Historic Preservation:A Community Leader's Guide*[M]. National Trust for Historic Preservation, 2005.

是在发展中国家，都能够有效地吸引消费、促进就业、带动经济发展[1]。他指出，文化是城市发展的主要动力之一，而历史文化遗产是则是城市文化的重要组成部分。赫里巴尔（MŠ Hribar）、伯勒（D Bole）和皮潘（P Pipan，2015）在对历史文化遗产的可持续发展研究中指出，历史文化遗产具有不同的发展潜力，既包括经济方面的，也包括社会、环境以及文化方面[2]。此外，有些学者还对历史文化遗产利用中的保护问题进行了研究和探讨，如乔治·祖安（Georges S.Zouian）（2001）认为，历史文化遗产与其他经济实体相比是独特的，不可替代的，在对其进行利用获取经济利益的同时，也要最大限度地加强保护，延长其使用寿命，因为只有这样才能更好地将历史文化遗产传递给子孙后代。在他看来，历史文化遗产的保护不仅要实现代内公平、也要实现代际公平，体现了可持续发展的理念。大卫·索罗斯比（David Throsby）（2001）也认为，与一般意义上的经济学主要研究个体或企业的生产消费不同，文化经济学更关心的是历史文化遗产在分配和消费方面的公平平等性问题。

我国较早关注历史文化遗产保护与经济发展问题的当属同济大学教授阮仪三先生。阮仪三（2004）指出，长期以来人们对历史文化遗产的经济价值认识不足，往往认为谈经济价值就意味着对遗产的破坏，这种根深蒂固的观念已经对历史文化遗产保护带来了一定伤害[3]。阮教授通过对上海历史文化遗产保护实践历程的回顾后发现，遗产保护与经济发展并不一定是完全对立的，在很多时候两者之间通过合理规划、有机结合会实现双赢局面。他认为在市场经济发展的大背景下，通过编制实施历史文化遗产保护发展规划、建立开发动态的保护管理体系以及出台鼓励民间参与保护的政策等措施能够规范历史文化遗产保护与经济发展之间的矛盾与冲突，进而构建一套政府与市场相结合的保护管理模式。为了进一步阐述自己的观点，阮仪三教授于 2005 年发表了《再论市场经济背景下的城市遗产保护》

---

① Luigi Fusco Girard. Innovative Strategies for Urban Heritage Conservation, Sustainable Development, and Renewable energy.[EB/OL].(2016-03)[2017-12-15]. http://www.globalurban.org/GUDMag06Vol2Iss1/Fusco%20Girard.htm.

② MŠ Hribar, D Bole, P Pipan. Sustainable Heritage Management: Social, Economic and Other Potentials of Culture in Local Development[J]. Social and Behavioral Sciences, 2015 (188) : 103-110.

③ 阮仪三. 市场经济背景下的上海历史文化遗产保护 [J]. 上海城市规划, 2004 (06) : 10-14.

一文，对历史文化遗产所拥有的经济价值进行深入的研究，对市场机制在挖掘城市遗产的优势、带来的负面影响等方面进行了探讨，并从法律手段、技术手段和经济手段三个方面对处于市场经济背景下的政府在遗产保护中的作用和定位提出指导性意见。在阮仪三教授开创性的研究引领下，很多学者也投入到了历史文化遗产经济价值的研究中。张杰、吕舟（2013）通过大量研究提出，历史文化遗产是人类创造力的见证，其所具有的不可再生性、唯一性使其具有极高的经济价值[①]。孙燕（2011）也认为，历史文化遗产是一种具有文化和经济双重价值的"文化资本"。其中，资产是一种价值储存，能够产生一系列长周期的成本和收益[②]。

　　另外，一些学者着重对历史文化遗产旅游开发对当地经济发展的积极影响进行了研究。一般来说，历史文化遗产不仅是一种文化产品，也是具有品牌效应的重要旅游资源，它们对历史文化遗产所在地的经济发展起着非常重要的推动作用，能够优化当地的经济结构，提升经济发展水平和发展质量。由刘世锦（2008—2017）主编的《文化遗产蓝皮书——中国文化遗产事业发展报告》系列丛书持续关注我国历史文化遗产保护事业的发展，其中用很大篇幅研究了历史文化遗产（主要是指文物系统）对国民经济和社会发展的促进作用，认为历史文化遗产的经济功能主要是通过其带动旅游业发展的间接经济贡献体现的，指出通过文化旅游等带动的经济产出要远超各级政府对历史文化遗产保护的投入经费，从而颠覆了历史文化遗产保护是投入大产出小、是财政包袱的传统观念。张杰、吕舟（2013）选取历史文化遗产中的精华——世界文化遗产作为研究对象，创新性开展了世界文化遗产保护与城镇经济之间关联性的探索，通过对世界文化遗产的利用状况及效益、收入产出结构、与当地城镇的依存关系及对当地经济发展的贡献等方面进行了系统的理论分析，在此基础上采取案例分析的方法对我国及国外部分代表性世界文化遗产的保护、管理、经营及对当地社会经济发展的影响进行了考察，分析了我国世界文化遗产对经济发展的带动作用和存在的问题，指出世界文化遗产能够通过文化旅游、文创开发和社区

---

① 张杰,吕舟.世界文化遗产保护与城镇经济发展[M].上海:同济大学出版社,2013:18.

② 孙燕.中国世界文化遗产潜在资源和发展状况——清华大学–国家遗产中心近期研究成果[J].南方建筑,2011(05):20–24.

建设等方面成为促进地方经济发展、实现产业结构转型和完善社会治理体系的催化剂，是当地经济社会发展的宝贵资源。[①] 周英（2014）针对我国在历史文化遗产旅游资源经济价值评价研究相对欠缺的情况，以案例分析的方法运用旅行成本法和条件评价法对现存历史文化遗产旅游资源的使用价值和非使用价值对总价值的贡献率进行测算，引入成本效益分析法对文化遗址修复项目的投入产出比进行效益评估，进而得出在旅游开发中历史文化遗产资源的非使用价值大于使用价值、项目投资收益大于项目支出的结论[②]。此外，相关的研究还包括《天津近代历史街区保护与旅游开发研究》（杨颖，2010）、《工业遗产保护与更新开发策略研究》（逯峰，2012）、《区域文化资源与旅游经济耦合研究——以江苏省为例》（胡小海，2012）、《遗产保护对区域非均衡发展问题的破解研究》（陈婷婷，2014）、《文化旅游与城市经济协调发展研究》（刘洋，2016）等。

---

①   张杰，吕舟. 世界文化遗产保护与城镇经济发展 [M]. 上海：同济大学出版社，2013.

②   周英. 文化遗产旅游资源经济价值评价研究 [D]. 大连理工大学，2014.

第四节　研究内容、思路及方法

一、研究内容

第一章，绪论部分。本章主要提出选题背景、研究意义、文献综述、研究框架以及可能的创新之处与不足。

第二章，主要讨论我国历史文化遗产保护的发展历程和面临的困境。本章将我国的历史文化遗产保护历程划分为三个发展阶段进行分析，总结我国历史文化遗产保护管理的特点，并就当前城市开发建设和经济社会发展过程中历史文化遗产保护面临的困境进行了探讨。

第三章，从分析历史文化遗产的主要特点入手，运用价值理论、公共产品理论、外部性理论对历史文化遗产的经济学特征进行研究，探讨外部性治理问题。通过相关经济学的分析能够进一步加深对历史文化遗产的认识和理解，并为后续章节的研究奠定基础。

第四章，从产权的角度讨论历史文化遗产保护问题。本章从历史文化遗产的产权特征入手，对其产权结构、属性、产权安排与效率等问题进行了细致研究，分析了明晰的产权制度在历史文化遗产保护中的重要作用。

第五章，从博弈论的角度讨论历史文化遗产保护组织问题。本章对与历史文化遗产密切相关的中央政府、地方政府、开发企业、非政府组织以及居民群体的利益诉求进行了分析，运用博弈论的方法推导它们在历史文化遗产保护博弈过程中的策略、行动和收益等。

第六章，从土地发展权的角度讨论历史文化遗产保护问题。本章在简要回顾土地发展权转移产生与发展的基础上，系统论述了在城市土地开发过程中土地发展权对维护历史文化遗产土地所有权人权益、促进城市合理有序开发的作用，并详细介绍了土地发展权转移的相关要求、限制条件以及交易实施流程等。

第七章，讨论历史文化遗产保护对经济社会发展的影响问题。本章从历史文化遗产保护对相关行业的带动作用和对国家宏观经济发展的贡献两个方面进行了定性和定量分析。在此基础上，采取例证的方式分别分析了其对城市经济、产业新城经济以及小城镇经济发展的作用和影响，以此佐证加强历史文化遗产保护对推动地区经济发展具有正面作用。

第八章，讨论国外历史文化遗产保护管理制度及对我国的启示。本章从保护管理历程、保护管理组织机构以及相关的经济刺激政策等方面介绍了美国、日本和法国的历史文化遗产保护制度。通过学习、总结和借鉴这些国家在历史文化遗产保护方面经验，进一步丰富我国历史文化遗产保护理论、提升保护管理水平。

第九章，讨论如何改善我国历史文化遗产保护问题。在前文讨论历史文化遗产面临困境及其理论分析的基础上，本章从推动保护与发展的管理体制改革、开展产权结构治理、改善资金保障制度以及探索创设土地发展权制度等方面提出了相关的建议和对策，以期对我国的历史遗产保护的理论水平与实践发展作出一点贡献。

第十章，结语部分。本章对全书进行了总结，概述了研究的主要内容和相关研究成果，并对今后需要关注的研究问题进行了展望。

二、研究思路及框架

（一）研究思路

本书在研究过程中，贯穿"提出问题—理论分析—实证分析—经验借鉴——提出对策"的研究思路，围绕经济社会发展中的历史文化遗产保护问题逐步展开一系列的论述。

提出问题：在系统梳理我国历史文化遗产保护的发展历程和总结我国历史文化遗产保护特点的基础上，指出当前我国历史文化遗产保护面临建设性破坏依然严重、保护管理体系不顺畅、产权保护制度不完善、公共财政经费投入不足等困境，由此引出相关经济学理论分析。

理论分析：围绕历史文化遗产保护面临的困境，以问题为导向运用多种理论展开论述。首先，运用价值理论、公共产品理论、外部性理论分析历史文化遗产的经济学特征，指出作为公共产品的历史文化遗产，其文化和经济价值具有很强的正外部性，在外部性治理方面应加大公共财政经费投入来促进历史文化遗产的保护。其次，运用产权理论对历史文化遗产的产权特征、结构、属性和产权安排进行分析，阐述明晰的产权制度对于历史文化遗产保护具有非常重要的作用，以此论证加强历史文化遗产保护应在建立健全产权制度上下功夫。再次，运用博弈论分析历史文化遗产的保护组织，通过对于历史文化遗产保护密切相关组织的利益诉求、策略和行动的研究，指出历史文化遗产保护与破坏的表象背后是各个利益群体相互博弈的结果，以此论证建立完善顺畅的保护管理体系、协调利益关系对于推动历史文化遗产保护具有重要作用。最后，运用土地发展权理论分析在城市开发建设过程中如何保护历史文化遗产的问题。通过对土地发展权转移的实施分析，指出土地发展权转移为协调历史文化遗产保护与城市土地开发建设之间提供了一条崭新的解决途径。

实证分析：从历史文化遗产保护对相关行业的贡献、对宏观经济发展的贡献以及对地区经济发展的贡献三个方面研究其保护利用对推动我国经济社会发展具有非常强的推动作用，用详细真实的数据来破除长期以来人们固有的保护历史文化遗产会阻碍经济建设发展的传统观念，以此论证加强历史文化遗产保护对于助力经济社会发展具有直接和间接正面作用。

经验借鉴：选取美国、日本、法国作为研究对象，对这些国家历史文化遗产的保护历程、保护管理方式、法律法规体系建设和经济刺激政策等方面的考察和研究，总结它们在历史文化遗产保护方面的方法和措施，阐释西方国家的经验对加强我国历史文化遗产保护的启示。

提出对策：根据我国历史文化遗产保护存在的问题，在理论分析、实例论证以及经验借鉴的基础上，有针对性地提出推动保护与发展的管理体制改革、改善资金保障制度、开展产权结构治理以及创设土地发展权转移制度等相关建议和意见，以期从理论层面和实践层面上完善我国历史文化遗产保护管理制度建设，推动我国历史文化遗产保护事业与经济社会和谐有序发展。

（二）研究框架

为更清晰地体现本书的研究框架，现将其以图片（详见图 2）的形式呈现。

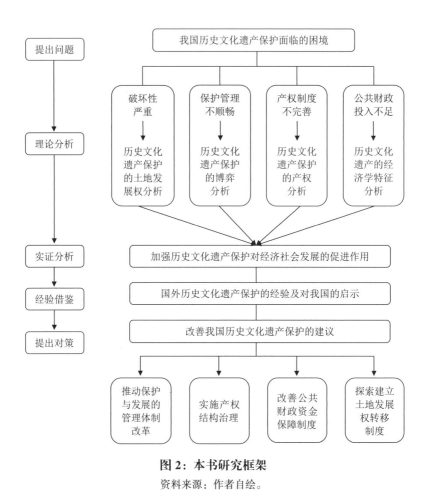

图 2：本书研究框架

资料来源：作者自绘。

三、研究方法

历史文化遗产保护是一个比较系统综合的研究课题，其学术领域涉及文物保护、土地管理、城市规划、建筑学、经济学、管理学、历史学、社会学等诸多学科。因此在研究过程中，本书拟充分利用和借鉴各个不同学科的研究方法，进一步提高理论研究的深度和广度。

定性分析和定量分析相结合。本书在研究过程中，采用定性概述的方法对我国历史文化遗产保护与经济社会发展的关系与影响进行分析，研究当前历史文化保护对社会发展发挥的作用；利用定量分析的方法研究我国历史文化遗产保护事业对国民经济发展的直接贡献和间接贡献，并分别以河北承德、陕西秦汉新城、浙江良渚为例，从城市、产业新城、小城镇三个层面用大量真实客观的数据论证加强历史文化遗产保护利用能够有效推动当地的经济社会发展。

实证分析与规范分析相结合。实证分析一般是描述性的，侧重于分析客观世界是如何运行、如何发展的，主要回答经济现象是什么以及社会面临经济问题如何处理解决的。本书在研究过程中，对我国历史文化遗产保护的发展历程、对宏观经济和不同地区经济社会发展的影响等进行实证分析，阐述了西方发达国家的历史文化遗产保护政策及对我国的启示，在此基础上提出相应的对策。规范分析是研究世界应该是怎样的，其研究方法是建立在一定的价值判断的基础上，由此提出分析社会经济问题的标准和建立相应制度的依据。利用规范分析的方法研究经济社会发展中历史文化遗产保护面临的困境，综合运用多种经济学理论进行分析论证，提出加强历史文化遗产保护能够推动经济社会发展的价值判断，并以此提出完善我国历史文化遗产保护的一系列建议和意见，进而推动"在保护中发展，在发展中保护"理念的实现。

文献研究和归纳演绎相结合。在研究过程中，通过对现有书籍和期刊的查询检索，收集国内外关于历史文化遗产保护的理论知识、基础数据、政策制度等方面的研究成果并加以整理研究。在此基础上采取归纳演绎的方法对我国历史文化遗产保护的发展历程、保护特点、面临困境以及国外历史文化遗产保护经验方面等进行分析提炼，并在相关理论研究的基础上加以概括和总结。

第五节　可能的创新之处和存在不足

一、可能的创新之处

本书拟从梳理和研读前人关于历史文化遗产保护相关论著方面入手，系统分析和认真总结该领域目前的研究成果、研究方向和研究动态，并在此基础上引入经济学的研究范式，围绕推动历史文化遗产保护这一核心问题展开研究，以期有所突破和创新。

综合运用多种经济学理论对历史文化遗产保护面临的困境展开多方位的研究。从当前历史文化遗产研究领域的部分研究成果来看，采用经济学的研究视角全面系统分析历史文化遗产保护问题的专著还相对比较欠缺。本书以问题为研究导向，围绕当前我国历史文化遗产保护面临的困境，综合运用公共产品理论、外部性理论、产权理论、博弈论等多种经济学的理论对其保护问题进行分析，以期从经济学的研究框架下加深对历史文化遗产保护的认识和理解，并为其困境的解决提供理论参考。

引入土地发展权转移理论深化对历史文化遗产保护的研究。土地发展权转移作为一项用于协调土地开发利用的制度安排，在分区规划管制下通过土地发展权的流转能够有效地实现资源的合理配置，是经济发展过程中协调城市土地开发建设与保护历史文化遗产及产权人权益的创新理论成果。本书详细介绍了土地发展权转移的相关理论和实践经验，针对我国实际提出创设历史文化遗产土地发展权制度的相关建议和意见，为推动我国城市化发展中的历史文化遗产保护利用探索一条新的路径。

开展历史文化遗产保护对经济社会发展贡献的测算。相较于以往研究成果中较少关注历史文化遗产保护引发经济收益的问题，本书搜集和整理了大量的相关数据，采取定性和定量分析相结合的方式，从历史文化遗产保护对相关行业的发展贡献、对我国宏观经济发展总体贡献及对部分城镇经济发展贡献等方面进行研究，通过推导与测算，指出在当前城市化进程

中加强历史文化遗产保护对于促进经济社会发展和产业结构升级具有非常
积极的推动作用。

二、存在不足

由于历史文化遗产保护是一个非常复杂的问题，涉及诸多学科的诸多方
面。受制于本人学识上的不足和理论功底的欠缺，本书的研究还存在以下不足。

第一，研究深度上有待进一步加强。尤其是在运用外部性理论、产权
理论、博弈论等经济学理论知识分析历史文化遗产保护问题上研究得还不
够透彻，研究深度还有一定的欠缺。

第二，研究广度上有待进一步扩展。历史文化遗产保护涉及的内容非
常庞杂，在写作过程中难以将与之相关的全部经济问题进行全面系统的分
析，在今后的研究中将进一步梳理和改进。

第二章

我国历史文化遗产保护的
发展历程与面临的困境

　　作为历史悠久的文明古国，我国的历史文化遗产保护走过了不同寻常
的历程。在这个历程中，保护理念从无到有、保护机构从弱到强、保护体
系不断完善、保护制度进一步健全，形成了具有我国特色的历史文化遗产
保护特点。不过，从整体来看，我国历史文化遗产保护事业仍然面临着建
设性破坏依然严重、保护管理体系不顺畅、产权保护制度不完善、公共财
政资金投入不足等困境，成为制约当前乃至一段时期内历史文化遗产保护
事业发展的瓶颈和难题。

第一节　我国历史文化遗产保护的发展历程

一、历史文化遗产保护的蹒跚起步阶段

　　从历史上看，我国古人对历史文化遗产的保护并不关注，对于很多古
建筑，人们多存"不求原物长存之观念"。古建筑大师梁思成认为，由于
我国的建筑大都以土木结构为主，其寿命多限于木质结构不能长久，造成
"盖中国自始即未有如古埃及刻意求永久不灭之工程，欲以人工与自然物
体竞久存之实，且既安于新陈代谢之理，以自然生灭为定律；视建筑且如

被服舆马，时得而更换之，未尝患原物之久暂，无使其永不残破之野心"①。所以大多数中国人"缺乏视建筑为文物遗产之认识，官民极少爱护旧建的热心"。而且，许多大型的古建筑如皇家宫殿等，一般被看作是权力和财富的象征，因而每当发生朝代更替或是社会剧烈震荡的时候，新的统治阶层总是对前朝的宫殿、朝堂、城市进行彻底焚毁，以期通过灭失前人的建筑清除过去的印记。因而，中华几千年来除了明清两朝的紫禁城被完整保留下来以外，其他各个朝代的皇室建筑多被人为破坏毁灭。可以说，我国自古以来就缺乏历史文化遗产保护的传统。在漫长的历史演变过程中，人们也不曾建立历史文化遗产保护的观念。

鸦片战争以后，清朝闭关锁国的状态被彻底打破。西方列强的入侵不仅对中国政治、经济产生了巨大的影响，在文化领域也造成了深刻的变化。"深刻变化"非常直接的表现就是大量的宫殿庙宇、名胜古迹遭受严重破坏。与此同时，东西方文化的碰撞和新旧势力的交替，崇洋媚外、以洋为美的思想也加重了外国建筑风格的兴起和中国传统建筑的进一步衰败。在这样的情况下，文物古迹的保护开始引起当朝政府和社会有识之士的关注。1908 年，清政府颁布《城镇乡地方自治章程》，将"保存古迹"与"救贫事业、贫民工艺、救生会、救火会"等作为"城镇乡之善举"，列为城镇乡的"自治事宜"。这是我国历史上最早关于历史文化遗产保护的法律条文②。

1916 年，北洋政府颁布《为切实保存前代文物古迹致各省民政长训令》，要求全国各地开展古物调查。同年，内务部发布《保存古物暂行办法》，要求各地按照要求做好古物的保护管理工作。《保存古物暂行办法》将古物分为五类，其中涉及历史文化遗产的有三类，分别是第一类的历代帝王陵寝和先贤坟墓，第二类的城廓关塞、楼观祠宇、堤堰桥梁等和第三类的碑版造像、画壁摩崖等。尽管在当时的历史环境下，《保存古物暂行办法》提出的保管要求大多属于应急措施，不够具体、实施难度较大，很难在地方上真正贯彻落实。不过作为民国初期出台的第一个关于古物保护

①　梁思成. 中国建筑艺术二十讲 [M]. 北京：线装书局 ,2006:60.

②　张松. 中国文化遗产保护法制建设史回眸 [J]. 中国名城 ,2009(03):27-33.

的管理办法，它首次从制度层面上对历史文化遗产的保护管理进行了规范，在一定程度上也起到保护文物古迹的作用。

北伐成功以后，南京政府实现了国家名义上的统一，在国家相对稳定的情况下大力推行各项建设活动，历史文化遗产的保护也得到当局的关注。1928年，国民政府内政部公布了《名胜古迹古物保存条例》，要求各省对辖域内的所有名胜古迹根据调查表开展调查并上报内政部备案。对于名胜古迹的保护方式、保护措施、保护要求和保管责任，条例都进行了比较详细的说明。1930年6月，南京国民政府公布《古物保存法》。该法共14条，分别对古物的范围、管理、保存、登记、采掘以及流通等方面进行概括性的规定。1931年，国民政府行政院为做好《古物保存法》的解释工作，出台了《古物保存法施行细则》，分别对古物登记、保管、处置、采掘以及处罚等作了详细明确的规定。其中，对考古采掘、古代建筑物雕刻塑像碑文及其他附属地面上之古物遗物、名胜古迹古物保护等进行了说明。可以说，《名胜古迹保存条例》《古物保存法》和《古物保存法施行细则》的相继出台，基本奠定了民国时期文物古迹保护的法律基础，成为指导当局政府和社会各界开展历史文化遗产保护工作的重要依据。

在法律法规不断完善的同时，南京国民政府还成立了专门的文物古迹保护管理机构。1928年，大学院古物保管委员会正式成立，负责全国文物古迹的保管、研究和采掘工作。1929年大学院制结束后，古物保管委员会划归教育部。1932年，国民政府设立中央古物保管委员会作为全国文物古迹保护的主管部门，出台了《中央古物保管委员会组织条例》。为便于开展工作，中央古物保管委员会相继在各地设立办事处，负责文物古迹的调查、保管、发掘和处置工作。1937年10月，因抗战形势危急，经费匮乏，中央古物保管委员会被裁撤，其业务由内政部礼俗司兼办[1]。在存续的短短几年内，中央古物保管委员会先后制定了《采掘古物规则》《外国学术团体或私人参加采掘古物规则》《暂定古物范围及种类大纲》《古物奖励规则》《非常时期保管古物办法》等规章制度。尤其是《暂定古物

---

[1]　国民政府关于裁撤中央古物保管委员会其业务由内政部礼俗司兼办的指令 [A]. 中国第二历史档案馆 . 中华民国史档案资料汇编：第五辑第一编·文化（二）[C]. 南京：江苏古籍出版社 ,1994:604-605.

范围及种类大纲》的公布，第一次比较系统地对古物的范围和种类进行了划分，促进了文物博物馆事业的发展。

除了国民政府组织和开展的遗产保护以外，不少民间力量也加入古物的保护和研究工作中来。这其中成就最大、最具影响力的当推1930年由朱启钤等人创办的中国营造学社。该社内置法式、文献二部，分别由梁思成、刘敦桢担任主任。法式部负责古建筑的测量和法式整理，文献部负责古建筑资料的搜集和整理。中国营造学社从1932年起开展了一系列的古建筑田野调查。当时，梁思成等人先后赴河北蓟县、山西大同、河北正定、赵县、河南安阳以及浙江、陕西、山东等地调查古建筑。通过考察，不仅发现多处宋辽金时期的古建筑，还在山西五台山地区发现佛光寺，还将其认定为唐代建筑，在学术界引发强烈关注。抗日战争爆发后，营造学社主要成员南迁，遂将古建筑的调查拓展至我国的西南地区。中国营造学社在梁思成、刘敦桢等人的带领下，先后赴云南昆明、楚雄、大理和四川等地进行古建筑、崖墓、摩崖石刻的考察。1940年冬，营造学社随中央研究院历史语言研究所迁至四川宜宾李庄。此后，营造学社无力外出进行田野调查，便把主要精力放在整理西南地区的古建资料上来。在进行古建筑田野调查的同时，中国营造学社还积极参与了不少古建筑的维修设计工作。1948年，梁思成受中国人民解放军有关部门的委托，编写了《全国重要文物建筑简目》。该书共收录当时全国22个省市的古建筑、石窟寺及雕塑等文物465处，于1949年3月手刻油印发至各作战部队。《全国重要文物建筑简目》的出版，为解放战争期间的文物古迹保护和中华人民共和国成立后文物普查和文物保护单位的判定发挥了积极的作用。

通过对新中国成立之前的历史文化遗产保护制度的回顾可以看到，我国历史文化遗产的制度的萌芽产生于社会动荡与变革之中，在遗产遭受严重破坏后才由政府及社会有识之士推动下逐步发展起来的。虽然这一时期的保护管理制度还很不健全，相关的规章制度和管理机构也很不完善、社会影响力也比较小，但是这一制度在其不断发展的过程中依然对遗产保护起到了非常重要的作用。事实上，历史文化遗产保护的制度和观念一旦从无到有建立起来，必然引起人们的关注并由此逐步发展壮大。

二、历史文化遗产保护的开拓探索阶段

　　新中国成立以后，党和国家领导人十分重视历史文化遗产的保护管理工作。1949年11月，中央政府在文化部内设立文物事业管理局，专门负责全国的文物博物馆事业。1950年，中央政府政务院先后颁布保护古建筑、考古发掘、征集革命文物等一系列命令、指示，明确指出文物保护工作是"经常的文化建设工作之一"。1953年，中央政府颁布《关于在基本建设工程中保护历史及革命文物的指示》，强调在基本建设工程中做好历史和革命文物保护工作。1955年，中央政府提出"重点保护、重点发掘，既对文物保护有利，又对基本建设有利"的方针。1956年，国务院发布《关于在农业生产建设中保护文物的通知》，要求"必须在全国范围内对历史和革命文物遗迹进行普查调查工作"，对已知的重要古遗址、古墓葬和重要革命遗迹、纪念物、碑碣等开展保护工作。同年在全国范围内开展第一次全国性文物普查，根据普查结果公布了7000余处省、自治区、直辖市文物保护单位。1960年11月，国务院在第105次会议上通过了《文物保护管理暂行条例》，并于1961年3月4日将该条例印发各省、自治区、直辖市及各部委等单位。《文物保护管理暂行条例》共18条，正式提出"文物保护单位"的概念，根据文物价值的高低确立了三级保护级别。与此同时，国务院还公布了180处第一批全国重点文物保护单位。为了做好这些历史文化遗产的保护管理工作，原文化部于1963年印发《文物保护单位保护管理暂行办法》和《革命纪念建筑、历史纪念建筑、古建筑、石窟寺修缮暂行管理办法》。在"文革"期间，我国的各类文物遭到了严重的破坏，但是国家还是出台了诸如《关于无产阶级文化大革命中保护文物图书的几点意见》《关于加强文物保护工作的通知》等文件，提出要保护革命遗址和革命文物，加强对革命文物、历史文物和地下文物的分类保护，由此挽救了一批珍贵的文化遗产。以上这些行政法规和管理办法构成了我国20世纪50至70年代历史文化遗产保护管理的法律法规体系。

　　对于文物保护单位的保护管理责任，《文物保护管理暂行条例》进行了详细规定，指出在我国境内一切具有历史、艺术、科学价值的文物由国家负责保护，各级人民委员会对辖区内的文物负有保护责任。也就是说，

所有的文化遗产的保护管理责任完全由国家及所属的各级地方委员会来负责，也与当时全面公有的社会制度密切相关的。在具体管理职责方面，规定各地应根据文物分布情况设立保护管理机构，负责本行政区内文物调查研究、发掘、搜集、保护管理、宣传等工作。对于特别重要的文物，省级政府要设立专门的博物馆、纪念馆、保管所等机构进行管理，对于一般性的文物可以委托当地的人民公社、机关、学校、团体进行管理。以上规定基本确立了地方政府在文物保护管理方面的机构设置和管理职能。

从中华人民共和国成立初期到改革开放之前，随着我国社会主义制度的确立，公有制在国民经济中占据了主导地位，大政府小社会的政治治理格局逐步形成。历史文化遗产作为社会公共资源，完全由政府占有并向社会提供公共文化服务。这一时期由于经济发展和政治运动的影响，建立起来的历史文化遗产保护制度和管理机构并没有得到很好的贯彻和落实，不少地方的文物古迹遭到了一定程度上的损毁。不过，在改革开放后不久，国家文物局进行的一次文物统计中发现，国有不可移动文物特别是全国重点文物保护单位遭受的破坏程度要远小于其他类型的文化和遗产，由此进一步坚定和强化了历史文化遗产保护管理的模式，这也成为日后历史文化遗产保护管理的路径依赖。

三、历史文化遗产保护的发展壮大阶段

改革开放以来，我国的历史文化遗产保护事业进入了崭新阶段。1981年，我国启动第二次全国文物普查工作，先后共投入 9.4 万人参加了普查。通过这次文物大调查，共发现各类不可移动文物 40 多万处。1982 年 11 月，全国人大常务委员会正式通过《中华人民共和国文物保护法》（以下简称《文物保护法》）。该法是我国文化领域内制定和颁布的首部法律，对文物类型、文物级别、文物保护、考古发掘、馆藏文物、文物出入境及奖惩措施等进行了规定。此外，《文物保护法》还扩大了历史文化遗产保护范围，规定"保存文物特别丰富、具有重大历史价值和革命意义的城市，由国家文化行政管理部门会同城乡建设环境保护部门报国务院核定公布为历史文化名城"，首次以法律条文的形式确定建立历史文化名城保护制度。

从 1982 年起，我国先后公布了三批国家历史文化名城，此后还不断扩充和增加中国历史文化名城的数量。至 2023 年 10 月，全国共有国家历史文化名城 142 座、中国历史文化名镇 312 个、中国历史文化名村 487 个，划定历史文化街区 1200 余片，确定历史建筑 6.35 万处、中国传统村落 8155 个，形成了传承中华优秀传统文化最综合、最完整、最系统的载体。

　　1989 年，国务院发布《中华人民共和国水下文物保护管理条例》，首次为水下文物制定专门的保护管理规定。1997 年，国务院下发《关于加强和改善文物工作的通知》，要求"建立与社会主义市场经济体制相适应的文物保护体制"，实行"五纳入"政策①。2002 年，全国人大对《文物保护法》进行了重新修订，确定了"保护为主，抢救第一，加强管理，合理利用"的工作方针，并在总则中明确规定了历史文化遗产保护的属地管理责任，强化了历史文化遗产保护的各项管理措施。同时，新修订的《文物保护法》对历史文化名镇、名村、历史文化街区进行了规定，从而实现了我国历史文化遗产保护领域内单体文物、历史文化村镇、街区和历史文化名城三位一体的保护管理体系。为了进一步贯彻落实《文物保护法》，2003 年国务院公布了《中华人民共和国文物保护法实施条例》，使文物保护管理工作更加具有针对性和可操作性。2005 年，国务院印发《关于加强文化遗产保护的通知》，提出文化遗产保护的指导思想、基本方针和总体目标，进一步推动了我国遗产保护事业的发展。《关于加强文化遗产保护的通知》规定每年 6 月的第二个周六为我国的"文化遗产日"，旨在宣传和引导社会公众加强历史文化遗产的保护。

　　党的十八大以来，以习近平同志为核心的党中央高度重视历史文化遗产保护工作。党中央、国务院先后出台一系列重要指导性文件，不断推动历史文化遗产保护工作迈入新时代。2016 年，国务院下发《关于进一步加强文物保护工作的指导意见》，确立了文物保护的公益属性、服务大局和依法管理的原则，强调文物保护工作对于推动中华文化走出去、提高国民素质和社会文明程度上具有非常作用。2018 年中共中央办公厅 国务院

---

① 五纳入是指文物保护纳入当地经济和社会发展计划，纳入城乡建设规划，纳入财政预算，纳入体制改革，纳入各级领导责任制。

办公厅印发《关于加强文物保护利用改革的若干意见》，着重在破解文物保护利用不平衡不充分、地方文物保护主体责任落实不到位、文物保护管理力量相对薄弱等方面下功夫，提出要建立文物安全长效机制、建立文物资源资产管理机制、建立健全不可移动文物保护机制、大力推进文物合理利用及健全社会参与机制等指导性意见。2021 年，中共中央办公厅、国务院办公厅印发《关于在城乡建设中加强历史文化保护传承的意见》，指出要在城乡建设中系统保护、利用、传承好历史文化遗产，构建城乡历史文化保护传承体系，明确历史文化遗产的保护重点，在城市更新中禁止大拆大建、拆真建假、以假乱真，同时要求推进活化利用，弘扬历史文化。2022 年 7 月，全国文物工作会议在北京召开。会议确定了"保护第一、加强管理、挖掘价值、有效利用、让文物活起来"的新时代文物工作方针，为新时代文物保护利用工作提供政策指引和行动指南。

随着我国历史文化遗产保护事业的不断发展和对外文化交流的不断扩大，我国积极吸收和借鉴国外历史文化遗产的保护管理制度。在侯仁之、阳含熙、郑孝燮、罗哲文等人的共同推动下，1985 年第六届全国人大常委会第十三次会议批准通过了《保护世界文化和自然遗产公约》，我国正式成为缔约国。1987 年，我国的长城、故宫、周口店北京猿人遗址、秦始皇陵及兵马俑坑和泰山被列入世界遗产。在此之后，我国世界遗产的数量不断增多，截至 2023 年 9 月，我国已有 567 项世界文化和自然遗产列入《世界遗产名录》，其中文化遗产 39 项、自然遗产 14 项、自然与文化双遗产 4 项。与此同时，我国历史文化遗产的保护与管理理念也开始与世界接轨，《威尼斯宪章》《内罗毕宣言》《华盛顿宪章》等国际遗产领域内最新成果开始引进并影响我国历史文化遗产保护制度的发展。我国也积极参与国际交流与合作，先后发布了《北京宪章》《西安宣言》《无锡建议》等在国际遗产保护领域具有深远影响的制度性文件。与此同时，全国人大常委会还先后批准了《关于禁止和防止非法进出口文化财产和非法转让所有权的方法的公约》和《关于发生武装冲突时保护文化财产的公约》等世界公约。这些国际公约同我国的法律具有同等法律效力，是我国利用国际通行的原则和方法保护历史文化遗产的一个重要举措。

纵观我国历史文化遗产保护事业 100 多年的发展历程，可以清楚地看

表3：我国历史文化遗产的数量统计（截至2023年9月）

类型	数量（项）	数据来源
世界文化遗产（含文化景观）	43	国家文物局网站
不可移动文物总数	766722	第三次全国文物普查
其中：古文化遗址	193282	
古墓葬	139458	
古建筑	263885	
石窟寺及石刻	24422	
近代现代重要史迹	141449	
其他类	4226	
全国重点文物保护单位	5058	国家文物局网站
省级文物保护单位	26416	国家文物局网站
市县级文物保护单位	107914	2017年全国文物业统计资料
中国历史文化名城	142	中华人民共和国中央政府网站
国家历史文化名镇	312	住房和城乡建设部网站
国家历史文化名村	487	住房和城乡建设部网站
中国历史文化街区	873	住房和城乡建设部网站
传统村落	8155	住房和城乡建设部网站
历史建筑	2.35万	住房和城乡建设部网站

到，我国历史文化遗产保护制度是在缺乏保护传统的情况下、在政府和社会力量的推动下逐步建立并发展完善起来的。我国的文化遗产保护制度在其建立、发展和完善的过程中，主要依托国家制定的正式制度，如法律法规、部门规章以及各级政府颁布的办法、通知、规定等，并在正式制度的引导和培育下促进非正式制度的产生和发展。其保护制度涵盖的范围也从最初的古建筑、古遗址、古墓葬、石窟寺石刻壁画等单体文物建筑，逐步延伸到历史文化名城名镇名村、历史文化街区和传统村落，保护制度的内容也更加健全和完善。与此同时，积极借鉴吸收和移植国外的先进经验，也进一步丰富和推动了我国历史文化遗产保护制度的发展。

第二节　我国历史文化遗产保护的特点

一、多级委托代理的属地化保护机制

在历史文化遗产保护管理中，我国《文物保护法》第八条规定，地方各级人民政府负责本行政区域内的文物保护工作。同时《文物保护法》在第十五、十七、二十二条中规定了文物所在地地方政府是日常管理主体——充分责任主体和财政支持主体。也就是说，对于不可移动文物的保护管理主要是由地方政府来负责实施，即属地管理的原则。因此，在保护管理体系上，我国基本上遵循"条块结合、以块为主、多级委托、业务交叉"的模式。具体来说，"条"指纵向多层级管理，主要是指各有关职能部门采取上级业务指导下级方式进行管理，由此构建了从中央职能部门到地方各职能部门的垂直保护管理体系，形成"条"状的分级管理格局。"块"是指横向多部门管理，主要指在地方政府层级上历史文化遗产分别由文物、文化、规划、住建、旅游、民族宗教等部门管理并分别负责，这就形成了历史文化遗产管理中的"块"状分部门管理结构。通过纵向多层级管理（条条管理）和横向多部门管理（块块管理）的结合，共同构成历史文化遗产保护管理中的多级多部门交叉保护管理的格局。这个过程中，中央政府通过层层委托的方式将历史文化遗产的管理权转给代理人——地方政府，而地方政府则再通过委托代理的方式逐级将管理权下放给相关职能部门①。在这样的管理格局下，历史文化遗产保护管理的主要职能实际上大都落到了地方政府及其直属部门身上。由此可见，地方政府在历史文化遗产管理方面占主导地位，而中央政府则只能从政策措施上予以规范和指导，处于监督指导的地位。

---

① 刘世锦 . 中国文化遗产事业发展报告（2008）[M]. 北京 : 社会科学文献出版社 ,2008:149.

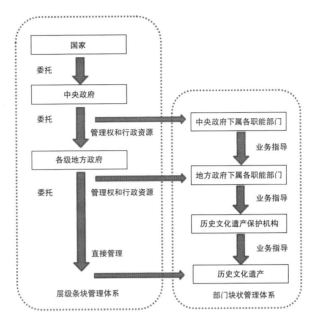

图 3：部门与层级相结合的历史文化遗产管理模式

资料来源：中国文化遗产事业发展报告（2008）。

二、公有制占主体的公益性保护体制

我国历史文化遗产的所有权可以分为国家所有、集体所有和私人所有。根据《文物保护法》《历史文化名城名镇名村保护条例》的相关规定①可知，在我国绝大多数历史文化遗产的所有权属于国家。国有产权和集体产权的文物占绝对主导地位。公有制为主体的产权性质决定了我国历史文化遗产的保护管理体系是只能是公益性的、非营利性的。虽然在历史文化遗产的改革过程中有营利性社会力量的介入，但与管理机制相匹配的历史文化遗产保护管理的性质依然是公益性的、非营利性的。其主要体现在两个方面：一是保护管理主体，大都是由各级政府及其委托部门负责实施，而这些机构的性质决定了历史文化遗产保护管理体制也是"行政型"的、"公益性"

---

① 中华人民共和国境内地下、内水和领海中遗存的一切文物，属于国家所有。古文化遗址、古墓葬、石窟寺属于国家所有。国家指定保护的纪念建筑物、古建筑、石刻、壁画、近代现代代表性建筑等不可移动文物，除国家另有规定的以外，属于国家所有。国有不可移动文物的所有权不因其所依附的土地所有权或者使用权的改变而改变。

的。二是保护管理经费，历史文化遗产保护维修的经费源于中央和地方各级政府的财政支持，从事经营活动的历史文化遗产其收入通常作为预算外收入采取"收支两条线"进行管理，一般上缴承担事权的地方政府财政，再根据保护和利用情况向中央和地方政府申请经费。

三、保用结合以保为主的保护原则

众所周知，历史文化遗产具有稀缺性、脆弱性和不可再生性，这也就意味着只有保护好历史文化遗产才能更好地发挥其经济文化价值。从我国文物保护的实践来看，我国政府历来高度重视文化遗产的保护管理工作。早在中华人民共和国成立初期就确立了"重点保护、重点发掘，既对文物保护有利，又对基本建设有利"的方针，在随后的经济社会发展过程中进一步强化了保护的重要性，同时也开展注重在有效保护的同时做好合理适度使用。1992年，国务院在西安组织召开全国文物工作会议，提出了"保护为主、抢救第一"的文物工作方针。1995年，国务院在西安再次召开全国文物工作会议，国务院分管领导要求把"有效保护、合理利用、加强管理"作为新时期关城中央文物工作方针的重要任务和指导思想。而到了2002年新的《文物保护法》重新修订，正式确立了"保护为主、抢救第一、加强管理、合理利用"的文物保护工作方针。

党的十八大以来，以习近平同志为核心的党中央高度重视中华优秀传统文化传承弘扬和文化遗产保护利用工作。习近平总书记反复强调，我们强调保护，并不是对这些自然景观和人文景观捂得严严实实的，一动也不能动，而是要在坚持保护的前提下进行适度合理开发和建设，通过适度合理开发和建设来实现更好的保护。不能把保护和发展对立起来，要坚持与时俱进，用改革的思路、创新的意识，把保护与开发、建设有机结合起来，不断开拓保护与发展"双赢"的新路子，最终实现生态效益、环境效益、经济效益和社会效益的辩证统一①。他在联合国教科文组织演讲中提出"让收藏在博物馆里的文物、陈列在广阔大地上的遗产、书写在古籍里的文字

---

① 习近平谈文物保护：注重推陈出新不是胡乱拆旧建新.[EB/OL]. (2015–01–12)[2023–03–25]. https://news.12371.cn/2015/01/12/ARTI1421057564518965.shtml.

都活起来 ①"的深刻论述，为当前及今后一段时期内我国历史文化遗产保护利用事业的发展指明了方向、提供了遵循，也成为当前我国历史文化遗产保护管理的重要指导性原则。

---

① 习近平谈文物保护工作的三句箴言 .[EB/OL]. (2016–04–13)[2023–03–25]..http://politics.people.com.cn/n1/2016/0413/c1001–28273470–3.html.

第三节　我国历史文化遗产保护面临的困境

　　单霁翔先生曾指出，在城市化快速推进和大规模开展城乡建设的背景下，我国历史文化遗产保护总体面临着"前所未有的重视和前所未有的冲击并存的局面"。一方面党中央、国务院高度重视历史文化遗产保护工作，习近平总书记多次对保护工作作出重要指示批示精神，尊重遗产、保护遗产、热爱遗产的理念在全社会逐步达成共识；但另一方面，许多地方政府在发展经济的冲动下，为了追求政绩，甚至是为了暂时的眼前经济利益，不顾有关法律法规的要求，肆意拆毁大批具有相当历史、艺术价值的历史文化遗产，造成无法挽回的损失。

一、建设性破坏依然严重

　　改革开放以来，随着我国经济社会的快速发展，越来越多的人离开农村涌入城市。我国的城镇化进程快速推进，城市化水平也在不断提高。1978 年末我国城市总共 193 个，城镇常住人口约 1.72 亿人，城镇化率为17.92%，而到了 2022 年城市共有城市 684 个，城镇常住人口已达 9.21 亿人，城镇化率为 65.22%。短短 40 多年，城市增加 491 个，增长 3.5 倍，城镇常住人口增加 7.49 亿人，城镇化率提高了 47.3 个百分点。与此同时，城市建设快速突破老城区的界限，建成区面积显著扩张。1981 年末全国城市建成区面积为 0.74 万平方千米，而到了 2021 年末全国城市建成区面积6.24 万平方千米，比 1981 年末增加 5.5 万平方千米，增长 8.4 倍。各个城市尤其是大中城市的规模不断扩大，城市面积显著增加，城市扩张的速度越来越快，城市化成为社会发展的必然趋势和进步的标志[①]。不过，伴随着城市的不断扩大，也面临城市土地资源紧缺、利用效率低下、无序开发

① 欧名豪,李武艳,刘向南,等.城市化内涵探讨[J].南京农业大学学报(社会科学版),2002(04):13–22.

蔓延、开发成本上升、空间需求失衡等问题。特别是在 18 亿亩耕地保护
线和生态保护线划定之后，我国很多城市的建设用地规模已经接近甚至超
过 2020 年国家土地利用总体规划的控制线。由于我国城市的发展模式是
以城市中心为原点向四周呈放射性扩张的，根据区位理论市中心的土地价
值最高，故城市中心的土地十分稀缺[①]。加之这些地方处于城市的黄金地
带，具有良好的区位优势，教育、医疗、交通、文化、商贸资源丰富，一
向是政府重点开发扶持和房地产开发商竞相争夺的理想之地。尤其是随着
城市中央商务区（CBD）的发展，在"土地城市化"向"人口城市化"的
转化过程中[②]，由于级差地租的存在，市中心区域内土地价格高昂，所以
高强度高密度集约化地使用土地成为这些地区开发利用土地的主要方式。
由于城市中心地区的土地大都早已被开发完毕，要想进一步发展只能通过
改造拆除那些密度低、利用水平差的老旧建筑来实现。这其中就有不少有
价值的历史文化遗产成为城市发展的牺牲品。

　　众所周知，城市中心地区大都是城市历史的发源地，拥有大量的老建
筑、老街巷，是城市记忆的精华所在。由于历史原因这些城市的老城区
长期以来得不到有效的保护与发展，房屋质量老化、私搭乱建严重、居
住品质恶化、公共设施欠缺、交通拥挤不堪、人口结构不合理等现象非
常普遍。这些老建筑由于很难进行产权置换或拆除，其居住品质、租金
水平以及居住人群形象，都难以与城市中心区的土地价值相匹配。这就
造成了一方面中心城区良好的区位优势和高昂的土地价值亟待开发；另
一方面是历史文化遗产长期得不到有效合理的保护和利用面临生存危险。
两方面的矛盾交织在一起，无疑成为摆在城市管理者面前的一道难题。
特别是一些地方政府的管理者为了短期政绩大搞形象工程，往往以拆旧
建新、破坏历史文化遗产来换取土地的增值和经济的发展。在棚户区改造、
旧城开发等项目中，为了满足房地产开发"三通一平"的要求，导致很
多地方将历史文化遗产与老旧危房混为一谈，完全不顾历史文化遗产保
护的原则和要求，直接将其破坏或拆除。如 2009 年江苏镇江启动一个名

① 边学芳,吴群,刘玮娜.城市化与中国城市土地利用结构的相关分析[J].资源科学,2005(03):73–78.
② 张耀宇,陈利根,陈会广."土地城市化"向"人口城市化"转变——一个分析框架及其政策含
　义[J].中国人口·资源与环境,2016,26(03):127–135.

叫如意江南的棚户区改造项目，在实施过程中发现宋元粮仓和元代石拱桥等遗址。该遗址的发现对于丰富古代镇江的转运港口历史和组团申报大运河世界遗产有着非常重要的意义，国家文物局和当地省市文物部门均多次表示该遗址的重要性。尽管如此，当地开发商在地方政府的默许下出动挖掘机等大型设备对 13 座宋元粮仓遗址造成严重破坏。由此可见，对于地方政府来说，保护遗址是需要耗费大量资金，且很难短期内见到经济利益。而破坏历史文化遗产修建新的建设工程，不但刺激了当地经济的发展还能够成为形象工程。因此，在利益得失面前，破坏遗产成为部分政府及其部门的选择。再如 2016 年哈尔滨市双城区在进行棚户区改造工程项目中，刘亚楼旧居、东北民主联军独立团旧址等 7 处文物建筑被涉事企业强行拆除；江苏省淮安市为打造名为"总理童年仿古街区"的商业项目，将位于周恩来总理童年读书处周边地区 8 处文物建筑中的 6 处进行了拆除，未被拆除的 2 处还是因为在产权人的抗争和媒体的介入之下才得以保存，但也有部分受到损毁。更有甚者，建设单位为掩人耳目，破坏历史文化遗产的同时还自创新名词，像是北京梁思成林徽因故居被破坏说成是"维修性拆除"、蒋介石重庆行营遭破坏说成是"保护性拆除"等。很多开发建设项目打着保护历史文化遗产的名义，实际上往往干的都是房地产开发、商业经营等活动。对于历史文化遗产的破坏，其处罚力度往往都非常轻。像刘亚楼旧居被拆毁一案，哈尔滨市纪委对 11 名相关责任人进行了追责，主要负责人仅受到责令作出书面检查和公开道歉的处理。如此轻微的处理，对于相关违法人员来说根本起不到震慑作用。与此形成鲜明对比的是，破坏历史文化遗产后从事土地开发获得的经济利益是非常显著的。尤其是当前政府在经济发展压力较大的情况下，作为理性经济人的地方政府来说，自然会权衡保护与破坏之间的收益作出最符合自身利益的决定。

据第三次全国文物普查统计，我国已登记的不可移动文物总数为 76 万多处，约 4.4 万处不可移动文物消失，其中一半以上毁于城市开发建设中。国家文物局原局长单霁翔曾指出：一些城市在开发建设中，无所顾忌的大拆大建……特别是在一批批文物古迹被摧毁的同时，一些历史性城市中又出现了摧残历史街区的短视行为①。正如一些学者所说的，城市文化遗产的大破坏，正把自己伟大的文化变成平庸②。

　　究其原因，与我国当前的财税政策有着很大的关系。在 2018 年税务机构改革之前，税务系统分为国税和地税。国税包括消费税、关税、车辆购置税、进口增值税、城市建设维护税等，地税包括营业税、车船使用税、地方企业的所得税等。相比较而言，国税占据税收的大头，而地税除营业税和所得税以外，均为小额税种，且税收收入非常不稳定。由此造成中央政府获得了主要税基，而地方政府则只获得了其中的小部分。与之相对应的是，地方政府所要提供的公共服务却逐步增加，在保障经济增长和民生需求的巨大压力下，地方政府很有可能选择出让土地。据统计，我国 31 个省、自治区、直辖市的土地出让金占地方预算内的财政收入比例从 1998 年的 10% 跃升至 2010 年的 67.6%③，而且近年来还在不断攀升，被学者们称之为"土地财政"④。由于我国实行严厉的耕地保护制度、城市边界划定等，这就造成城市的土地供应除了向外扩张以外，不得不向城市内部寻求潜力。在土地使用制度由以前的无偿划拨转化为有偿使用时，历史文化遗产附着的土地隐藏着较高的土地升值空间和房地产开发潜力⑤，破坏历史文化遗产开发房地产也就成为这些遵循"以经济建设为中心"、唯 GDP 论英雄的地方政府官员的理性选择，这也导致逐步形成了经济增长过度依赖房地产，地方政府过度依赖土地财政的格局。

---

① 单霁翔.文化遗产保护与城市文化建设 [M].北京:中国建筑工业出版社,2009:24.

② 丹淳.从城市形象说起 [N].中国文物报,2005-02-09.

③ 唐鹏,周来友,石晓平.地方政府对土地财政依赖的影响因素研究——基于中国 1998-2010 年的省际面板数据分析 [J].资源科学,2014,36(07):1374-1381.

④ 不同学者对土地财政的理解和界定有所不同，根据"土地财政"涵盖范围的大小，可分为小口径、中口径和大口径。小口径"土地财政"仅指土地出让金，即政府批地卖地所产生的土地出让成交价款。中口径"土地财政"包括地方政府预算内和预算外直接于土地房地产相关的租税费。大口径"土地财政"不仅包括地方政府预算内和预算外直接于土地房地产相关的租税费，还包括间接相关的财政收入，如地方政府以协议方式低价出让工业用地等。具体详见陈志勇.陈莉莉编著的《"土地财政"问题及其治理研究》一书。

⑤ 陈俊,齐百慧.浅议新形势下我国历史文化名城的保护 [J].四川建筑,2006.(04):9-10.

二、保护管理体系不顺畅

在历史文化遗产保护管理中我国基本上遵循"条块结合、以块为主、多级委托、业务交叉"的原则实行属地管理原则。中央层面，历史文化遗产的保护管理部门由国家文物局、住房和城乡建设部及自然资源部、生态环境部、民族宗教事务管理局等部委。省级层面上，主要涉及文化和旅游厅、文物局、住建厅、自然资源厅、生态环境厅、民族宗教事务局等部门。再往市县一级，也设置相应的部门来对应上级部门接受指导和监督。此外这些保护管理部门还要受国务院、各省、自治区、直辖市、市、县等属地政府的管理。

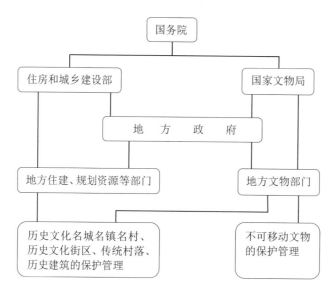

图4：我国历史文化遗产保护管理体系

资料来源：作者自绘。

尽管这种保护尽管这种保护管理模式在我国历史文化遗产保护过程管理模式在我国历史文化遗产保护过程中发挥了极大的作用，但也存在一些问题。主要的弊端在于保护管理部门过多，"九龙治水"的格局导致保护工作难以形成合力。由于历史文化遗产的保护涉及诸多部门，加之各单位之间存在利益纷争，在现实工作中很容易造成各部门职能相互交叉、沟通协调成本过高、保护管理效率低下等问题。以天津市为例，在历史文化遗产保护方面天津市级主要相关职能部门由市文物局、市规划和自然资源局、市住房和城乡建设委等部门组成。其中，市文物局主要负责各类不可移动文物和可移动文物的保护管理工作，其遵循的法律法规主要有《文物保护法》《文物保护法实施条例》等，其上级业务主管部门为国家文物局等部门；市住房和城乡建设委主要负责历史风貌建筑的保护管理工作，历史风貌建筑是指具有 50 年以上历史符合相关标准的建筑，主要遵循的法规为《天津市历史风貌建筑保护条例》。此外，市住房和城乡建设委还负责传统村落的保护管理工作，目前尚无相关的法律法规进行指导和规范，其上级主管部门为住房和城乡建设部；市规划和自然资源局主要负责历史文化名城名镇名村、历史街区及历史建筑的保护，主要遵循的法律法规有《文物保护法》《历史文化名城名镇名村保护条例》等，其上级主管部门为自然资源部、住房城乡建设部。这其中，历史风貌建筑与不可移动文物存在多重身份的问题，即一处建筑可能既是文物也是历史风貌建筑，因而在保护管理方面既要受到文物部门的制约又要符合住建部门的相关规定。此外，若此建筑位于历史文化街区、村镇或名城里面，还要受到规划资源部门的管理。到了区县一级，按照相应的权限职责，文物由各区文化旅游（文物）部门负责保护管理，传统村落和历史风貌建筑由各区住建部门来管理，历史文化名城名镇名村、历史建筑由各区规划资源部门负责管理。如此繁复的保护管理体系，不仅对从事保护管理的各部门各机构来说都显得十分复杂，对于历史文化遗产产权的相对人及保护的组织和志愿者来说，更是经常丈二和尚摸不着头脑，面对如此众多的保护管理部门和法律法规不知如何是好。

在实际保护管理的运行中，历史文化遗产保护管理机构一方面要受到上级业务主管部门的指导和管理；另一方面又要受到当地政府的领导。由于对历史文化遗产保护管理作出决策的权力集中在中央及省市业务部门和地方政府手里，基层历史文化遗产保护管理主体及产权人在保护管理过程中只能执行相关决议而无法开展主动性的活动，等、靠、要相关的指示安排成为基层组织开展工作的主要状态。这就造成掌握历史文化遗产相关信息的组织机构要听从不掌握信息或信息不全的上级部门的指挥。一方面，上级的决策并不一定能够完全适应历史文化遗产保护管理的现实情况；另一方面，造成基层管理机构缺乏有效的正向激励，被动等待上级的决策。此外，现有的保护管理体系还容易受到某些行政机构或官员个人偏好的影响，从而影响相关决策的适应性和稳定性。

三、产权保护制度不完善

完善的产权制度对于历史文化遗产保护具有非常重要的作用。当前我国历史文化遗产的产权还存在诸多与实际情况相违背的地方，严重阻碍了历史文化遗产保护事业的发展。主要表现在五个方面。

一是产权关系不清晰。由于历史原因，当前我国的历史文化遗产中许多存在产权纠纷问题。以北京保留下来的四合院为例。1949 年之前，这些四合院大都属于私人财产，产权界定非常清晰。这些院落居住的人口也不是很多，建筑密度不高，其房屋的破损程度也比较轻微。1949 年以后，随着社会主义改造的实施，私有财产权逐步被消灭，这些产权曾经为私人所有的四合院被征收或赎买为国家或集体所有，后经有关程序免费或收取少许租金的方式分配给大量进城人员居住和使用。大量人口的涌入加之人口的繁衍，人均居住面积非常小，造成人们为了增加室内使用空间，开始随意利用四合院的空闲地块加建、扩建、改建、添建各类违章建筑，严重破坏了这些四合院原先的格局和历史原貌。为了进一步保护好这些历史文化遗产，北京市政府一方面积极引导房屋的所有权人和使用权人进行保护和整修，通过有机更新的模式在保持原有历史风貌的情况下改善居住环境和公共基础设施；另一方面为了适度控制四合院内人口数量，政府也采取一些措施对部分居民进行置换或者腾迁，并把一些具有维护四合院能力的资本和人群引进来，实现历史文化遗产的所有权人的换血和更替，从而更有利于遗产的保护与可持续发展。不过，要实现这一目标就需要这些古建筑的产权是明晰且可以交易的。然而，现实是符合这一条件的老房子实在太少。大多数四合院的产权都非常复杂，有的是公产，有的是私产，还有的是企业产，等等，有时即使是同一栋房子也可能分属不一样的产权所有。以王蔚对什刹海历史街区的 127 户居民开展的调查为例，发现这些老房子的产权关系非常复杂，其中直管公房占比 39.8%、私房占比 17%、租房占比 9%、单位自管房占 30.7%、其他房屋为 3.5%[①]。复杂的产权关系，必定对历史文化遗产的保护管理带来诸多问题。不同的产权主体对历史文化遗产有着不同的认识和理解，在对待它们的态度上也会有明显的差别，最终导致历史文化遗产无法得到有效的保护和管理。

二是产权的责权利不对等。我国的历史文化遗产承担了大量的公共地役负担。虽然这些规定对于保护历史文化遗产、增进公共利益方面是非常有必要的。但是，遗产产权人在承担这些责任的同时，法律却很少给予他们对等的权和利，历史文化遗产的日常保养、维护修缮等费用基本由产权人来承担。尽管近些年来中央政府层面已经认识到这一点，国家在一些财政补贴方面给予高等级历史文化遗产（如全国重点文物保护单位）的管理使用单位和产权人提供了一定的资金支持，适度平衡了承担保护地役权的产权人的权利和义务，提升产权人加强历史文化遗产保护和管理的积极性。不过，对于更多低等级的如市县级文物、历史建筑的保护，受限于地方经济实力，仍然没有设立专项补助资金用于历史文化遗产所有权的补偿。以天津市为例，近些年来全市的区级文物保护单位及尚未核定公布为文物保护单位的不可移动文物的保养和修缮，其所需经费基本由管理使用单位负担。除个别区财政有少量经费补贴外，绝大多数地方均没有这方面的配套资金予以支持。

三是产权处置受到限制。在历史文化遗产产权为私有的情况下，对其处置完全由产权所有人所有，那么产权所有人会根据历史文化遗产的保存状况、地理位置和使用用途等方面进行利弊权衡。如果历史文化遗产的保护、修缮的收益要大于废弃不用甚至拆除的话，作为理性经济人的所有权人自然会加强保护。如果对历史文化遗产的投入产出值远小于废弃或拆除建新建筑的话，那么所有权人自然会采取有利于自己的选择。然而，我国相关法律法规对于历史文化遗产的处置都进行了详细的规定。对国有文物来说，《文物保护法》规定不能转让、抵押和用于企业资产经营。这虽然

[①]　王蔚. 北京市历史文化街区保护与发展策略研究——以什刹海历史文化街区为例 [D]. 首都经济贸易大学 ,2015.

在一定程度上确保了文物国有属性不变，但是也导致国有文物失去了金融方面的属性，成为企业中难以评估的资产，也无法实现保值增值。对于非国有不可移动文物的所有权人来说，法律规定在处置过程中要遵守有关的限制性条款，增加了处置的交易成本。由于产权上的限制，这些历史文化遗产的流转非常不顺畅，这也导致现有的产权所有者对其缺乏必要的维护动力，而潜在购买者则不敢与其进行交易。比如，北京的四合院就存在这样的问题。为了做好这些胡同四合院的保护管理工作，政府部门一方面引导居住在四合院的居民对其进行有机更新，在保持原有历史风貌的情况下对其引入市政设施，改善居住条件；另一方面对于那些没有能力和动力维护保养的居民将其迁出，让有维修能力且乐意居住在四合院的主体引进来。这时就需要四合院的产权是清晰的，而且可以在法律允许下公开交易。可是，这项工作很难推进下去的一个重要原因就是四合院的产权结构非常复杂。一栋古建筑的产权被分割成几家甚至十几家，其产权性质又非常多元，这就导致这些历史文化遗产的产权在进行市场交易的时候其沟通协商成本大到难以实施流转。由此导致现有产权主体缺乏维护历史文化遗产的动力，而对历史文化遗产有偏好的人也难以通过正常途径获得产权，显然对于历史文化遗产今后的保护和管理造成不利局面。

四是产权界定不恰当。以《文物保护法》埋藏文物的所有权问题为例，我国《文物保护法》第五条规定，我国境内的地下、内水和领海中的文物属于国家。除国家另有规定外，我国境内出土的文物属于国家所有。由此认定埋藏或出土文物除非事先有明确的法律规定之外，其他情况下所有的埋藏和出土的文物的所有权均为国有。这也就是说，国有的埋藏和出土文物其相关保护管理的权利和义务完全由国家及其代理人来行使。然而，我国《文物保护法》在考古发掘方面的相关规定却与这一理念背道而驰。《文物保护法》第二十九条规定，在开展大型基本建设工程之前应报请省级文物主管部门组织考古发掘单位在工程实施范围内开展考古勘探。对于程序设置和行动实施来说，这条规定是没有什么问题的，但对于考古勘探所产生的经费问题，法律却规定"凡因进行基本建设和生产建设需要的考古调查、勘探、发掘，所需费用由建设单位列入建设工程预算"。这就意味着，开发建设企业要为拟开发的地块文物发掘单独准备考古调查勘探发掘资金。即，在可能埋藏有文物的地方进行工程施工不是由国家负责出资调查勘探发掘，而是由开发建设单位来为国家承担相关的国有文物的考古费用。如果地下没有发现文物还好，一旦发现文物，按照《文物保护法》的规定，任何单位或个人应保护现场并上报文物部门。发现的文物属于国家所有，任何单位或个人不得哄抢、私分、藏匿。由此我们不难发现，开展地下文物的勘探发掘的费用由建设开发单位负责支出，而发掘出来的文物收归国家所有，开发企业并未获得任何好处，并且考古勘探带来的工期延误等情况国家却不会给任何补偿。这还不是最糟糕的情况，如果在开发建设地块内发现具有重要价值的考古遗址，他们面临的不仅仅是延长建设工期的问题，很多时候可能为了历史文化遗产保护不得不改变工程设计方案甚至被迫放弃项目开发，而整个过程蒙受的损失则由开发建设单位承担。对于开发建设单位来说，从理性经济人的角度必然会认真衡量保护地下文物带来的收益和风险问题。由于我国法律对破坏埋藏地下文物的行为没有制定详细的处罚条款，《文物保护法》第六十五条也只规定："造成文物灭失的、损毁的，依法承担民事责任。"面对这种情况，开发企业在权衡两方面的利益得失之后，一旦该地块内发现埋藏文物大都采取破坏文物这一合乎其利益的选择。之所以出现这样的问题，很重要的一条就是在产权界定方面出现了偏差。假如地下文物的产权归属国家，那么组织开展地下文物的考古勘探应该由政府组织实施，而且其相关费用也应该由政府负担。在土地出让、工程选址之前，政府应该组织完成相关的考古工作，开发企业不再承担考古发掘以及由此衍生的一系列问题。假如法律规定地下出土文物的产权归由开发企业所有，那么相关的考古勘探费用由开发企业承担，该土地内所发现的文物全部归由企业。那么作为理性的经济人，自然会判断出土文物的价值和土地开发的价值并在两者之间进行平衡。而且，假如考古发掘到的文物是自己，开发企业自然不会去破坏文物，相反还会积极主动地想办法来保护好属于自己的财物。通过分析，我们发现历史文化遗产产权的不同界定，导致保护的结果天壤之别。

　　五是认定制度不合理。在历史文化遗产的认定方面，我国主要采取政府指定的方式。所谓指定，是指某处历史古迹是不是文物、是不是历史建筑、是不是传统村落都要由政府部门来筛选、评定和公布，期间不需要征求所有权人的意见。以《文物保护法》为例，我国的不可移动文物按照历史、艺术、科学价值可以分为国家级、省级、市县级文物保护单位以及尚未核定公布为文物保护单位的不可移动文物四个级别。《文物保护法》第十三条对不可移动文物的认定进行了明确的规定，全国重点文物保护单位由国务院文物行政部门从省、市县级文物保护单位中直接选择指定并上报国务院批准，省、市县级文物保护单位的认定由同级文物部门指定后报当地政府批准，尚未核定公布为文物保护单位的不可移动文物则可以直接由属地文物部门认定并公布。由此可见，某处历史古迹能不能成为文物或者成为哪个级别的文物，主要由相应级别的文物行政部门选择、评定并按照有关程序由政府向社会公布。在此过程中，法律并没有规定需要征求历史古迹产权人意见。在现实工作中，只要文物行政部门认为该历史古迹具备文物价值，不管产权人同不同意都可以将其公布为不同级别的不可移动文物。尽管我们知道，被认定为不可移动文物是对该历史古迹历史、艺术、科学价值的肯定，也是对社会公益的促进。但是对于该历史古迹的所有权人来说，不经协商便对其进行指定显然缺乏对产权人权利的保护与尊重。除了对文物认定实行指定制度以外，对于其他历史文化遗产如历史文化名城名镇名村以及历史文化街区的认定，也是采取指定的方式。在《历史文化名城名镇名村保护条例》中，尽管规定历史文化名城名镇名村的申报是主要是由地方各级政府提出，主动权在各地方政府。但假如某一座城市、村镇不愿意申报，相关的业务主管部门也可以向国务院或省、自治区或直辖市人民政府提出建议要求直接指定为相应的历史文化名城、名镇或名村。在整个申报或指定的过程中，完全忽略了生活在此范围内的当地政府和居民的意见和态度。也就是说，历史文化名城名镇名村的称号对他们来说只能是被动地接受。

　　然而，一旦被冠以历史文化遗产的相关称号之后，给产权人和保护管理使用机构来说带来的更多的是义务而不是权益。历史文化遗产不但要承担法律规定的各种责任和义务，而且受到这些严格的限制却很难得到相应的补偿。很显然，面对这样的情况，对于所有权是国有的历史文化遗产来说可能受损较少（毕竟资源是国家的，这些机构是行使国有资产的代理人），对于所有权为私人的历史文化遗产受损相对要严重得多。不论是保护还是拆除、保养还是维修，产权人都要履行依法保护历史文化遗产的法律规定却无法获得个人利益受损后的经济补偿。权利和义务的不对等是当前我国历史文化遗产指定制度存在的最大问题。不过，值得关注的是，在2019年国家文物局组织开展第八批全国重点文物保护单位的申报、遴选过程中，规定对于私有产权的不可移动文物，应在申报前征得产权所有人的同意。这一举措无疑是值得肯定和推广的。

四、公共财政投入不足

历史文化遗产保护作为一项公益事业，是具有很强正外部性的公共产品。按照福利经济学的观点，政府部门应当承担主要的保护责任，加大经费投入用于历史文化遗产保护，能够有效增进社会公众福利。目前，我国虽然已经建立了相对完善的历史文化遗产保护专项经费制度，中央和地方政府也投入大量公共财政资金用于保护，但是与分布广泛、数量庞大的历史文化遗产相比，其在全国财政支出预算中占比很小，分到每个历史文化遗产上的就更是杯水车薪。在不少地方，除维持日常行政管理和人员工资外，业务经费很少，难以有效地开展正常的保护维修工作。这为历史文化遗产保护带来了不少难题，具体表现在以下方面。

（一）公共财政投入总量不足

作为典型的公共产品，历史文化遗产的非营利性和非排他性决定了其资源的主要提供者为国家，并且由于其具有很强的正外部性，所以在保护、维修和利用上的经费也应主要由公共财政来供给。近年来，我国中央和地方财政每年投入历史文化遗产保护方面的资金不断增加。据统计，"十三五"以来，各级政府逐步重视并大力支持文物事业的发展，文物事业投入大幅度增长。2021年全国文物事业费为556.89亿元，较2016年文物事业费增加202.35亿元，年均增长率9.45%。其中，文物科研机构比2016年增加12.09亿元，年均增长率11.06%[①]，有效地开展了一系列重点文物保护抢救维修工程，保护了一大批珍贵文物。不过，由于我国之前过于重视经济

---

① 文物保护经费有力保障全国文物事业发展 [EB/OL].(2022-11-14)[2023-03-05]. http://www.ncha.gov.cn/art/2022/11/14/art_722_178211.html.

发展，忽视历史文化遗产保护，导致"历史欠账"过多，造成很多濒危文物未得到及时的抢救维修。虽然近年来历史文化遗产的保存状况得到了较大的改善，但主要是全国重点文物保护单位和省级文物保护单位，而现有近 11 万区县级文物保护单位和 64 万处一般不可移动文物，由于财力有限，保护力度不够，其保存状况并未完全好转。以天津市为例，天津现有各类不可移动文物 2082 处，其文物保护状况最好的主要是依靠中央财政支持的全国重点文物保护单位，而其他类型的文物保护单位则保存状况不尽如人意，原因主要还是在于地方财政投入不足。此外，与其他历史文化遗产保护强国相比，我国在相关领域的投入比例明显偏低。据统计，自 2021 年我国文物事业经费占国家财政支出的比重在 0.22% 左右。放眼他国，法国每年用于历史文化遗产保护的预算占整个国民财政预算的 1%；英国的相关预算占国民财政预算的 0.5%；意大利的相关预算占国民生产总值的 0.4%，并力争在几年内达到 1%。由此可见，我国在历史文化遗产保护的公共财政支出方面还有很大的提升空间，考虑到历史文化遗产在增强文化自信、培育社会主义核心价值观、提升国家文化软实力的重要作用，有必要在经济发展的同时进一步增加对历史文化遗产保护的公共财政经费投入。

（二）公共财政投入覆盖面不广

在历史文化遗产的保护和维修上，我国普遍奉行所有权人付费的原则。如《文物保护法》《历史文化名城名镇名村保护条例》均规定，文物建筑和历史建筑的保养和修缮，由所有权人或使用权人来负责。这就导致在公共财政投入方面，我国历史文化遗产保护覆盖面比较狭窄。对于产权是国有的历史文化遗产，中央或地方政府能够提供足够的公共财政资金用于保护维修。而对于那些属于非国有的历史文化遗产，其保养、修缮的钱必须由所有权人来支付，公共财政基本不投入。虽然从法理上说这样的规定是无可厚非的，但是考虑到历史文化遗产具有一定的公共品属性，完全要求私有财力来维持历史文化遗产的生存并增进公共利益显然是不妥当的。

以财政部、国家文物局 2023 年印发的《国家文物保护资金管理办法》（以下简称为《办法》）为例。一是补助范围比较狭窄。该《办法》的适用范围主要集中在全国重点文物保护单位保护、省级及以下文物保护单位，对于低级别的不可移动文物则交由地方政府负责。虽然不可移动文物的正外部性具有一定的地域性特征，但对于那些财政负担较重的地区的文物保护事业显然难以起到带动引领作用。二是对国有文物和非国有文物的补贴区别对待。在国有的全国重点文物保护单位的维修、保护与展示方面，该《办法》基本实行所需经费全额拨付，而对于非国有的全国重点文物保护单位，则要求在项目完成并经过评估验收后给予适当补助。尽管纵向看对非国有文物的补贴从无到有是一大进步，但是从横向看同样是全国重点文物保护单位，其获得补贴数额与程序的不同引发了新的不公平。三是缺乏对地役权限制的补偿。该《办法》提供补贴的内容仅限于不可移动文物的维修、保护与展示等方面，至于为保护这些文物而对遗产产权人及其地区的发展造成的严重限制和制约则没有给予任何补偿。由此可见，尽管以《国家文物保护资金管理办法》为代表的一系列补助资金为我国的历史文化遗产保护正外部性的发挥作出了贡献，但在对历史文化遗产产权人及地区带来负外部性方面依然没有提出实质性的解决方法。因此，有必要在保护经费的制度设计上进行改革，适当在财政经费上对非国有遗产的保护和修缮以及历史文化遗产给地方经济发展带来的负外部性给予一定比例的资金补助或补偿，以此激发地方政府和私有产权使用人保护历史文化遗产的积极性。

（三）公共财政短缺引发不当经营

在公共财政投入不足的情况下，各地政府部门创新地推出"以遗产养遗产"的思路，大力挖掘历史文化遗产的旅游潜力，将其打造成为促进地方经济发展、增加人口就业、转变经济增长方式和结构转型的重要支柱产业。不过，在利用历史文化遗产开展旅游活动的同时，我们也清醒地看到历史文化遗产正面临着游客超载、本体受损、环境恶化等方面的压力。每年的旅游旺季，我国很多著名的历史文化遗产旅游地人满为患，游客的参观数量远远超过其所能接纳和承载的范围。不但游客的体验不好，而且对历史文化遗产也造成了相当严重的破坏。以北京故宫为例，据统计故宫每年的接待游客量在 1000 万以上，2012 年曾达到 1534 万人，单日游客参观人次最高达到 18.2 万人。如此庞大的游客参观量，不但给游客参观带来了糟糕的体验，也对历史文化遗产的生存状况提出了严峻的挑战。为此，故宫博物院不得不从 2015 年开始限制参观人数，拟定每天接待观众 8 万人次。

过度开发历史文化遗产的另一个表现是其周边历史和自然环境遭到严重破坏。比如不少城市为了发展地方旅游业，对历史文化遗产采取孤立保护的方式。对那些具备文物身份、有一定开发利用价值的历史文化遗产进行重点保护，但对于历史遗产周边赖以生存的自然生态和社会人文环境却大肆拆毁。在进行相关规划和设计的时候，往往只关注那些具备开发利用价值的历史文化遗产，对于难以开发利用的或经济价值不高的历史文化遗产及周边赖以生存的自然生态和社会人文环境大都采取拆除再开发的原则，新建大型的商贸街、古玩街、仿古街等。这就导致被保护下来的历史文化遗产脱离了原有的生存环境，成为无源之水、无本之木，历史文化遗产变成了这些商业设施的点缀和经营噱头。

在维持原有风貌的前提下，有针对性地利用历史文化遗产开展商业开发和旅游经营是国内外很多地方的常见做法。而且，通过必要的商业开发获得的经济收入，可以用来维持历史文化遗产的保护管理工作，推动地方经济社会发展。但是，假如把发展历史文化遗产旅游当作地方经济发展的引擎并实施竭泽而渔式的过度开发利用，反倒容易对历史文化遗产保护及当地经济造成了长期的负面影响。比如，天津老城厢地区是天津城市的起源地，在 2000 年左右大部分地区还保存原来的历史格局。然而在随后的城市开发建设过程中，除个别具有很高价值的古建筑得以保留外，其余的一些老房子、老建筑全部拆除进行商业开发。在天津著名的古文化街，除天后宫和玉皇阁等两处文物建筑以外，其他的大都为新建的仿古建筑，零星存在的历史文化遗产成了商家聚拢人气招揽游客吸引消费的招牌。再如，2004 年浙江南浔古镇拟作价 1.3 亿元出让古镇 30 年的开发经营权用于开发建设，计划打着保护的名义实施古镇拆迁，幸好当时的浙江省文物局和建设厅及时制止，否则这一水乡灵秀之地很可能就变成粗制滥造、涂脂抹粉的商业怪胎。由此可见，在公共财政经费难以满足保护需求的时候，将历史文化遗产融入商业开发、最大限度地榨取其经济价值显然是地方政府及相关部门的理性选择。

小 结

　　尽管我国是一个悠久历史的文明古国，但是在历史文化遗产保护领域的探索和实践不过百余年。通过对不同历史时期保护历程的梳理，可以发现我国的历史文化遗产保护事业除个别时段外基本是逐步完善和加强的。当前，我国的历史文化遗产保护已经形成了多级委托代理的属地化保护机制、公有制占主体的公益性保护体制、保用结合以保为主的保护原则的保护体制机制。不过，在实际运行过程中，我国历史文化遗产保护依然面临建设性破坏严重、保护管理体制不顺畅、产权保护制度不完善、公共财政经费投入不足等困境，成为我国历史文化遗产保护事业发展不得不面对的难题。

第三章

历史文化遗产的
经济学特征分析

　　历史文化遗产作为一种特殊的物质文化资源，其自身所蕴含的文化和经济价值对于推动社会进步、提升文明水平、满足精神需求以及带动经济发展具有非常重要的作用。通过运用价值理论、公共产品理论、外部性理论对历史文化遗产的经济学特征进行分析，不仅能够加深对历史文化遗产的认识和理解，而且也为下一步的保护分析奠定理论基础。

第一节　历史文化遗产的主要特点

一、资源的稀缺性

　　物品的稀缺性是西方经济学最基本的假设。英国经济学家莱昂内尔·罗宾斯认为，经济学是一门研究如何将稀缺资源进行合理配置的科学[①]。人们从事经济活动的目的是通过获取和消费某类物品来满足自身的需要和消费欲望。一般来说，可以把物品分为两类，一类是自由物品，不需要人们付出多少努力就可以获得，如阳光和空气等；另一类是经济物品，需要人类付出代价才能获得，即必须耗费一定的自然资源、经济资本或社会劳动

---

① 　莱昂内尔·罗宾斯.论经济科学的性质和意义[M].朱泱译.北京：商务印书馆,2000:19-20.

等才生产出来。不过，无论是哪一类的物品，相对人类的欲望绝而言大多数物品都是有限的或稀缺的。虽然从总体上可以说，资源稀缺是常态，但就每一种特种资源来说，是否稀缺、稀缺度如何，都是可变的[①]。比如，一个城市如果存在很多的古老建筑，那么人们可能不能感觉到老建筑的魅力，然而一旦人们大规模地拆旧建新的时候，老建筑就变得稀缺起来，给人们带来的感受就更深刻了。所以说，稀缺是一种主观的心理感受。

历史文化遗产作为人类社会不同时期内发展形成的产物，承载了大量真实客观的时代特征和历史信息，是历史遗留下来的珍贵见证。随着经济社会的快速发展和城市化进程的加快，历史文化遗产作为一种特殊的资源正在变得日益稀少。其稀缺性主要表现在以下方面。

一是数量的稀缺性。作为一种历史遗留物，历史文化遗产的生产和供应是非常困难的，需要满足时间、事件、人物、环境等多种因素，同时还要能够在历史长河的流逝过程中保留下来。显然，受制于历史文化遗产生成条件的特殊性，导致其不可能实现大批量的生产和供应。历史文化遗产作为一种公共资源，不仅表现在保留下来的数量上相对稀缺，而且随着时间的推移和人们的参观游览还面临着自身机能的衰败和人为的破坏，因而遗产资源的稀缺性是长期存在的。与普通商品最大的区别是，历史文化遗产具有不可再生性。由于每一处遗产都具有独特的历史、文化、艺术价值，这就意味着历史文化遗产本体或其周边赖以生存的环境一旦遭到破坏，即使再怎么弥补也不可能恢复其本身所蕴含和承载的历史信息。

二是文化价值的稀缺性。所谓文化，是指人类社会在长期发展交流过程中形成的被普遍认可的一种意识形态。文化在历经萌芽、发展和稳固确定下来以后，就会对于一个地区的人们产生强烈的认同感和归属感，对于协调群体成员的行动、维持群体的行为规范和价值观念具有很强的引导作用。历史文化遗产作为人们历史活动保存下来的场所，是文化观念形成的重要载体和实物见证。比如，我们说到中国文化必然少不了长城、故宫，提及埃及文化必然会联想到金字塔、狮身人面像，讲到西欧文明也会涉猎宏伟的罗马遗迹和高耸的哥特式教堂等。人们只需要通过直观的方式参

---

① 黄少安 . 产权经济学导论 [M]. 北京 : 经济科学出版社 ,2004:41.

观、游览就能够欣赏感受这些文化遗产所代表的文化，并由此感受其文化所蕴含的内涵。同样由于这些历史文化遗产自身的文化价值具有很强的独特性和唯一性，难以再生且无法替代，因而对人类传承文明有着非常重要的作用。

三是地域特色的稀缺性。历史文化遗产具有很强的地域性，生活在不同地区的人们由于受到自然资源、气候环境、地势地貌、社会发展水平等因素影响，在社会生产和创造中展现的形式也大有不同。生活在江南地区的人们，会因地制宜地根据地势、河流和气候建造出像周庄、南浔这样的水乡；生活在陕北地区的人们，则会根据黄土高坡的情况修建适宜居住的窑洞、土炕。由此可见，每个地区地域特色的不同也就形成和保留下各具特色的文化遗产。一旦脱离了这种地域环境，就很难再找到类似的真实的历史文化遗产。就像在上海能够看到十里洋场的外滩，却不会有红河的哈尼梯田；在北京能够欣赏到雄伟的天安门，却不会看到陕北地区的窑洞。地域的不同造成历史文化遗产的不同，进而引发遗产特色的稀缺性。

四是民族特色的稀缺性。每个民族在其自身发展过程中都具有区别于其他民族的特色，这种特色不仅体现在饮食、服饰、传统习俗上，也反映在他们长久以来保留下来的文化遗产上。比如说，西藏地区的藏民修建的庙宇如布达拉宫就非常具有民族特色，与中原地区汉民族修建的佛教场所有很大的不同。回族修建的清真寺就烙印有他们的民族特征。这些特色都是根本区别于其他民族的，离开了这个民族居住的环境就很难见到这些具有民族特征的文物古迹了。

二、脆弱性

历史文化遗产的脆弱性，是指其本身具有不稳定因素，在受到外部力量的影响下极易发生功能性或结构性的变化，并朝着对自身保存状况不利的方向发展。相比于其他物品来说，历史文化遗产作为人类社会发展过程中保留下来的产物，其脆弱性主要表现在三个方面：一是自身结构导致的脆弱性，二是自然因素导致的脆弱性，三是人为因素导致的脆弱性。

首先，历史文化遗产大都历经长时间的岁月洗礼，其内部结构存在诸多不稳定因素。以古建筑类为例，我国保存下来的古建筑以木结构为主，受木材本身材质的影响，容易糟朽、腐败和损毁，一旦保存不善极易发生结构性坍塌或局部损毁。受建造工艺和建设理念的制约，古建筑在防火、防灾等方面大都难以适应现代建筑的修建标准，一旦发生灾害往往会造成毁灭性后果。近年来，不论是我国还是国外，历史文化遗产惨遭烧毁灭失的例子比比皆是。

其次，历史文化遗产的脆弱性表现在受自然因素的影响较大。一方面受地震、火灾、洪水、泥石流等偶发自然灾害的影响容易导致历史文化遗产的损毁或者灭失。如"5·12"汶川大地震造成我国四川、甘肃、陕西、重庆等 7 省（市）合计 169 处全国重点文物保护单位（其中 2 处已列入世界遗产名录）、250 处省级文物保护单位受到不同程度损害，此外还造成 2 处中国历史文化名城、4 处国家历史文化名镇名村内的历史建筑出现损毁垮塌[①]；另一方面历史文化遗产也容易受到日照、温度、湿度、风化、冻融等自然因素日积月累的影响导致其逐步消亡。如敦煌莫高窟内精美绝伦的壁画，在开放的环境下，长期以来受到光照、湿气以及空气浓度的影响，面临起甲、脱落、发霉、变色、空鼓、酥碱等自然的病害侵扰，壁画的保存出现不可逆的状态。如不进行严格保护，莫高窟内的精美壁画将会随时间的推移而消失殆尽。

再次，历史文化遗产的脆弱性还表现在人为因素上。纵观中国古代历史，历朝历代对于历史文化遗产大都不存爱惜之心，除少数朝代（如清承明宫）外无不以彻底损毁前朝城池宫殿为使命，以此向世人宣誓革故鼎新，因而大量古代建筑被人为破坏或消失在战火之中。而到了近现代，特别是在经济社会的快速发展的当下，很多古建筑、近现代文物建筑以及古遗址古墓葬等在城镇化的进程中被推土机摧毁，成为经济发展的牺牲品。还有受部分主客观因素的制约，致使各地出现不少保护性破坏的案例，进一步恶化了历史文化遗产的保存现状。

---

① 国家文物局：汶川地震造成文化遗产受损情况 [EB/OL].(2008-06-05)[2018-09-12].http://www.sach.gov.cn/cchmi_tabid_612/tabid/614/InfoID/10587/Default.html.

三、不可再生性

　　历史文化遗产的不可再生性，是指其不同于其他生产性的资源，投入必要的生产要素便可以产出足够的产品供人们使用。历史文化遗产作为时代发展的产物，真实、完整、客观地记录了当时的历史情境和科技发展水平，这种特征具有很强的历史烙印。比如，南北朝时期的石窟与隋唐时期的石窟具有很多不同之处，唐宋时期的建筑风格也与明清时期的建筑风格存在差异，这些风格特征所反映都是不同时期的发展水平。而这些特征也蕴含着丰富的历史人文信息，这些信息往往都是那个时代经济、政治、社会、环境的真实反映。而历史文化遗产一旦出现损害或遭到破坏，即使按照其原样进行修复重建（当然，也难以恢复成其本来的样子），其承载的历史信息也是无法复制、仿制的。前些年，很多地区"破坏真文物、修建假古董"蔚然成风，仿建了大量的汉街、唐街、明清一条街等。但由于这些建筑大多只是模仿了原先历史风貌的外在特征，缺乏真正的时代特色和历史价值，形似神不似，甚至只是粗制滥造，变成名不副实的假古董和赝品。由于严重缺乏历史古建所蕴含的历史信息，很多仿古建筑群即便建好了也很难吸引人们前往探秘寻访。例如，位于河南省洛阳市的二程文化园，是在程颐、程颢墓园基础上投资 3.5 亿元扩建而成的 4A 级旅游景区，然而在 2017 年建成后基本无人问津，甚至在 2018 年国庆期间采取 1 元门票的方式也游人稀少。一个重要的原因就在于二程文化园均为仿古建筑，没有任何真正的历史遗迹和文化信息。

第二节　历史文化遗产的价值分析

历史文化遗产对于一个国家、一个地区来说具有非常重要的作用，它不仅真实地呈现出过去人类经济社会发展的文明程度，也潜移默化地塑造和影响着当代社会生活中的人们的思想行为，并由此引领人类社会未来的发展方向。历史文化遗产的价值是分层次的，一般可将其分为本征价值和衍生价值。所谓本征价值，即历史文化遗产最基本的价值，也就是通常所说的文化价值。其表现形式是对历史文化遗产内涵的阐述与展示，以实物的方式体现某一历史时期政治、经济、社会、科技、思想的发展水平。而衍生价值，是指通过人们对历史文化遗产合理利用而获取的价值，如参观、游览历史文化遗产或将其作为办公、住宿、经营场所等给人们带来的经济利益，也即历史文化遗产的经济价值。

一、文化价值

历史文化遗产具有多重价值，其中文化价值是主要的，是历史文化遗产之所以能够得到保护的主要因素，其文化价值主要分为以下几类。

一是具有历史价值。历史文化遗产是人类在历史发展过程中某一阶段的创造性产物，具有鲜明的时代特征。通过对历史文化遗产的研究，能够更加深刻地理解和认识当时的历史发展情境。作为真实客观的信息的载体，历史文化遗产所蕴含的历史信息可以佐证、填补甚至纠正以往史书上记载的信息。比如，通过对江西海昏侯墓的发掘，出土了 1 万余件文物，特别是海昏侯墓及其车马坑出土的 9 千多件文物，形象再现西汉时期高等级贵族的生活。数以千计的竹简和近百版木牍，使多种古代文献在 2000 年后重见天日。这些珍贵文物的发现，对于研究西汉时期的政治、经济、文化、军事等历史情况具有非常重要的实证价值。由此可见，加强文物历史价值的研究，可以增进对历史事件、历史人物、时代特征以及社会风俗等的认识和了解，补充完善甚至是修正一些史书的观点和论断。

二是具有科学价值。对于了解和研究人类社会既往的科学技术水平，历史文化遗产无疑是最好的物证。人类在与自然环境打交道的过程中，积累了丰富的知识经验，然后再将这些运用到对自然世界的改造上来。以房屋建造为例，最早人类采用穴居的方式，也就是找个地方挖个坑用来居住，很多目前已发现的古人类遗址都可以作为例证。随着人类改造自然能力的提高，开始建造茅草屋，比如从一些遗址保留下来的基础和夯土等可以了解当时建造的规模和建造技术。再往后，人们可以修建大的殿堂庙宇，很多文物建筑也开始流传下来，如我国现存较早的建筑山西佛光寺、天津独乐寺以及北京的故宫、颐和园等。通过考察这些实物，人们能够清晰地了解当时的建筑工艺、建筑水平和建筑风格，对于研究建筑历史和建筑科学无疑是最好的范例。再比如，元代建造的河南登封告城镇周公测景台，是我国现存最古老的一座天文台，当时在这里测出来的地球运行周率与近代最精密的地球周率数字几乎完全一致[①]。这对于研究天文学的专家们来说，其学术地位和研究意义无疑是十分重要和巨大的。此外，历史文化遗产的科学价值还体现在对现代科学的指导和应用上。比如在研究建筑结构的抗震性上，1976 年唐山大地震时，天津宁河的天尊阁山门和东西配殿全部震毁，但唯独大殿毫发无损安然无恙，究其原因是其设计巧妙的木结构框架在剧烈震动中保持了一定的应力，通过研究天尊阁的木结构原理对于指导今后建筑的防震减灾具有一定的借鉴。所以说，历史文化遗产的科学价值，不仅能够深化对古代自然科技发展水平的理解和认识，对于现代科学技术的发展也具有很强的促进作用。

三是具有艺术价值。艺术价值主要指的是历史文化遗产本身所表现出来的艺术特质，能够反映其所处年代的时代特点、技艺水平和艺术风格等等，同时也反映出当时社会的价值观念、文明程度和上层社会的审美偏好。比如闻名于世的敦煌壁画，融西魏、北周、唐代等多个时期的绘画风格，涉及佛像画、装饰画、故事画、山水画等多种类型，内容丰富多彩，生动形象描绘了佛教的人物、故事以及当时社会的日常生活场景等，是人类共

---

① 罗哲文 . 中国古代建筑 [M]. 上海：上海古籍出版社 ,1990:12.

同的艺术瑰宝，对于研究中国古代绘画艺术具有非常重要的作用。此外，一些文物也是艺术价值和科学价值的典范。如河北应县佛宫寺释迦塔，其塔身结构、斗拱、佛像等，都具有极高的艺术价值。不过，历史文化遗产的艺术价值是有高低之分的，比如在一些古建筑、石窟寺、壁画上，其艺术价值会比较高，但是一些古遗址、古墓葬或是与重大历史事件、重要历史人物相关的实物遗存等，其艺术价值可能并不是其文化价值的主要体现方面。

二、经济价值

在经济学家眼里，任何物品都是有经济价值的，历史文化遗产也不例外。人们常说历史文化遗产的价值巨大，可这些价值有哪些内容，该怎么衡量和评判，如何比较价值的高低，相关价值能不能用货币来体现，保护这些历史文化遗产能给人类社会带来多大的收益，拆毁这些历史文化遗产会给人类社会带来怎样的损害等。面对这些问题，就要求我们从经济学的角度来寻求答案。价值理论是现代经济学研究的基础，是衡量物品或服务的尺度。当前，经济学界有三种价值理论学说，分别是马克思主义劳动价值论、边际效用价值论以及均衡价值理论，下面我们通过这三种价值理论来简要分析历史文化遗产的价值所在。

（一）马克思主义劳动价值论分析中的历史文化遗产

在马克思主义劳动价值论看来，价值是凝结在商品中的一般无差别人类劳动，是商品交换的基础。使用价值是商品本身的属性，与获取它所耗费的劳动没有关系，使用价值只有在使用或消费中才能得到实现。按此观点，历史文化遗产的价值是指生产这种商品的无差别抽象劳动，而抽象劳动量的社会必要劳动时间决定了历史文化遗产价值量的大小。众所周知，历史文化遗产是在一定历史年代劳动人民付出辛勤劳动创造出来的，在其生成过程中，需要人们不断对其进行保护、保养、维修，这些无差别抽象劳动耗费构成了遗产的价值。比如，北京的故宫，公元 1406 年由明成祖朱棣开始建设，占地面积约为 72 万平方米，建筑面积 15.5 万平方米，征用民工 30 多万人，耗时 14 年才于明永乐十八年（1420 年）修建完成，之后故宫三大殿等还经历过多次重建、修建以及维护保养，耗费巨大的人力物力，这一伟大的人类瑰宝无疑具有极大的价值，而其价值量在劳动价值理论看来就是无差别抽象劳动的总和。历史文化遗产的使用价值也就是其有用性，是它的自然属性。比如，人们修建建筑是为了满足居住、办公、学习等的需要。随着时间的推移，一些建筑由于经历了某些历史事件、与历史人物产生联系，或因其自身的艺术、科学价值而被认定为文物，但这并没有否定其使用价值，这些文物的使用价值依旧存在，有可能继续用来作为居住、办公场所，也可能因为其历史意义重大而改建为博物馆纪念馆等。通过对历史文化遗产所蕴含的无差别人类劳动进行分析，就能够对其历史、艺术、科学、文化、社会等价值进行判断了。

（二）边际效用价值论分析中的历史文化遗产

与马克思主义劳动价值论认为价值是客观实在的、不以人的意志为转移的观点不同，产生于 19 世纪 70 年代的边际效用学派认为，价值是一种主观心理现象而并不是客观存在的东西，是一种表示人的偏好与物品满足这种偏好能力之间的关系。按照边际效用价值理论的观点，随着资源数量的增加，人们对新增加的物品或服务的消费欲望逐步降低。也就是说，新增加一单位消费所增加的效用会小于前一单位消费所增加的效用，即边际效用递减规律。历史文化遗产的价值符合边际效用递减的规律。比如，参观某一大型古建筑群，游客开始时可能会非常感兴趣，具有较高的效用评价，停留参观的时间较长。但是当这类型建筑重复出现多次以后，游客们的兴趣逐步下降，边际效用开始递减，支付意愿随之降低，参观游览带来的满足感也变低。更有甚者，如果是常年居住于此的居民，他们对于这些长期接触的古建筑基本处于熟视无睹的状态。由于这些遗产资源对于他们来说相对不稀缺，所以对他们来讲遗产的边际效用就非常低。不过，假如让他们前往另一处与之风格迥异的历史文化遗产处旅游，由于新接触的遗产与他们日常的生活环境存在差异，那么他们由此获得的满足感便会显著增加进而导致边际效用值变大，为该处历史文化遗产付费的支付意愿也要比当地人高很多。

旅游对于发挥历史文化遗产的边际效用价值具有非常积极的推动作用。历史文化遗产具有不同的类型，其类型的多样性也使得人们可以通过旅游的方式来交换和体验对其价值的感受和判断，从而提高不同地区历史文化遗产的价值效用。生活在不同地方的人，对于历史文化遗产的价值评价是不一样的。比如说，生活在北京的居民对于北京的历史文化遗产效用评价与到云南丽江古城旅游的价值评价是不同的；看惯中式建筑的中国人对西欧古典风格文物古迹的评价也是不一样的。正是通过旅游的方式开阔了人们的视野，增加了不同地区不同文化背景的人们的边际效用，才使得历史文化遗产更有价值。

历史文化遗产的效用度量有两种方法，一种是序数效用论，一种是基数效用论。序数效用论认为，效用作为一种主观判断是难以计量的，只能通过消费者对物品的偏好程度来排序，不能用来加总求和。与之相反，基数效用论认为效用的大小是可以通过数学方法进行计算获得的。一般观点认为，历史文化遗产的效用度量采用序数效用论比较符合实际[1]。由于历史文化遗产所具有的价值很难给定一个具体的数值来表示，使得基数效用论不太容易度量历史文化遗产的价值。反倒是序数效用论采用无差异曲线的分析方法，通过对历史文化遗产和现代建构筑物进行替代比较可以了解两者之间的效用度。比如说，在一个城市里，保护历史文化遗产的效用和新建现代建筑的效用就构成一条无差异曲线。在改革开放以前，我国的城市化水平较低，传统建筑在城市建筑中占的份额最大，新建筑占比较少。由于新建筑比较稀缺，人们主观认为新建筑的效用要高于老建筑，故而拆旧建新成为当时城市建设的价值主流。不过随着经济的发展和社会的进步，新建建筑越来越多，而老建筑因为各种原因变得稀少。人们对保留下来的老建筑的价值判断提高了，认为老建筑的效用要高于新建建筑，所以加强对历史文化遗产的保护逐步成为社会共识。

---

① 应臻. 城市历史文化遗产的经济学分析 [D]. 同济大学 ,2008.

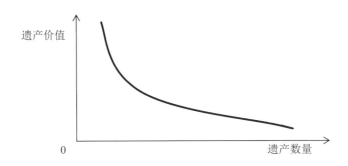

图 5：历史文化遗产的边际价值

资料来源：作者自绘。

（三）均衡价值论分析中的历史文化遗产

与上述两种价值理论不同，均衡价值理论认为物品的价值是由供需关系决定的。在完全市场条件下，物品或服务的价值高低与其均衡价格密切相关。所谓均衡价格，是指在充分竞争的市场经济条件下，商品的供给价格与商品的需求价格取得一致时的价格。供给价格是商品生产者在售卖商品希望获得的价格，该价格由生产该商品的边际成本决定；需求价格是消费者为购买该商品愿意支付的价格，此价格由商品的边际效用决定。买卖双方讨价还价之后达成的价格就是商品的均衡价格，也就是说商品的边际效用和商品的边际成本达到了均衡，其均衡价格就是商品的价值所在。

按照均衡价值论的观点，历史文化遗产的价值就是历史文化遗产买卖交易双方的均衡价格。从历史文化遗产的需求方面来看，在完全市场经济条件下，历史文化遗产的购买者出于对历史文化遗产消费的偏好会根据其稀缺程度和自己的价值判断，对历史文化遗产给定一个支付价格，这个价格包含了买方的支付意愿和支付能力。在存在拍卖市场的情况下，买卖双方通过竞价的方式能够达到均衡价格。不过，从现实情况来看，很多历史文化遗产是难以通过交易的方式来获取其价值量。比如，像北京的故宫与颐和园、巴黎的凡尔赛宫、英国的白金汉宫等举世闻名的历史文化遗产，由于它们具有非凡的象征意义，除非是在一些非常极端的情况下，否则人们很难用金钱来衡量其价值大小。一般来说，除了直接购买并拥有历史文化遗产以外，还有一种是使用历史文化遗产的价格，比如愿意为保护、参观历史文化遗产支付费用。每个人对历史文化遗产所愿意付出的使用价格是不一样的，对历史文化遗产具有明显偏好的人显然愿意为其支付更高的使用价格，而对此不感兴趣的人其支付意愿就不会很高甚至不想付费。在完全市场经济条件下，人们可以根据自己的喜好来支付使用价格，历史文化遗产价值的高低便可以通过使用价格来体现了。

三、文化价值与经济价值的关系

一般来说，历史文化遗产的文化价值是首位的。如果不具备一定的文化价值，那么也就不能称其为历史文化遗产了。不过，随着人们对历史文化遗产认识和研究的深入，其经济价值也越来越受到关注。从一份英国的研究报告中可以发现，世界各地的不同机构和组织对于历史文化遗产所认可的价值中，均涵盖了文化价值、经济价值以及诸如社会价值、教育价值等。

表 4：不同机构和组织对历史文化遗产价值的定义 [1]

Lipe, 1984	Frey, 1997	Burra Charter, 1998	National Geographic, 2006	English Heritage, 2006	Australian Statistical Office	Heritage Works
经济，审美，联想，象征，信息	金融，选择性，存在性，馈赠性，声望，教育性	审美，历史，科学，社会	环境，社会，文化，遗产的建造状况，审美，旅游，可持续性	参与，经济，教育和终身学习，生活质量，环境的可持续发展	文化，社会，消费者以及与艺术有关的人的生活质量，经济	城市肌理价值，美学价值，社会价值，文化价值，历史价值

---

① *The Costs and Benefits of UK World Heritage Site Status: A Literature Review for the Department for Culture, Media of Sport*[M]. Price Waterhouse Coopers LLP, 2007:6.

　　在文化价值和经济价值的关系上，我们发现历史文化遗产经济价值的高低不仅受其文化价值高低的影响（一般而言，文化价值高的遗产相对于价值低的遗产其经济价值会更高），而且还受到历史文化遗产的开发利用程度的影响。如果没有对其进行合理有效科学的开发，也难以产生足够的经济效益。也就是说，历史文化遗产的文化价值和经济价值是相辅相成的，适当的开发利用既能够展现其深厚的文化价值，也能够提高其经济价值，促进地区经济社会文化事业的发展。不过，需要指出的是，对于历史文化遗产的开发利用是有限度的，过度的开发利用必将在一定程度上损害历史文化遗产本体及周边环境，进而降低其文化价值。对于文化价值和经济价值的遗存关系，如图 6 所示，在历史文化遗产的开发利用早期，其文化价值会随着人们认知的深入而增加，经济价值也会由于开发程度提高而增加 [①]。不过经过一定时间后，文化价值变得相对稳定，经济价值的发展也趋于平缓。但当开发强度增加为某一特定值时，遗产的文化价值会受到破坏，开始下降，并最终导致经济价值降低。对于历史文化遗产经济价值的利用最大限度不能超过两条曲线的交点。

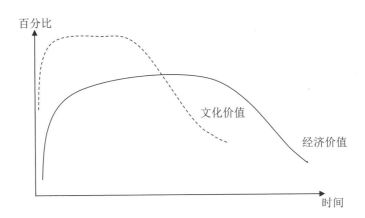

图 6：历史文化遗产经济价值和文化价值的关系
资料来源：张杰 , 吕舟 . 世界文化遗产保护与城镇经济发展 [M].
上海 . 同济大学出版社 ,2013:25.

---

① 孙燕 . 中国世界文化遗产潜在资源和发展状况——清华大学 – 国家遗产中心近期研究成果 [J].
南方建筑 ,2011(05):20–24.

    长期以来，人们对于历史文化遗产的关注更多地集中在文化价值上。
尤其是相关保护部门，总是从公益性的角度来判定历史文化遗产的历史、
艺术和科学价值，很少认同历史文化遗产的经济价值。在他们看来，历史
文化遗产的保护与发展主要依靠政府财政输血，不需要发挥其经济价值。
不过，随着近些年来国内外旅游市场的不断迭代升级，特别是历史文化遗
产旅游市场的迅猛发展，历史文化遗产的经济价值逐步凸显并日益受到人
们的关注。尤其是越来越多文物建筑、历史街区在向旅游景区的转化过程
中，历史文化遗产的文化价值也受到了一定的损害。正如国家文物局原副
局长童明康在评价古城保护的问题时提到的，文物的一个重要功能是凭吊
怀古，很多人去丽江、凤凰，为的是寻找一份安宁。可惜现在有些古城被
过度开发，只剩下喧嚣[①]。这样的开发和利用，只能导致历史文化遗产使
用寿命的减损和经济收益的消失。如图 7 所示，假设历史文化遗产产生的
经济价值（纵坐标 OY）与遗产寿命（横坐标 OX）呈反比例，即历史文化
遗产开发利用越充分，经济价值就越高，而遗产的使用寿命就越短。斜线
（OZ）代表遗产的易损耗程度。等产量曲线 A、B、C 代表收益与易损耗
程度不同的遗产持续时间的关系。在预期利润（y）时，如果遗产管理、
维护的投入增加，遗产的寿命就将从（a）到（b）最终变成（c），而管
理投入则相当于（b–a）和（c–b）。由此可见，加强历史文化遗产的保护
和合理利用，会增进遗产的经济价值和使用寿命，反之则会损害其经济价
值并缩短使用寿命。

---

① 评论：文物不是私人"宠物".[EB/OL].(2014–08–06)[2023–01–22].http://culture.people.com.cn/
  n/2014/0806/c172318–25415048.html.

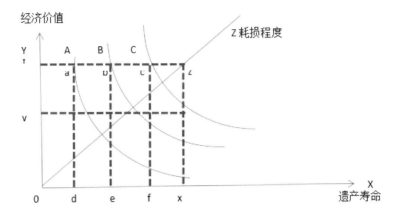

图7：历史文化遗产易损耗程度、利润和寿命的关系

资料来源：Zouian G. S. *The Economic of World Heritage Sites–how Can Economic Analysis Improve the Retures and Protection of Culture Heritage*[C]. National Heritage Center–Tsinghua University, International Conference on Economic Development and Conservation of World Heritage Sites, 2010:2.

第三节　历史文化遗产的公共产品分析

一、历史文化遗产的公共产品特征

公共产品的概念在经济学领域内获得了极其广泛的应用。美国经济学家萨缪尔森认为，与私人产品相比，公共产品具有产权的非排他性和消费的非竞争性[①]。产权的非排他性是指人们无法阻止不付费的人享受公共产品带来的好处；消费的非竞争性是指多一个人对公共产品的消费并不影响其他人对该产品消费所获得的好处，即新增消费者的边际成本为零。从福利经济学的角度来看，历史文化遗产具有非常明显的公共产品属性。由于历史文化遗产的类型多种多样，表现效用也千差万别，因而根据非排他性和非竞争性的差异，可以将历史文化遗产划归为不同类型的公共产品。下文将对此进行简要分析。

（一）纯公共产品

一些对人类社会发展具有重大意义的属于国家所有的古人类遗址、古墓葬、石窟寺石刻、由文物建筑或历史建筑组成的传统村落、历史文化街区等历史文化遗产，我们通常将其划分为纯公共产品。这是因为，在一般情况下人们参观、考察、游览、保护和研究历史文化遗产时，并不排斥其他人对历史文化遗产的消费，也不会因为其他人的消费而影响自己所获得的效用。人们能够自由不受限制地参观、考察、游览和研究，感受其所蕴含的人文和美学魅力。从数量上来看，大多数的历史文化遗产都可归为此类。

---

① Samulson, Paul A. The Pure Theory of Public Expenditure[J]. *The Review of Economics and Statistics*, 1954(36):387–389.

（二）俱乐部产品

在一定的技术条件下，如果历史文化遗产能够通过设立围墙、栅栏等方式将未付费的消费者排除在外的话，那么这些历史文化遗产变成了一种俱乐部产品。比如我们只有在交费的情况下才能进入故宫或者颐和园进行参观游览，只要参观人数未达到游客最大承载量，对这些遗产的消费就是非竞争性的。也就是说，多增加一位游客不会减少其他游客获得的收益。这类历史文化遗产广泛存在，诸如具有一定规模效应和经济价值的古建筑、石窟寺石刻、近现代文物建筑等，人们可以通过付费的方式消费这些历史文化遗产并由此获得精神的愉悦。事实上，只要技术手段可行，游客付费获得的收益大于付费失去的损失，历史文化遗产就可以转化为俱乐部产品。随着科学技术的不断进步，只要人们在排他性方面探索出更多的方式方法，历史文化遗产的俱乐部产品特征就会越来越显著。

（三）公共资源

如果历史文化遗产不能利用技术手段或者采用技术手段的成本很高或者付费收益小于付费损失，那么历史文化遗产可能是一种公共资源。由于没有排他性，人们很可能会对文化遗产的消费产生竞争，比如一定的时间段大量的人群涌入免费的历史文物建筑或建筑群、古遗址等，由于这些遗产没有或无法实现排他性，最后造成拥挤并可能导致遗产由于过度消费而破损。由于难以界定人们的偏好并进行收费，最后很容易出现"公地悲剧"。

（四）私人产品

如果某处历史文化遗产的所有权和使用权归私人所有，那么这类遗产就属于私人产品。不过由于外部性的存在，私人所有的历史文化遗产在某种程度上也会被人们欣赏和使用。受制于相关法律法规的制度安排，大多数属于私人的历史文化遗产其价值较低，但也有部分价值较高的，如广东开平碉楼、安徽西递宏村、江西婺源民居等。

表5：历史文化遗产的公共产品分类与权益

公共产品类型	历史文化遗产类型	相关权益
纯公共产品	难以收费的历史文化名城、村镇、历史文化街区、传统村落、历史地段等	由国家保护管理，民众可无差别免费享受
俱乐部产品	具有排他性的古建筑、石窟寺石刻、近现代文物建筑、历史建筑、历史文化街区等	主要由国家保护管理、部分由当地集体组织或私人负责保护管理，民众需要付费才能够获得享受，而相关管理部门可以通过收费获得一定的经济收益用于遗产再保护
公共资源	产权难以界定的历史文化价值或建筑群、古遗址、历史地段等	主要由国家保护管理，但受制于技术或财政手段难以实现有效排他和竞争的历史文化遗产
私人物品	所有权或使用权归私人所有的近现代文物建筑、历史建筑或建筑群	主要由私人保护管理，国家依照相关法律予以财产保护甚至提供必要的保护修缮经费

二、历史文化遗产公共产品的供给与需求

（一）历史文化遗产公共产品的供给

一般来说，福利经济学认为公共产品主要应该由政府来提供，其理由是历史文化遗产具有很强的正外部性，对于提高国民文化思想水平、增强民族认同感和凝聚力方面具有不可替代的作用。所以政府应将其视为纯公共产品免费向公众提供公共服务，其保护、管理和研究的费用应通过向纳税人征税的方式获得。当前，我国历史文化遗产的认定和保护管理也主要依托政府来实施。不过，考虑到历史文化遗产能够给社会公众带来美的享受和情感上的满足，消费者有意愿为自己的收益付费，因而通过收费来提供公共产品也是可行的。

在经济学看来，公共产品存在私人供给的可能性。一种可能是公共产品对某些人具有巨大的效用，他有意愿来提供这种产品。比如有些富有的人对某些历史建筑具有特殊的偏好，那么他便有保护该建筑的意愿和行为。

通过保护、使用、修缮历史建筑或利用历史建筑修建博物馆展览馆等方式，向世人展示其在历史文化遗产保护方面的热情和喜好。在这种情况下，有些历史建筑的保护管理是完全可以由私人或社会组织来提供。再一种可能是具有俱乐部属性的历史文化遗产也可以由私人来供给。对于那些具有一定排他性的历史文化遗产，其产权人可以采取向参观者收费的方式来提供相关服务。只要该历史文化遗产收费的收益大于保护管理的支出，那么历史文化遗产的所有权人就有意愿向人们提供相关服务。随着技术的进步和人们观念的转变，必须由政府供给历史文化遗产的局面会慢慢改观。

　　需要指出的是，与其他公共产品相比，历史文化遗产的供给几乎没有弹性，这是因为历史文化遗产的产生与商品化生产有着很大的不同。我们知道，不论是国防、教育还是医疗卫生等公共产品，只要投入足够的资本要素是完全可以大量生产和供应的，其供给曲线是向上的。而历史文化遗产的供给则完全不具有这个特点，受制于历史、事件、环境等方面因素，特别是历史文化遗产独有的选定标准，导致其供给是不确定的。也就是说，历史文化遗产的供给与价格之间很难存在正相关性，重金之下不一定会马上出现历史文化遗产。毕竟能不能成为历史文化遗产主要的评判依据是其历史、艺术和科学价值。在人类历史的发展过程中，尽管人们总是在不断地探寻具有历史遗产价值的建筑、遗址、碑刻并加以保护，但与此同时更多尚未发现的有价值的构建筑物则在历史的长河中被自然或人为地损毁而消失。而且，历史文化遗产一旦遭到损毁，其自身所蕴含的丰富的时代信息、人物信息、事件信息、艺术信息、科学信息等也随之灭失。即便是在原地重新复原与原物完全一样的建构筑物，也无法恢复其原先所承载的各种信息和价值。当然，随着时代的发展和需求价格的上升，在一定条件下人们保护意识的提高也会使得历史文化遗产的供给曲线稍微向右上倾斜（如图8所示）。

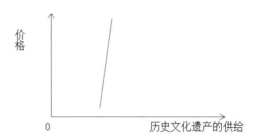

图8：历史文化遗产的供给曲线

资料来源：作者自绘。

（二）历史文化遗产公共产品的需求

与历史文化遗产的供给相比，人们对于历史文化遗产的需求主要集中在物品的使用和精神上的享受两个方面。一方面，历史文化遗产作为一种物质实体，其必定具有一定的使用功能。在现实生活中，有的历史文化遗产作为名人故居、特殊纪念地而被当作参观游览场所，而有的被当作办公场所、经营场所、居住场所等；另一方面，作为时代发展留存下来的真实印记和实物见证，历史文化遗产蕴藏着丰富的文化和美学价值，不仅是人们参观、游览、学习和休闲的重要公共文化交流平台和旅游资源，而且也为人类历史发展特别是过去的社会结构、经济形态、文明程度、社会规范及生产生活状态等提供难得珍贵的实物证据。因此，历史文化遗产对于满足人们精神世界的追求有着无可比拟的作用。

按照马斯洛需求层次理论的解释，人的需求是分层级的，某一层级的需要得到满足以后就会向更高层级发展。一般来说，可以将这些需要分为两种类别，一种是低层级需要，包括生理上的需要、安全上的需要和社交上的需要，这些需要必须通过一定的物质条件才能得到满足；另一种则是高层级需要，包括尊重的需要和自我实现的需要，属于精神层面的需要。显然，对于历史文化遗产的偏好属于高层级的需要。当人们还在为温饱问题而发愁的时候是很难关注历史文化遗产的，而当经济社会发展到一定程度以后人们才有能力和动力去认识、理解和欣赏历史文化遗产（如图9所示）。这一点从历史文化遗产保护的发展历程也可以清楚地看到。在改革开放初期，人们对于历史文化遗产保护并不关心，参观游览历史文物古迹是一种比较

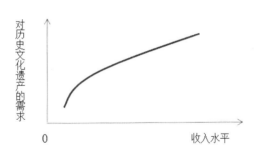

图9：历史文化遗产的需求曲线

资料来源：作者自绘。

奢侈的消费。随着我国经济社会的快速发展和人们生活水平的提高，尤其是收入水平的快速增长让富起来的中国人对历史文化遗产的参观旅游的热情逐渐提高。

　　不过需要指出的是，人们对于历史文化遗产的需求除了取决于人们收入之外，还与人们的行为偏好密切相关。虽然历史文化遗产具有丰富的价值，但是并不是人人都对历史文化遗产具有很高的评价。这是因为虽然历史文化遗产具有资源的稀缺性和不可再生性的特征，但是从能够给人们带来精神的愉悦性上来讲是具有可替代性。如参观历史文化遗产所带来的精神上的享受与游览自然风景区或是人造景区所带来的精神享受是可以比较和替代的。由于人们对于精神世界享受是多元的复杂的，所以那种认为只要是收入提高了，所有人都会提高对历史文化遗产需求的观点是值得商榷的。

第四节　历史文化遗产的外部性分析

一、历史文化遗产的外部性特征

所谓外部性，是指一个主体的经济活动对未参与该活动其他主体带来的影响[①]。外部性的概念最早由马歇尔和庇古等人在 20 世纪初提出的，指一个经济主体在行为和决策过程中对其他经济主体受益或受损的情况。一般认为，外部性有如下特征：外部性存在于不少于两个以上的交易主体之间；很难对外部性的生产者给予惩罚或奖励；外部性在现实世界里是无法完全消除的；外部性会造成生产者的生产可能性曲线和消费者的效用可能性曲线发生扭曲；外部性有正负之分。如果双方的交易使第三方获益，而且并没有向第三方收费，我们称之为正外部性。如果双方交易使第三方利益受损却没有给予惩罚或赔偿，则称之为负外部性。也就是说，产生外部性的行为主体无法通过市场交易的方式获得补偿或为此付费。研究表明，只要存在外部性，不论是正外部性还负外部性，都无法达到资源配置的帕累托最优。

历史文化遗产作为公共产品具有非常明显的正外部性特征。由于其自身有着较高的历史、艺术、科学、社会和经济等价值，人们通过参观、游览和欣赏这些文物古迹，能够了解历代先人所处时代的政治、经济、社会和文化历史情境，在获得大量人文知识的同时也得到美的享受，能够极大地增强自身的情感认同、文化自信和历史使命感。由此可见，历史文化遗产的外部性是由其各项功能所决定的，具体功能详列于下。

（一）政治教育功能

历史文化遗产作为一个国家、民族或地区政治、经济、文化、科技等

---

① 黄亚钧 . 微观经济学 [M]. 北京 : 高等教育出版 ,2005:344-345.

发展过程积淀下来的产物，凝聚了当时人民群众的智慧结晶，反映了古代劳动人民创造才能的高超成就。例如闻名世界的长城，从战国秦汉时期一直到明王朝，历经两千多年的修建，其雄伟壮观早已成为中华民族的象征；北京故宫作为明清两代的皇家宫殿，是当今世界现存规模最大、建筑形态最为精美的宫殿之一，其规划布局、建筑样式、工艺装饰、土木结构等方面在世界上都是独树一帜的；曾经被誉为"万园之园"的圆明园，人们不仅能从遗留下来的古迹遗址中想象到当时的辉煌与壮丽，也能激发起强烈的爱国主义情感。这些优秀的历史文化遗产，无不凝聚着我国古代人民的智慧与汗水、勤劳和勇敢、奋斗与创造的勇气和精神。通过对这些遗产内涵的挖掘、研究和展示，能够非常直观有效地展现人类历史发展的文明进程、价值观念、民族文化、传统习俗，对于增强广大人民群众对中华民族的认同感、弘扬民族精神、加强爱国主义教育和革命传统教育、普及科学文化知识、陶冶精神情操、增强民族自豪感具有非常重要的作用，对提升整个中华民族的凝聚力、向心力、自信心具有无可比拟的作用。保护好、利用好各类历史文化遗产，是传承中华优秀传统文化、培育社会主义核心价值观的必然要求，是中华文明在世界文化潮流中站稳脚跟的坚实基础，在彰显文明大国形象、提升国家文化软实力、实现中华民族伟大复兴中国梦中发挥着不可替代的作用。

（二）科学研究功能

历史文化遗产的科研功能主要体现在为探究人类自然科学发展和人文历史发展提供真实客观的实物载体。在历史研究方面，文物古迹是真实可靠的客观史料，能够印证、修正、弥补甚至颠覆人们对于以往历史的认识和理解。通过对一些文物古迹的调查研究或考古发掘，能够使人们对历史的认识更加深刻。比如说，关于我国夏商周时期的历史情况，文字记载非常少，相关史料也非常缺乏，那么通过考古勘探的方式来探究当时的文明程度、社会制度和生产力水平就显得非常重要了。至于更早的旧石器时代、新石器时代，人们对其了解只能靠对相关遗址的考古才能知晓。在自然科学研究方面，文物古迹所展现出来的建造工艺、科技成果对于了解当时的技术水平和指导现代科技发展具有不可替代的作用。比如闻名于世的河北省赵县安济桥，约始建于公元 605 年，是世界上现存最早、保存最好的石拱桥。梁思成曾赞其为"中国工程界一绝"。李约瑟也认为，中国工匠在公元 7 世纪修建的这一伟大工程堪称桥梁界的奇迹。1991 年，美国土木工程师学会将其评定为第 12 个国际历史土木工程的里程碑 [①]。安济桥之所以能够历经 1400 多年还能雄姿英发屹立不倒，与其结构设计得合理密不可分。该桥采用圆弧拱形式设计，使石拱高度大为降低，拱高与跨度比为 1：5，而且在拱肩设计上采用敞肩拱，为世界桥梁史上之首创，对后世桥梁建筑有着深远的影响。

（三）使用功能

文化遗产除了教育功能、科研功能以外，其使用功能是体现历史文化遗产外部性的重要方面。历史文化遗产的使用功能分为两个方面，一是自身原初的使用功能，二是衍生出来的使用功能。对于大多数的历史文化遗产，人们在建造之初主要考虑的是如何利用它们，满足人们对某一现实功能如居住、娱乐、宗教等的需要。虽然在建造过程中注重建筑的美观和艺术性，但很少把它们当作未来的遗产来考虑。只是由于历史发展的原因，这些人类活动进程中保留下来的遗存由于其历史、艺术、科学价值而受到当代人们的重视和保护，不过它们中的很多还依然保留着一定的使用功能。只是这些历史文化遗产中有的还能够继续发挥原有功能，有的则使用功能发生变化罢了。比如，天津市现有历史风貌建筑 877 处，这其中除部分建筑由于特殊的纪念意义被辟为博物馆纪念馆之外，大都依然根据实际需要发挥着使用功能。再比如，曾在民国时期被誉为"华北金融一条街"的解放北路历史文化街区的国内外众多的银行大楼，现在也大都是我国国有商业银行的办公营业场所。闻名遐迩的天津市五大道历史文化街区内的众多名人旧居，目前绝大多数用作成为学校、商店、饭店、仓库、民居及办公场所等。总的来说，虽然大多历史文化遗产的建构造模式与发展现状存在

---

① 李承刚. 美国土木工程师学会选定中国赵州桥为"国际历史土木工程里程碑"[J]. 土木工程学报,1991(04):92.

差异，但保存下来的大都能够根据自身的实际情况和现实需要继续发挥一定的使用功能。

（四）经济功能

　　历史文化遗产是一个地区、一个民族甚至是一个国家极为重要的文化资源和文化竞争力的构成要素[①]，是独一无二的历史文化载体和人类历史发展的见证。一般来说，历史文化遗产是人类创造力的见证，它具有的不可再生性、唯一性使其具有极高的经济价值[②]。历史文化遗产的经济功能主要体现在其作为旅游资源为当地带来的综合经济收益。众所周知，旅游业是 21 世纪最有发展前途的朝阳产业、绿色无烟产业，是当今世界发展最为迅速的新兴产业之一。历史文化遗产作为重要旅游资源与一般旅游产品相比，具有文化性、知识性、教育性的特点，能够通过旅游使游览者在精神上得到满足，开阔眼界、增长才干、激发爱国情感。近年来，随着人民生活水平的提高和对美好生活的追求，人们对于历史文化遗产旅游的愿望和需求也越来越多。以 2019 年为例，文物保护管理机构接待观众达19135.9 万人次，各类博物馆参观人次 112225.2 万人次[③]。同时，历史文化遗产旅游作为旅游产业的重要组成部分，能够极大地带动相关产业的发展，直接或间接推动食、住、行、游、娱、购等行业的发展。除此之外，历史文化遗产的无形资产对于提升所在地的知名度、优化产业结构、创造就业机会、增加地方财政收入等方面也可以发挥重要作用。

　　除了旅游参观能够体现历史文化遗产的经济功能以外，其保护管理和维修支出亦对国民经济具有一定的贡献。仅以不可移动文物为例，2013年全国文物保护管理机构有 2809 个，从业人员 35334 人，全年收入 81.96亿元，开展全国重点文物保护单位维修 583 项，保护维修面积 4260 万平方米，省、市、县级文物保护单位维修项目 846 个，开展考古发掘面积

①　贺云翔 . 文化遗产学初论 [J]. 南京大学学报 (哲学 . 人文科学 . 社会科学版),2007(03):127–139.

②　张杰，吕舟 . 世界文化遗产保护与城镇经济发展 [M]. 上海：同济大学出版社 ,2013:18.

③　国家文物局编 . 中国文物年鉴 .2020[M]. 北京：文物出版社 ,2021:393.

358.89 万平方米 [①]。虽然通过不可移动文物的保护管理与修缮维修直接带动的效益并不是很高，但是依然解决了部分人口就业、推动了文物保护工程勘察设计、监理、施工以及考古勘探等行业的发展。据《中国文化遗产事业发展报告（2008）》计算，"十五"期间全国文物系统财政拨款占同期 GDP 的 0.018%，而同期全国文物系统对国民经济贡献占 GDP 的 0.143%，文物系统对国民经济贡献是同期财政投入的 8.1 倍。

当然，历史文化遗产也存在一定的负外部性。一方面，对历史文化遗产的过度保护有可能会阻碍当地的城市建设和居民生活水平的提高。一般而言，为了保护文物建筑会划定必要的保护范围和建设控制地带，对此范围内的建设工程制定限制性的条款。如天津市对全市的所有全国重点文物保护单位和天津市级文物保护单位划定了保护区划，要求新建的相邻建筑风貌要与文物本体相协调，且建设高度一般不得高于 24 米或 18 米。此外，对历史文化遗产的保护还让居住在里面或周边的人们，不得不忍受因为保护遗产而带来的生活不便。比如，历史文化遗产及周边的公用设施普遍难以满足现代生活需要，尤其是在水电燃气采暖等方面明显落后于时代的发展。由于这些区域很难提供有吸引力的工作岗位，故而存在居住于此的居民收入水平普遍较低的可能性。历史文化遗产的存在成为阻碍遗产所在地经济发展和居民收入的重要因素之一。另一方面，对历史文化遗产的过度开发则可能会导致遗产本身及其周边环境受到破坏，其真实性和完整性受到不同程度的影响。破坏遗产而开发房地产对于地方政府或开发企业而言会带来更大的经济收益，但对整个社会的福利而言则是损失大于收益，因为历史文化遗产一旦遭到破坏必然将无法恢复，人们从遗产那里获得的相关信息和精神享受将会大打折扣。

历史文化遗产外部性的产生原因是多方面的，综合分析起来主要有以下几个因素。一是历史文化遗产产权模糊引起外部性。如果历史文化遗产的产权是公有或共有的，那么人们就会尽可能多地使用和消费历史文化遗产，造成历史文化遗产供应不足，从而出现公用地悲剧。二是历史文化遗

---

① 中华人民共和国文化部编. 中国文化文物统计年鉴.2014[M]. 北京：国家图书馆出版社,2014.330–337.

产的自然垄断性引发外部性。由于历史文化遗产位置固定且具有不可再生性，无法向其他公共产品一样进行大规模生产，故而在供应上处于自然垄断地位。比如全世界只有一个北京故宫，很难有其他文物古迹可以替代，基本不存在竞争对手，这就导致人们如果想去参观故宫就必须接受其规定的价格和要求。三是财政因素引发的外部性。比如，政府为保护历史文化遗产而对全体国民征税，很显然每个人的偏好是不同的，这就容易导致个人的边际成本与边际收益的不对等。

二、历史文化遗产的外部性治理

如前所述，历史文化遗产的稀缺性使其供给非常困难，而搭便车行为会更加加剧历史文化遗产的市场失灵，历史文化遗产的外部性使得人们可以无节制地消费其遗产资源，进一步加快了其消亡速度。因此，有必要对历史文化遗产的外部性进行治理。

（一）公共财政补助

在外部性消除方面，庇古认为应通过征收税金或发放补贴方式使外部性行为的私人成本等于社会成本，从而达到资源配置的帕累托最优。也就是说在外部不经济的情况下，征收消费税提高私人成本达到与社会成本相同；在外部经济的情况下，通过发放补贴鼓励公共产品的生产扩大到社会最有效率的水平。根据庇古的理论，对于正外部的公共产品应该给予补贴鼓励提供供给，对于负外部性的公共产品应该课以税收降低其供给能力。依此观点，我国政府在很多领域实施了财政补贴[①]。而历史遗产作为具有典型正外部性的公共产品，政府对于历史文化遗产的生产者（主要是指所有者）提供必要的财政补助，当财政补助的大小使得边际私人收益等于边际社会收益时，历史文化遗产的资源配置达到帕累托最优。对于历史文化遗产正外部性的公共财政投入，我国《文物保护法》第十条进行了明文规定，要求县级以上政府要把文物保护事业所需经费纳入同级财政预算中。

---

① 吴明发,欧名豪,杨渝红,周飞.基本农田保护经济补偿的经济学分析[J].经济体制改革,2011(04):18-21.

为此，国家从公益性的角度专门设立了文物保护经费用于不可移动文物的保护、修缮和管理，随着国家经济的发展和财力水平的提高，国家用于文物保护的经费水平也逐年提高。"十一五"期间，全国文物事业经费从 2006 年的 37.6 亿元增加到 2009 年的 97.7 亿元；中央专项补助经费从 2006 年的 7.65 亿元增加到 2010 年的 47.3 亿元①。到了"十二五"期间文物保护专项经费的增幅更加显著。整个"十二五"期间，全国一般公共预算文物支出五年累计 1404.13 亿元，年均增长 16.51%，其中中央财政文物支出累计 607.1 亿元，年均增长 17.12%，实施各类文物保护项目超过 20000 个②。而到了"十三五"期间，全国文物事业费累计超过 2737 亿元，差不多是"十二五"时期的两倍。持续稳定的经费投入，为切实加大文物保护力度提供有力保障，也是统筹好文物保护工作与经济社会发展的重要体现。在这些文物保护经费中，绝大多数用于全国重点文物保护单位、大遗址、世界文化遗产、传统村落等文物古迹的保护规划编制、文物本体修缮、三防保护项目以及展示利用等方面。与此同时，各省市自治区政府也逐年加大文物保护的经费投入。如北京市文物保护修缮与历史文化保护区专项资金从 2012 年起增加至每年 10 亿元；陕西省"十二五"期间文物经费累计投入 37.65 亿元。到了 2021 年，全国各省文物事业费共计 539.60 亿元，较 2020 年各省文物事业费总和 454.51 亿元增加了 85.09 亿元，增长 18.72%。2021 年各省文物事业费差距较大，超过各省均值 17.41 亿元的有 11 个省。文物事业费较多的省份有广东（49.74 亿元）、浙江（44.32 亿元）、辽宁（42.40 亿元）、陕西（40.75 亿元）③。通过近些年来中央财政和地方财政公共经费的持续补贴，我国历史文化遗产的保存状况得到明显改善，国家级和省级重点文物保护单位的保护维修进入正轨。不过，通过给公共财政手段给予历史文化遗产补助的方式虽然能够增进社会福利函数，但也存在问题。主要问题在于政府很难确切知晓每年投入经费后获

---

① 我国年文物经费增至近百亿文化遗产事业持续发展 [EB/OL].(2010–12–21)[2015–12–20]. https://www.gov.cn/jrzg/2010–12/21/content_1770391.htm.

② 中央财政加大投入力度助推文物事业发展 [EB/OL].(2015–12–20)[2016–11–10]. http://www.ncha.gov.cn/art/2016/1/28/art_1865_128098.html.

③ 文物保护经费有力保障全国文物事业发展 . [EB/OL].(2022–11–14)[2023–03–05].http://www.ncha.gov.cn/art/2022/11/14/art_722_178211.html.

得的社会收益，而且征税和分配补贴也是要花费成本的。如果这些支出大于收益的话，那么显然失去了解决问题的初衷。当然，以目前我国公共财政的投入水平看，用于历史文化遗产保护的经费还相对较少，还有很大的增长空间来进一步发挥历史文化遗产的正外部性。

表 6：2016—2021 年全国文物事业费主要指标

时间	文物事业费（亿元）	文物事业费增长速度	占国家财政总支出比重
2016 年	354.54	9.75%	0.19%
2017 年	429.73	21.21%	0.21%
2018 年	438.24	1.98%	0.20%
2019 年	486.98	11.12%	0.20%
2020 年	470.63	−3.36%	0.19%
2021 年	556.89	18.33%	0.23%

资料来源：国家文物局网站。

（二）政府干预与管制

外部性的存在导致市场失灵，当运用经济手段难以实现资源配置的帕累托效率的时候，政府便利用自身的行政力量来进行干预和管制。最常见的干预和管制方式是颁布法律和制定政策来对市场进行指导。我国历史文化遗产的相关法律法规主要是 1982 年起草并通过的《中华人民共和国文物保护法》，之后根据经济社会的发展和对文物保护的认识，《文物保护法》历经 2002 年、2007 年、2013 年、2017 年等多次修订日臻完善，《中华人民共和国刑法》等也对破坏文物保护的行为进行了规定。此外，为做好文物保护工作，我国的城市规划中大都对历史文化遗产的保护进行了规定。一些重要的文物保护单位，还专门制定了保护规划，对保护范围、建设控制地带、保护要求等进行了明确的规定，具有和法律一样的效力。不过，由于一些地方政府片面强调以经济建设为中心，忽视对文物保护的重视，加之相关利益集团的阻挠、法律法规在对待违法行为的处罚偏弱偏软，以及执法部门处罚手段单一，这也导致利用法律法规处理文物古迹破坏方面并没有达到应有的效果。

（三）科斯定理和产权界定

　　福利经济学认为解决外部性需要政府干预，但在产权经济学派看来，外部性之所以存在是因为产权不清。在产权关系得以明确的情况下，任何权利都是可以交易的，外部性问题也可以通过谈判协商来解决，私人边际成本和社会边际成本就不会产生偏差。科斯认为，如果交易费用为零，不论权利如何界定，都可以通过市场交易的方式达到资源配置的帕累托最优。历史文化遗产具有很强的正外部性。这就意味着历史文化遗产带来的社会边际效益大于个人边际效益，遗产所有者对遗产的付出很难获得回报或补偿，而其他人不需付费就可以获得这些遗产带来的好处。尤其是一些私人所有的历史文化遗产，很多消费者可能因为需要付费而不愿消费，造成私人投入的成本无法回收。如果历史文化遗产的产权能够清晰地界定，在交易费用很低的情况下，产权所有者有动力通过建立某种产权制度来交易这些产权，从而实现外部性内部化。关于通过产权界定的方式治理历史文化遗产的外部性问题，在后面章节还将进一步深入分析和研究。

小　结

　　研究历史文化遗产的经济学特征，不但开启了认识历史文化遗产的一扇新的大门，也为加强历史文化遗产保护提供了新的思路。历史文化遗产本身具有稀缺性、脆弱性和不可再生性，不能像普通商品一样实现大规模的生产和供应，因而显得更加珍贵。历史文化遗产的文化价值是其最重要的价值，也是其存在并能得到保护的根本所在。历史文化遗产的经济价值是文化价值的衍生物，根据不同价值理论的分析能够加深对其经济价值的认识。历史文化遗产作为一种特殊类型的公共产品，其供给和需求受到严格限定。由于历史文化遗产具有很强的正外部性，从福利经济学的角度加强公共财政投入与政府管制是治理外部性的重要手段。事实上，从我国近年来历史文化遗产保护的实践来看，不断增加的公共财政经费投入有力地推动了历史文化遗产保护事业发展，取得了非常显著的效果。

第四章

历史文化遗产保护
的产权分析

　　产权问题是历史文化遗产保护的重要组成部分。本章从对历史文化遗产的产权特征、结构和属性的探讨出发，分析了历史文化遗产保护中涉及的公有、私有、共有三种产权安排，并研究了不同产权安排对历史文化遗产保护的影响和效果。在此基础上，阐释了明晰的产权对于历史文化遗产保护具有明确保护主体与责任、激励和约束遗产保护、促进遗产资源有效配置以及推动外部性内部化等作用。

第一节　历史文化遗产的产权特征与结构属性

一、历史文化遗产的产权特征

　　首先，历史文化遗产产权产生的原因是因为资源本身的稀缺性。资源的稀缺性是产权经济学最基本的假设，虽然资源是多种多样的，类型、数量和价值也各不相同，但总的来说稀缺是常态化的。历史文化遗产的稀缺性不仅是一种主观的心理感受，也是一种客观的现象。比如，近代以来人们对于先人遗留下来的文物古迹并没有太多的关注，特别是对历史文化遗产里面最为重要的古建筑类，多存"不求原物长存之观念"，大多数中国人"缺乏视建筑为文物遗产之认识，官民均少爱护旧建的热心"[1]。出现这一问题的原因有二，一是因为人们对于历史文化遗产认识的偏差，二是因为古建筑的数量较为庞大，人们感受不到它的稀缺和珍贵。随着西方势力的入侵，东西方文化的碰撞和新旧势力的交替，导致外来建筑风格的兴起和中国传统建筑样式的进一步衰败。改革开放以来，随着经济社会的快速发展，越来越多的历史文化遗产被当作危旧房进行拆毁，城市原先的街巷肌理和历史建筑被大范围地破坏，仅有部分历史文化遗产得以保存。在这样的情况下，人们开始感受到历史文化遗产存世的越来越少了，故而其稀缺性就更加凸显出来了。

其次，历史文化遗产的产权关系体现的是人与人之间的社会关系。从表面上看，历史文化遗产的产权是人对其保护管理使用的权利，但实际上在这种权利掩盖下的人与人之间的关系。历史文化遗产的产权不仅是指所有者对遗产资源的权利，还包含了借助遗产这个载体与社会其他人之间的各类行为关系。比如说，北京故宫由于其深厚的文化价值，使其不仅是中华民族璀璨文明的象征，也是全人类共同的文化精神财富，不仅是当代人拥有的宝贵遗产，也理应成为后世所共享的文化资源。

再次，历史文化遗产产权是界定使用关系一种准则。阿尔钦、德姆塞茨认为，产权是一种社会工具，其重要性就在于事实上他们能帮助一个人形成他与其他人进行交易时的合理预期[2]。而产权制度就是制度化的产权关系或对产权关系的制度化，是划分、确定、界定、保护和行使产权的一系列规则[3]。一般来讲，关于历史文化遗产的产权的规则或制度可分为两类，一类是正式的规则或制度，比如我国颁布的《文物保护法》《历史文化名城名镇名村保护条例》等，是人大或政府部门制定的具有法律效力的规范性文件，通过强制性的制度和规则来保护历史文化遗产的产权权利。另一类是非正式规则或制度，主要是指人们长时间内形成的关于遗产保护方面的文化传统、生活习俗等。这类规则虽然并不像法律法规一样具有强

---

[1] 梁思成.中国建筑艺术二十讲[M].北京：线装书局,2006:40.

[2] Alchian. A, Demsetz. H. Production, Information Cost and Economic Organization[J]. *The American Review*, 1972(05):777-795.

[3] 黄少安.产权经济学导论[M].北京：经济科学出版社,2004:97.

制力，但受风俗的影响依然有很强的约束力。这两类规则可以单独起作用，也可以联合发挥作用的。不仅法律法规要对破坏历史文化遗产的行为追究责任，民间的社会力量也会对这类行为进行舆论抵制和声讨。

最后，历史文化遗产的产权是不完全的。在理想状态下，构成历史文化遗产的所有权利构成的权利束能够被任意地分割、转让、交易，从而在市场条件下实现资源的最优化配置。不过现实告诉我们，这种完备的产权制度是不可能存在的。产生这种情况的原因大致分为两种，一是由于界定、保护和实现权利的费用过高导致产权主体被迫自动放弃一部分产权，二是外力的干预（如政府的管制措施等）造成部分产权残缺。不过，即使产权是残缺和有限的，但产权所有人依然能够保留主要的关键权利束（如占有权、收益权等）。在现实世界里，历史文化遗产作为重要的资源，一直以来受到政府及相关部门的管制。比如，《文物保护法》《历史文化名城名镇名村保护条例》等法律法规都对历史文化遗产的保护、管理、使用和经营等作了许多规定，对其使用权、转让权等权属功能进行了限制。不仅我国如此，即使在非常强调私有产权不受侵犯的西方国家，历史文化遗产的产权使用也受到来自法律、社会监督和城市规划的管理和限制。所以说，历史文化遗产的产权所有人的权利是有限的残缺的，只能在一定约束条件下行使。当然，在理想状态下，被约束的权利或者说损失的那部分产权理应得到补偿。

二、历史文化遗产的产权结构

在英文中，产权的单词是"property-rights"，复数意指产权包含多项权利。德姆塞茨等人在论述产权时也多采用"a bundle"，即一组来说明产权含有多项权利，这些权利可以被任意组合和拆分。虽然产权作为一组权利束由多种权利组成，但对于其究竟包含哪些部分这一问题，可以说经济学家的理解不尽相同，不过一般来说，被广泛接受的理论认为产权可以分解为所有权、使用权、占有权、处置权和收益权等。所有权也常称之为归属权，是产权中最为重要的权利，决定了产权关系的性质。广义上的

所有权等于产权，狭义的所有权只是产权中的一个组成部分^①。对于历史
文化遗产来说，所有权实际上是指产权主体对遗产的归属性和排他性的明
确。所有者对历史文化遗产可以在法律范围内行使其各种权利，并排斥非
所有者使用和侵犯这些权利。此外，所有者还可以通过对所有权的分解，
获取一定的经济收益。在我国，历史文化遗产的所有权主要有两大类，即
公有权和私有权。公有权是指所有权归国家所有或集体所有，私有权指的
是历史文化遗产的产权归个人所有。我国的《中华人民共和国宪法》规定
占有权是指对物品的实际控制权，可分为所有权人占有和非所有权人占有
两类。历史文化遗产的所有权人占有，是指所有权人实际控制着文化遗产。
而非所有权人的占有，指占有文化遗产的权利是从所有权中分解出来的，
要服从所有权。一般来说，历史文化遗产中所有权人占有是比较少的，主
要是一些私人遗产，而大多数的是非所有权人占有历史文化遗产，尤其是
公有产权的历史文化遗产，由中央或地方政府采取委托代理的方式将其委
托给一定的管理组织或机构来占有，并将相关收益部分返还委托方。产权
的使用权是指人们按照资源的性质和用途对资源进行合理利用的权利。对
于历史文化遗产来说，其具有的历史、艺术、科学和经济价值等能够满足
人们考察、参观、欣赏、研究和消费等多种使用功能，使人们能通过使用
文化遗产而获得知识上的满足和精神上的享受。收益权是指所有权人因为
拥有资源而获得的收益，一般分为天然收益和法定收益。有的学者认为，
收益权不是一项单独的产权，而是任何一项产权应有的内容，不能与其他
权项并列^②。不过，本书认为与其他权能相比，收益权是产权得以存在的
重要方面，如果拥有某些产权却没有收益，这样的产权很可能被放弃甚至
是不复存在。产权中还有一项重要的权利是处置权，也常称之为支配权，
是指所有权人决定将产权的全部或部分权利转移和处分的权利，处置权往
往决定了产权相关权利的变更。历史文化遗产的处置权可以是对上述所有
权、占有权、使用权、收益权全部权利的处分，也可以是对其中某项或某
几项权利的处分，通过对以上权利的改变实现资源的有效配置。我国《文

---

① 黄少安.产权经济学导论[M].北京：经济科学出版社,2004:69.

② 黄少安.产权经济学导论[M].北京：经济科学出版社,2004:67.

物保护法》对国有和非国有文化遗产的处置权如文物建筑的买卖、拍卖、抵押等交易行为都进行了清晰的规定和限制。

现代产权经济学认为，虽然产权一般由所有权、占有权、使用权等权利组成的，但并不是以上权利的简单相加，是在一定条件下各种权利在空间和时间上相互影响相互制约的有机结合体。应该说，所有权、占有权、使用权、收益权、处置权虽然产生时间不同、作用不同，但法律地位是平等的。所有权与占有权、使用权、收益权、处置权四种权能合并共存于一个产权实体，也可以分开，相对独立①。

三、历史文化遗产的产权属性

历史文化遗产的产权具有五种形态，现将其分列于后文。第一，历史文化遗产的产权具有可分性。如前文所述，产权是由一组权利束构成的，这些权利可以被任意组合和拆分，被分解的各项产权权能还可以根据情况再次分解为其他小的权能。产权的可分性意味着一项资产的所有权利可以分割成不同的权利，能够增加整个资产的有用性，让对资源具有不同需求的人将某项独特的资产投入到他们能发现的最有价值的用途上。这样的好处是通过产权的分割增进不同人群对产权不同权能的收益，但并不影响资源所有权人自身拥有资源的权利。比如说，对于一项历史文化遗产，其所有权可以和它的使用权、占有权以及收益权分离。卢现祥认为，产权的可分割性促进了产权的流动和交换，增强了产权在资源配置中的作用，降低集体产权运行的成本，是建立资本市场的一个重要条件②。可以说，产权的可分性让所有权能与其他具有经济用途的权能实现了分离，促进了资源在不同需求人群中的合理有效配置和流通。可以毫不夸张地说，产权的可分解性是人类产权制度的一次重大变革。不过，产权的分解并不是无限的，因为产权的分解会产生成本，分别是界定成本和保护成本。当产权分解的成本高于分解后带来的收益的时候，产权就不会再分解下去了。

---

① 潘义勇.产权经济学 [M].广州：暨南大学出版社,2008:38.

② 卢现祥.新制度经济学 [M].武汉：武汉大学出版社,2016:66.

  第二，历史文化遗产的产权具有可交易性。产权的交易是指产权在不同主体之间的按照彼此约定的条件将相关权利进行转让。产权交易按照交易内容可分为整体交易和部分交易。所谓整体交易是指财产权利的全部让渡，而部分交易是将产权的其中一项或任意几项产权束进行交易。根据交易时限，可分为永久性交易和有限期交易。所有权的交易一般是永久性交易，也就是说，一旦交易就不可能回收了。所有权以外的交易大都是有限期交易。比如历史文化遗产的占有权交易、经营权交易和使用权交易等，这类交易是把产权的部分权能按照一定的约定在有限时间内进行让渡，只要是契约期满，相应的权能会回归所有权人手里。产权要想实现有限期交易，需要满足以下两个前提，一是特定财产的权利体系发生分解，即不再属于同一个主体或者可以不属于同一主体；二是信用关系产生和信用制度达到一定的完备度①。也就说依靠人们之间长期形成的信用观念和正式的信用规则来实现产权部分权能的来回交易。

  产权的可交易性能够改进资源的优化配置，促使资源从低效力的所有者手里流向高效力所有者手里，实现交易双方或多方的利益最大化。在市场经济条件下，产权中的使用权、占有权、收益权等能够根据市场价格进行自由流动，通过有效的交易和转让达到帕累托最优。如果产权不能够实现交易或其交易受到非常严苛的限制，就会导致即使所有权者不能将部分产权权能出售给那些对该财产具有更高偏好的人手里，那么该财产就会相应地减少了其在所有者手里的价值，导致财产所有权人和潜在需求者之间权利的损失。这种情况在历史文化遗产保护方面是一种普遍现象，尤其是国有的历史文化遗产，其经营权大都由政府某一部门或事业单位来管理。这些部门或单位存在服务质量和运营效率低的可能性，而一些具有相关运营经验能够提供更高服务的私人企业却因为有关法律法规的影响而无法取得遗产的经营权，最终的结果是国有经营机构惨淡经营，有运营经验的私人机构不能参与经营，而作为普通消费者也只能接受较低的服务水平，难以获得更高的精神享受。

  第三，历史文化遗产的产权具有排他性。产权的排他性是指对于特定财产只能由某一人或某一组织来控制其特定的权利，不存在两个及以上的人或组织同时控制某一财产的某种相同权利。特定权利的主体只能唯一，排斥其他人行使这一专门的权利。排他性是所有者自主权的前提条件，诺思认为，产权的本质是一种排他性的权利，在暴力方面具有比较优势的组织处于界定和行使产权的地位，产权的排他对象是多元的，除一个主体外，其他一切个人和团体都在排斥对象之列①。这个主体，既可以是公有产权主体如国家、集体或某一组织，也可以是私人产权主体。相对来讲，私有产权的排他性要比公有产权的排他性强。产权的排他性是克服"外部性"和"搭便车"行为的重要手段，通过排他性一方面可以将搭便车的人排除出去；另一方面也使产权人能够发现使用资源更加科学有效的方法。比如，历史文化遗产通过收门票的方式，能够将一些对其评价不高的人筛除出去，从而更好地为那些付费的人提供更好更优质的服务。

　　当然，产权的排他性是有成本的，对于特定产权主体来说，只有排他性成本低于排他性带来的收益时，排他性才被认为是有必要的。如果某项产权因为技术手段无法建立排他性或建立排他性的成本太高，那么产权的排他性就很难实现了。非排他性的产权大都存在于公共产权，虽然看上去没有排他性的产权对每个人都有好处，但大量研究表明，非排他性的产权容易造成资源使用过度的问题。比如一些著名的历史文化街区和不收费的文物景点，由于没有建立排他性的产权制度，经常会出现人满为患的情况。而这一情况的出现对历史文化遗产本身及其可持续发展会造成难以弥补的损害。

　　第四，历史文化遗产的产权具有有限性。产权的有限性是指任何资源的产权必须有清晰的界限。不同的产权主体所拥有的产权都是一定的，而且边界是清楚的，否则就可能会因为产权的界定不清而导致产权主体之间的纠纷。而且，对于同一产权的不同权能在可分解或分离的情况下，其界限也必须是明晰的。在黄少安看来，产权的有限性可以从静态和动态两个方面来分析。从静态看，产权的有限性指任何产权之间都要有清晰的界限。从动态看，产权的有限性意味着产权界限不是恒定不变的，其产权利益和

――――――――――
① 诺思. 经济史中的结构与变迁 [M]. 上海：三联书店,1994:21.

权能空间会不断变化。换句话说，就是随着人类社会财产数量的增长和财产理解的加深，导致原有产权的边界发生变化，人们必须不断地对新的产权进行界定和度量。历史文化遗产也存在这样的问题，以不可移动文物为例。《文物保护法》规定文物保护的界限为文物本体保护范围和建设控制地带，在其界限以内的行为必须符合法律法规的要求。不过随着认识的加深，越来越多的人发现仅仅对单体文物的保护是不够的，因为离开了依托文物生存的自然社会与历史环境，文物的价值也会大打折扣。于是历史文化遗产的保护对象开始扩展到历史文化街区和历史文化名城，其包含的产权范围也扩大了。

产权的有限性还表现在产权的清晰界定上。在市场经济条件下，如果能够对产权进行清晰地界定，那么就会改善资源配置水平。但是，当产权界定的费用过高时，这时"人们与其追求产权限度的明确化和精确度，不如容忍产权界限的模糊，以及由此带来的资源浪费"[1]。不清晰的产权界定会导致一部分权能的收益落入公共领域，不过由于高额的界定成本会让产权所有人在收益和成本之间作出理性的选择。比如说，某处历史文化街区由许多栋著名的文物建筑和历史建筑组成，这些建筑不可能孤立地存在，其部分产权的外溢即正外部性共同构成了历史文化街区的街巷肌理和风格特色。但是，要是想准确地计算出每一处建筑外溢的产权在整个历史街区价值的占比是不可能的。在这种情况下，人们自然会将这部分的产权流入公共领域，共同分享这部分公共产权。

第五，历史文化遗产的产权具有延续性。产权的延续性和稳定性在一定程度上能够起到激励作用。人们拥有并保护好某项财产的产权，就是基于该项财产具有稳定安全的预期；如果该项财产的未来预期风险很大，那么人们就失去拥有这项财产产权的积极性，也不会珍惜和爱护这些财产了。产权的延续性有利于市场经济的建立和社会经济的可持续发展。一些西方经济学家认为，发展中国家落后的一个重要原因就在于产权制度的不稳定性和不延续性。政权的不规则更替和产权制度变化的大起大落严重制约了

---

① 黄少安．产权经济学导论 [M]．北京：经济科学出版社，2004:133.

一些国家的经济和社会的发展①。我国历史文化遗产也曾经因为产权制度的剧烈变更而遭受巨大的损失。中华人民共和国成立初期，原先主要由私人所有的四合院、老建筑等全部收归国有，并把这些房屋免费或以非常低的价格出租给其他居民。这样的制度造成人们没有足够的动力去建造和保护自有建筑，也没有鼓励人们爱惜从别人手里获得的这些建筑，因为大家都认为东西都是公家的，其保护管理的责任在国家而与己无关。因而居民为了提高居住的舒适度和居住面积，私搭乱建、随意改造等破坏老建筑的现象便层出不穷也难以制止。所以，要想保护好这些历史文化遗产，就应该确保这些历史文化遗产的产权具有相当的稳定性。加强对私有产权的保护，给拥有者以安全的预期，才能让历史文化遗产的所有人有信心做好保护管理工作。

---

① 卢现祥 . 新制度经济学 [M]. 武汉 : 武汉大学出版社 ,2016:67.

第二节　历史文化遗产的产权安排及效率比较

　　根据排他性的程度，产权可分解为公有产权、私有产权和共有产权。公有产权是由全体公民委托国家或国家选派委托各级代理人行使资产的支配权、使用权和收益权，这种产权虽然名义上归全体公民所有，但产权的主要收益还是落入国家及其各级代理人手里。私有产权是对必然发生的不相容的使用权进行选择的权利分配[①]。私人权利的所有者有权制止他人行使这种权利，对一切权利行使的决策及承担后果完全由私人作出。共有产权是指每个共同体成员都有权平均分享共同体的利益。共有产权制度最大的缺陷在于产权缺乏排他性，也不可以自由让渡。共同体内的每一个所有者都无法排除他人享有这部分产权的收益。由于共有产权排除了使用者付费的原则，导致搭便车和公用地悲剧现象的发生。

一、历史文化遗产的公有产权安排分析

　　公有产权是指财产的权利界定给全体公众，人们在行使某项公有产权的财产的权利时，并不能排斥他人对其行使同样的权利。公有产权的财产一般由公众委托代理人代行管理，公有产权与私有产权最大的区别就是不具备排他性。在我国，历史文化遗产公有制占据主要方面，《文物保护法》规定我国境内的埋藏文物、遗址、墓葬、石窟寺以及国家指定的不可移动文物其产权均属于国有[②]。在中华人民共和国成立之前，我国城市里的大部分公共建筑（如银行大楼、市政建筑、教堂等）和民居的产权归个人或

---

①　阿尔钦.产权：一个经典注释[A].罗纳德·H.科斯，等著.财产权利与制度变迁：产权学派与新制度学派译文集[C].刘守英，等译.上海：格致出版社，上海人民出版社，2014:167.

②　《文物保护法》第五条规定：中华人民共和国境内地下、内水和领海中遗存的一切文物，属于国家所有。古文化遗址、古墓葬、石窟寺属于国家所有。国家指定保护的纪念建筑物、古建筑、石刻、壁画、近代、现代代表性建筑等不可移动文物，除国家另有规定的以外，属于国家所有。国有不可移动文物的所有权不因其所依附的土地所有权或者使用权而改变。

公司所有。中华人民共和国成立以后，这些建筑除部分民居外基本都被人民政府接收，其产权性质也由私有产权变为国有产权。以文物建筑为例，天津市现有各类文物建筑近 1000 处，其中绝大多数为公有产权，私有产权所占比例不足 2 成。在公有产权的文物建筑中，公共建筑基本上都是公有产权，多数民居也是公有产权。除部分改作为展览馆、纪念馆外，大部分作为公租房继续供居民居住或作为商业、办公场所等使用，只有少量的民居由于政策落实等原因重新转划为私人所有。这种公有产权占比较高的情况在我国其他地区也是比较普遍的。与之形成对比的是，国外的文物历史建筑的公有产权比例要低得多，美国登录的公有历史建筑占比为 30% 左右，台湾为 50% 左右[①]。可以说公有产权占比较高是我国历史文化遗产的一个重要特征。

对于国有产权的类似文化遗产，在法律意义上来说属于全体国民所有，由国务院代表所有权人行使相应的权利和责任。可以说，全体国民与国务院构成委托代理关系，国务院作为最大和最初的代理人，通过行政管理的科层制度再层层委托给下级政府，从而形成多级委托代理关系。在中央政府层面上，负责历史文化遗产保护管理的职能部门是国家文物局、住房和城乡建设部；在地方政府层面上，由当地的文物部门和规划、住建、房管等部门实施对历史文化遗产的保护管理工作。在这样的委托代理关系下，由于委托代理层级较多，在信息不对称和监督成本过高的情况下很容易出现逆向选择和道德风险问题。此外，虽然代理人在委托人的授权下可以行使公有历史文化遗产的使用权、占有权和收益权，但是受相关法律法规的限制，公有产权获得的收益并不能直接与个人收益相挂钩，也就是说公有产权的激励功能发挥不明显，难以刺激代理人提高工作效能，导致的结果便是公有产权在资源配置和使用效率较低。

二、历史文化遗产的私有产权安排分析

所谓私有产权是指某项资源的各种权能属于某个个人或组织的产权制

---

① 沈海虹 .“集体选择”视野下的城市遗产保护研究 [D]. 同济大学 ,2006.

度安排。产权经济学历来推崇私有产权。在他们看来，只要经济在运行，就必然存在私人产权。而私有产权具有产权主体清晰、可任意分割和处置的特点，能够较好地降低交易费用，同时具有将外部性最大限度内在化的激励。德姆塞茨认为，只有私有产权才能完成推进市场和提高经济效率的任务。诺思从经济史的角度强调私有产权能够激励技术和知识进步，推动制度变迁和社会发展。一般来讲，私有产权使资源所有者对未来负责[①]。也就是说私有产权的所有者在经济活动中的成本和收益均由其本人来承担，这就使得所有人在每项决策中都要进行严格的成本收益分析确保其收益大于支出。当然，私有产权并不意味着资源的所有权力均掌握在一个人手里，也可以由两人或多人拥有[②]。只要每个人对该资源拥有不同的权利且相互不重合，那么他们同时对某一资源行使的权利仍然是私有产权。私有产权的关键在于对财产所有权利行使的决策完全是由私人做出的。

在历史文化遗产领域，私有产权也就意味着其遗产的主要权能归个人或私人组织所有。从目前看，我国历史文化遗产中具有私有产权的主要是一些古建筑和近现代文物建筑和历史建筑，而且以民居类居多。这些建筑中，很多是在改革开放后落实国家有关政策之后取得的产权。相反在西方国家，大部分的文物和历史建筑的产权都是个人的，其产权结构非常明晰，因而可以非常简单地将产权中的占有权、使用权、处置权和收益权进行分割，在法律允许的范围内通过市场机制实现相关产权的转让和交易，从而最大限度地实现历史文化遗产资源的有限配置，进而促进了保护和管理。比如说，某人拥有一座文物建筑，不过他对其评价并不高或者说他认为居住在里面给他带来的收益要小于居住在崭新的摩天大厦的收益，在这种情况下他就有意愿将这座文物建筑的全部产权或部分产权放到市场上售卖，而对文物建筑具有偏好的人则会在自由交易的情况下购买，通过讨价还价买卖双方之间实现市场价格的均衡。

---

① 詹姆斯.格瓦特尼,理查德·斯特鲁普·李,德怀特.经济学常识:关于经济学与环境每个人都应了解的观念 [A].冯兴元,毛寿龙.经济、法律与公共政策的规则 [C].重庆:重庆大学出版社,2013:116.

② 胡乐明,刘刚.新制度经济学 [M].北京:中国经济出版社,2009:89.

三、历史文化遗产的共有产权安排分析

所谓共有产权是指不具备排他性的产权，即每个人都有权使用这种产权并从中获益，相互不会因为某人使用这一资源而排斥其他人使用。共有产权产生的原因主要有三个方面，一是界定产权的成本过高，由于无法精确度量每个人使用这种资源所带来的收益或者衡量和监督这一收益的成本过高，导致未能界定的产权流入公共领域；二是产权的保护和排他性成本过高，当保护某项资源的产权的排他性成本过高时，人们自然会将这部分产权抛弃使其进入共有领域；三是政府规制和法律限制，当政府设定的相关条文对产权的分割、转让、交易产生侵犯的时候，理性的产权所有人就会将这部分产权置于公共范围内。大多数的经济学家都认为，共有产权的典型特征是公共品，这就造成共有产权在资源配置方面是低效的。与公有产权和私有产权相比，共有产权缺乏排他性而且无法转让，导致其没有收益或租金值为零。同样，因为缺乏排他性，进入公共领域内的共有产权的租值会因此丧失或被他人攫取，也就是张五常所说的共有产权存在"租值消散"。一般而言，共有产权因为权责不能完全统一，其各种权利与私有产权相比，更容易落入共有领域而使得产权租值消散。

在历史文化遗产领域内，公共产权和私有产权流入公共领域成为共有产权的现象也比较普遍。比如，上海外滩是著名的旅游景点，其精美的历史文物建筑吸引了众多的游客参观，每个人都可以通过欣赏这些建筑获得满足，但这些建筑的产权人却无法向这些游客收费。原因如下，一是排他性成本过高，历史建筑具有很强的正外部性，要想将这些外部性内在化必然要将那些试图搭便车的人排除在外，不论从技术上还是实践中都是非常困难的；二是衡量每个游客对某一建筑的效用程度的成本过高，是 A 建筑还是 B 建筑让游客获得的满足感更高难以准确界定，故而很难对其准确地收费；三是历史建筑所有者之间的交易费用过高，不光游客对历史建筑的评价不统一，历史建筑的所有者之间也很难对他们的建筑评价统一，建筑所有者之间不得不花费大量的成本用于沟通交流，而且随着所有者数量的

增加，也就是随着财产共有性的增加，它会导致内在化的成本增加①，最终的结果可能会因为成本与收益的不匹配而放弃收费，将这些部分收益流入公共领域；四是政府的有关规定也阻碍了产权相关权利的行使，对于具有正外部的公共产品，政府倾向于将这部分收益让渡给公众而对历史建筑给予适当的补贴。在这种情况下，历史建筑的所有者只能放弃这部分的产权，转而让其流入公共领域，使之成为共有产权。

四、历史文化遗产不同产权安排的效率比较

在产权经济学家看来，产权关系及其制度，是经济社会中最重要的内容，决定着社会效率和资源配置水平。产权的效率其实就是产权安排效用或收益与成本的比值。产权安排的成本主要由两部分组成，一是制度运行的成本。产权制度要想运行，就需要对产权进行必要的分解、界定和保护，而实施这些规则和行动则需要消耗一定的费用，这些费用就是维持制度运转的成本。二是从事经济活动的成本，即交易费用。在经济学家看来，产权的界定对于产权安排的效率具有非常重要的作用。产权界定得越清楚，不同产权或产权的不同部分边界越清晰，产权制度建立起来的激励和约束机制作用发挥越明显，产权的交易成本就越低，产权的效率就越高。历史文化遗产的产权与其他财物的产权最大的区别在于，不论它们是公有还是私有，它们的文化价值既没有竞争性，也没有排他性，具有很强的正外部性。

一般来说，私有产权具有产权主体明晰性、产权可分割性和转让性，能够较好将外部性最大限度内在化。由于私有产权能够很好地进行界定，其权属清晰，保护和管理资源的交易费用会较低，而且产权主体进行经济活动的成本和收益均由个人来承担，故而在决策过程中能够自动地运用理性经济人的思维方式来全面地权衡和分析，更好地实现资源的合理有效配置。科斯曾经声称私有产权更能实现资源配置的帕累托最优。用施密德概述科斯的观点来说："共同财产必须加以改变，除非交易费用排斥私有财产，

① 哈罗德·德姆塞茨.关于产权的理论[A].罗纳德·H.科斯,等著.财产权利与制度变迁:产权学派与新制度学派译文集[C].刘守英,等译.上海:格致出版社、上海人民出版社,2014:79.

作为制度选择的一项新规则就会变为所有财产应该是私人和个人的"①。德姆塞茨也认为，私有制能够将许多外部成本内在化，产生有效地使用资源的激励。张五常具体分析了私有产权的四个好处，他认为一是私有产权个人负责，自负盈亏鼓励自力更生；二是私有产权的转让使得资源能够转移到使用效率最高的人手里；三是私有产权的租值消散最少，最后一点就是虽然市场存在信息不对称，但是比起其他制度来讲私有产权更加可靠。

　　相对而言，公有产权的保护管理采取委托代理的方式，由于存在信息不对称和监督成本过高的问题，委托人和代理人之间的目标并不完全一致。公有产权的收益与个人价值实现之间并不能完全一致，也就是说公有产权的激励效用不明显，代理人缺乏足够的积极性来提高公有产权资源配置效率。除此之外，张五常认为，就广义的交易成本而言，公有产权下的交易成本一般要高于私人产权下的交易成本。由此，我们可以说公有产权在市场经济的竞争条件下，总体效率是偏低的。而共有产权，如前文所说，由于缺乏排他性难以转让，要进行交易的话其耗费的沟通协调成本非常大，即交易费用是很高的，由此致使人们缺乏保护产权的动力，只愿意无偿地使用资源带来的好处而导致资源的滥用，最终引致公地悲剧。所谓公地悲剧是指哈丁（1968）在美国《科学》杂志发表的名为《公地的悲剧》所提到的一种经济现象。在文中，哈丁设想了一个向所有人开放的牧地，每一个牧民都可以来此放牧。由于牧地是公共免费开放的，所以作为理性的牧民都会尽可能多地增加放牧牲畜的数量，最终的结果是公共牧场会因为过度放牧而毁灭。造成公地悲剧的最典型的原因，就是公地的共有性质。由于产权是所有人共有的，没有人会有激励去维护这部分权利，共有产权最后沉没在公共领域，自然也谈不上资源配置有效率的问题了。

　　长期以来，人们会不假思索地认为历史文化遗产的保护更应该由政府或其代理机构来实施，公有产权制度更有利于遗产的保护和管理。在他们看来，历史文化遗产作为公共产品，理应由公共部门提供服务，只有公共部门能够摆脱经济人的束缚关注长期利益，不会为了短期收益而破坏历史

---

① A. 爱伦 . 斯密德 . 财产、权利和公共选择：对法和经济学的进一步思考 [M]. 上海：上海三联书店 ,1999:320.

文化遗产摧毁其长期价值。事实上，这种认识很大限度上是不可靠的。在产权保护具有良好预期的情况下，私有产权拥有者要比公有产权的代理人更有强烈的愿望希望历史文化遗产能够在未来获得更多的收益，这使得私有产权所有者有更强的激励来加强对遗产的保护，也更有可能会为了将来的长久收益而放弃现在的收益。这是因为，私人所有的历史文化遗产其损失和收益均由个人承担，个人自然有动力来维护自身权益。当长久利益大于现有利益的时候，其所有人会为了保护好历史文化遗产而牺牲一些短期的利益。所以巴泽尔认为，在私人经济中，人们有更多的机会得到自己行为的全部直接结果，而在政府经济中，这种机会就比较少[1]。这是因为私有产权能够自负盈亏而公有产权却不存在这个问题。作为公有产权来说，其资产由国家采取委托代理的方式行使占有权、使用权和收益权，从理性人的角度出发，产权带来的收益主要归产权所有者也就是国家所有，代理人只能获得少量甚至不能获得产权带来的收益。也就是说产权的收益和损失与产权代理人关系不大，代理人自然很难全身心地投入国有资产的保值、增值，造成历史文化遗产的代理人更关注自己个人的利益而不是遗产的整体利益。同时，由于政府之间的层层委托代理关系，委托人也很难观察代理人的真实意图，很容易造成代理人会为了自己的短期利益（如个人升迁）而忽视了历史文化遗产的长期利益，甚至出现代理人带头（或默许）破坏历史文化遗产来达到自身的目的。况且，上级政府（委托人）在挑选代理人的过程中更多考虑的是政治因素和社会因素等，对历史文化遗产的保护和资源的有效配置反倒排在较为次要的位置上。

不过，私有产权比公有产权更有效率的结论是有前提条件的。巴泽尔指出，先验的推理不能表明私人所有一定会比政府所有更具有效率……只要共同财产的利用受到限制，那么就不能得出私人拥有比共同拥有会更好界定权利的结论[2]。埃里克·弗鲁博顿通过研究也认为，私人产权并非激励人们有效率使用资源的唯一社会制度。如果排他成本相当高，公共所有

① 巴泽尔.产权的经济分析[M].费方域，段译才，译.上海：上海人民出版社,2006:147.

② 巴泽尔.产权的经济分析[M].费方域，段译才，译.上海：上海人民出版社,2006:97.

权解决办法可能也是一种较好的制度安排[①]。一个简单的例子可以说明，江西婺源有很多传统村落，每个村落都有许多独具特色的徽派建筑，虽然这些具有较高历史、艺术价值的历史文化遗产的产权归个人所有，但很难通过界定产权的方式激励人们加强保护。这时政府可以与每处遗产所有人进行谈判和沟通达成一致，将这些遗产资源整合为一体，把部分产权让渡给政府，而政府通过设立关卡或围墙通过收费的方式对游客进行筛选，从而让使用者付费，而遗产所有者也因此获得了拥有和保护带来的收益。

---

① 埃里克·弗鲁博顿，鲁道夫·芮切特.新制度经济学：一个交易费用分析范式 [M].姜建强，罗长远译.上海：上海人民出版社,2006:133.

第三节　产权对历史文化遗产保护的作用

一、明确保护主体与权利责任

　　产权一个非常重要的作用就是要明确界定历史文化遗产资源的各个权能归属。由于历史文化遗产的产权包含多种权能，每一种权能都需要单独界定。比如，所有权可能是公有产权也可能是私有产权，还可能是共有产权；占有权可以是所有人占有、使用人占有，也可以是代理人占有，凡此不再类举。在历史文化遗产的保护过程中，产权主要是对历史文化遗产的保护主体和保护责任进行界定。

（一）界定保护主体

　　在进行历史文化遗产保护之前，有必要知晓谁更有意愿保护这些历史文化遗产并享受由此带来的收益。如果是政府部门出于增进社会福利、提高全民文明素养的目的而认为某处历史文化遗产应该进行保护和管理，并需要对其本体及周边环境提出保护要求和限制性规定，那么政府部门就应该向拥有这些权能的历史文化遗产的产权人付费。反之，如果政府认为保护某处历史文化遗产会阻碍地方经济的发展和人们生活水平的提高，那么拆除这些遗产是其理性选择。而社会组织或产权人对历史文化遗产具有明显的偏好，认为保护的收益要远大于拆除的收益，那么这些社会组织或产权人就应该负担起保护的责任和义务，同时也要承担为保护历史文化遗产而阻碍地区经济发展所带来的损失。在产权经济学看来，只有将政府、社会组织、产权人各自的偏好界定清楚才能有效地承担保护各个权能带来的责任和义务。一般而言，政府作为一个国家或地区民众的代理人，出于历史文化遗产对增进民族认同感、提高国民文化素质方面的促进作用，在历史文化遗产保护方面应该承担起主要责任。除了政府以外，一些遗产保护组织、企业家、社会名流以及所有权人也会对历史文化遗产具有强烈的偏好，他们愿意为保护历史文化遗产付费。因而，也应该将他们作为历史文化遗产保护的主体进行考虑。

（二）界定权利责任

历史文化遗产作为一种特殊的构建筑物，拥有或失去了部分普通建筑物没有或应有的权利和义务，而这部分权利和义务正是需要界定和交易的。只有将这些责权利进行充分界定，明确其各种权能的归属才能有效地对历史文化遗产进行保护。对于产权是公有或国有的历史文化遗产，其权能的归属属于国家或社会公众，按照委托代理的方式应由政府或政府的代理人享受历史文化遗产保护带来的权利和承担必要的义务。对于产权是私有的历史文化遗产来说，其各种权能属于私有产权人，因此相关的权利和责任应当由私人所有权人承担。然而，由于历史文化遗产具有很大正外部性，在界定权利和责任方面还要综合考虑。比如，假设政府部门认定某栋老房子具有很高的文物价值，需要对其建筑样式、内部陈设以及周边环境进行全方位的保护。那么对于政府来说，保护的责任应该完全由政府部门来承担。再如，假设政府认为某栋建筑的某个部分如外立面具有很高的文物价值，而内部结构或装修装饰没有保护价值，那么政府只需承担该建筑外立面的保护责任并与产权人进行谈判给予适当的补偿，而对于其他方面则完全由房屋的产权人来负责，由此建立一种"谁偏好、谁付费"的责权利明确的关系。

二、激励和约束产权人实施保护

历史文化遗产产权的激励功能主要体现在保护历史文化遗产所获得的收益或收益预期上。众所周知，历史文化遗产的保护管理是非常专业性的工作，需要耗费巨大的人力、物力、财力和智力资源。如果没有良好的产权界定和未来预期的话，这些投入都将变为沉没成本，人们也就没有动力去做好相关的维护工作了。因此，制定必要的规则，明晰与历史文化遗产相关人的责、权、利显得非常有必要。在既有规则的框架下，历史文化遗产的所有权人能够调整自己对遗产的预期，将资源的配置和利益分配结合起来。我国有句古语——"有恒产者有恒心"，也说明人们对于未来预期的重要性。对于私有产权来说，长期稳定的产权制度能够激发产权所有者持有的信心，进而促使其为了文化遗产的长远利益而牺牲当前的收益。比如说，某处私人所有的文化遗产年久失修，在产权所有人确认其可以长期持有的情况下，他就有动力花费必要的金钱用于修缮来确保历史文化遗产能够长期保存。但是，假如所有人认为该遗产不可能长期归自己所有或修缮后不能为己所有，那么他就没有激励去维修它，反倒任其自生自灭才是理性的选择。对于公有产权来说，产权的激励作用主要体现在委托人能够通过适当的方式将部分产权带来的收益分享给代理人。代理人作为公有历史文化遗产的保护和管理主体，有强烈的愿望希望分享遗产资源带来的收益，因此有必要通过制定一些规则来激发代理人的工作积极性。

　　正如黄少安教授所言，产权的约束功能主要包括内部约束和外部约束。历史文化遗产的内部约束功能体现在明确遗产产权的自有边界，在产权边界以内，产权所有人可以随意地分割、转让和处置文化遗产的各种产权，但是在产权边界以外，产权所有人便不能行使自己的权利。历史文化遗产的外部约束主要是指产权所有人在行使产权的时候要接受来自外界的制约。比如，产权所有人既要遵守国家和政府对于历史文化遗产的一些法律规定，也要服从城市建设规划的相关要求，还要顾及社会有关习俗的规定。从某种意义上讲，约束是一种反向激励。激励对于产权所有人来说是一种诱致性、吸引性的力量，调动和激发其保护遗产的积极性。相反，约束是一种逆向的、限制性的力量，规定相关权利人哪些时候、哪些活动、哪些行为被限制或禁止。

三、促进历史文化遗产资源的有效配置

　　资源配置功能是指产权安排或产权结构直接形成资源配置状况或驱动资源配置状态改变或影响对资源配置的调节①。在产权清晰的情况下，买卖双方能够通过市场方式来交换彼此的资源。在市场经济条件下，通过价

---

① 黄少安. 产权经济学导论 [M]. 北京 : 经济科学出版社 ,2004:211.

格机制来达成资源的分配，价高者得是减少资源浪费和实现资源有效配置的最简单方式。对于一座破旧不堪的古民居，长期居住在此的人往往因为公共基础设施、房屋状况、生活条件等情况渴望搬离此处并住进设施齐备、生活环境更好的新小区。而对于喜欢古建筑的人来说，这样的民居是难得的宝贝。在自由交易的市场条件下，如果该建筑的产权界定是清晰的，那么该建筑的产权所有者就有愿望与潜在购买者达成买卖协议，实现产权的转让。事实上，这样的交易不但对买卖双方有利，对于古建筑的保护也是有利的。由于卖者对古建筑的评价不高，自然没有足够的动力和激励来维护古建筑的日常保管；买者由于自身对古建筑有较高的偏好，其对古建筑的保护的力度要远强于卖者。但是如果该建筑的产权不明晰或者没有产权，也就是说该建筑没有明确的交易主体，那么即使有人想购买也无法完成交易，造成遗产资源不能转交到有效保护和利用的人手里，也就达不到资源的合理配置了。

由此可见，清晰的产权界定能够有效地推动历史文化遗产资源的合理流动，实现资源的有效合理配置。一般而言，由于私有产权具有产权清晰、责权明确、盈亏自负等特点，故其资源配置效率要高于公用产权的效率，这也是西方国家的历史文化遗产其产权多为私人所有的原因。阿尔钦也认为，除私有产权以外的其他产权都降低了资源的使用与市场所反映的价值的一致性[①]。不过，由于我国特殊的国情、发展阶段和受人们认识水平的制约，在产权安排上历史文化遗产的产权以公有产权为主体，私有产权为补充，部分公有和私有产权的部分因为技术或交易费用的原因流入公共领域成为共有产权。尽管公有产权和私有产权存在资源配置效率的高低之分，但总的来说，历史文化遗产只要有产权归属，其配置资源的能力就远强于没有产权归属的。

四、推动历史文化遗产外部性内部化

在解决外部性问题上，庇古认为在市场经济条件下，外部性的存在会

---

① 　阿尔钦.产权：一个经典注释 [A].罗纳德·H.科斯,等著.财产权利与制度变迁：产权学派与新制度学派译文集 [C].刘守英,等译.上海：格致出版社、上海人民出版社,2014:181.

导致私人与社会的成本收益发生偏离，经济运行效率无法达到帕累托最优，社会总福利不能实现最大化。他认为这是市场失灵的结果，需要第三方力量也就是通过政府来对经济运行进行干预。具体的办法如通过征收庇古税或发放补贴的方式将外部性内部化。然而，这一做法却受到了来自产权经济学家们的一致抨击。罗纳德·科斯认为外部性存在的原因绝不是市场失灵，而是因为产权没有得到清晰的界定。如果产权的归属能够明确，在市场机制下通过市场交易的方式就可以消除外部性，而根本不需要政府干预就能够实现资源的有效配置。这也就是说，在产权制度运行良好的社会中，外部性可以通过相关产权的转让得以内部化。如第二章所述，历史文化遗产具有很强的正外部性。这就意味着历史文化遗产所带来的社会边际效益大于个人边际效益，遗产所有者对遗产的付出很难获得回报或补偿，而其他人则无需付费就可以获得这些遗产带来的好处。尤其是一些私人所有的历史文化遗产，很多消费者可能因为付费而不愿消费，造成私人投入的成本无法回收。如果历史文化遗产的产权能够清晰地界定，在交易费用很低的情况下，产权所有者有动力通过建立某种产权制度来交易这些产权，从而实现外部性内部化。在产权经济学家看来，消除外部性的最佳方式是通过市场交易来实现，而市场交易的前提就在于确定产权的归属。只要产权界定清楚，在交易费用不存在的情况下，市场机制就能充分地发挥作用。所以，有效的产权安排能使外部性内在化，这是产权存在的重要价值①。

---

① 卢现祥.新制度经济学[M].武汉：武汉大学出版社,2016:63.

小　结

　　产权问题在历史文化遗产保护中占据着举足轻重的作用。历史文化遗产资源的稀缺性是造成其产权产生的根本原因。与其他资源一样，历史文化遗产的产权也具有可分性、可交易性、排他性、延续性和有限性。历史文化遗产的产权安排分为公有、私有和共有三种形式。尽管从静态的分析来看，私有产权更具有高效率，但在动态的考虑下，一种产权的有效性还取决于所处的时代特征、非正式制度、意识形态、资源稀缺度等多种因素，先验性的分析并不会得出历史文化遗产的私有产权制度一定优于公有产权的结论。产权对于历史文化遗产保护的作用主要体现在有效界定保护主体与责任、激励和约束实施保护、促进资源的有效配置以及推动外部性内部化，明晰的产权是实现历史文化遗产保护的重要保障。

第五章

历史文化遗产保护
的博弈分析

　　历史文化遗产保护组织是遗产保护的核心机构。在城市更新与土地再开发的背景下，研究和分析与历史文化遗产保护密切相关的利益群体及其利益诉求，对于推动历史文化遗产保护、防止建设开发导致遗产破坏具有很强的现实意义。同时，借助于博弈论的研究框架和研究方法，对这些利益群体之间进行博弈行动、策略和结果的分析，能够为今后历史文化遗产保护的组织管理体系改革提供一定理论依据。

第一节　历史文化遗产保护组织及其利益诉求

　　历史文化遗产是人类共同的财产，既属于当地居民，也属于外地居民，甚至是属于全人类及其子孙后代的。历史文化遗产的产权虽然具有可分性，但是却不可能将产权均匀地分给每一个拥有产权的人，也不可能让每一个产权人来行使自己的权利。由于巨大交易费用的存在，人们往往通过建立某种制度将历史文化遗产部分或全部的公共产权让渡给代理人。而能够承担起历史文化遗产公共产权职能的机构我们一般称之为历史文化遗产保护管理组织。一般来说，历史文化遗产保护组织主要由政府部门、开发企业、非政府组织等组成。

一、中央人民政府及其利益诉求

按照公共经济学的概念，所谓政府是国民经济中唯一通过政治程序建立的，在特定区域内行使立法权、司法权和行政权的实体①。维护市场经济秩序、提供公共产品和消除外部性是政府经济管理的重要职能。如前文所述，公共产品具有投入多、收益低、利益回报期长的特点。如果由私人企业来提供公共产品，很可能因为难以消除外部性和搭便车行为，导致公共产品的供应不足。而政府能够有效地通过行政的力量来克服公共产品的供应问题。在历史文化遗产保护过程中，政府具有一定的规模优势，其保护管理主要依靠公共支出来满足广大人民群众对历史文化遗产的需求。

在我国，中央人民政府主要是指负责统筹管理全国各项事业的最高国家权力机关的执行机关——中华人民共和国国务院。国务院由总理、副总理、国务委员、各部委组成。其中，负责历史文化遗产保护与管理的主要有住房和城乡建设部、国家文物局等部门。国务院通过委托代理关系将行使历史文化遗产保护与管理的职能交由住房和城乡建设部、国家文物局等机构来实施。它们作为中央人民政府的代理人通过法律赋予的相关职权，制定历史文化遗产保护与发展的各项政策规定，督导地方人民政府及相关业务部门做好全国范围内历史文化遗产保护工作。对于中央人民政府代理人的住建部和国家文物局来说，其主要目标是在最大限度上保护历史文化遗产本体及周边历史环境和谐，合理开发历史文化遗产，使之永续利用，成为人类社会当代及子孙后代共同传承的珍贵财富。

虽然中央人民政府及其部门作为历史文化遗产保护的最高行政部门，是推动历史文化遗产管理体制改革的主体。不过由于委托代理机制的存在，中央人民政府及其部门一般不直接从事保护管理的具体实践。作为历史文化遗产社会公益价值抽象代表的它们，其业务职能使其必须把历史文化遗产保护作为其最重要的职责，其所有工作的核心完全聚焦在历史文化遗产的保护与管理上。与地方人民政府不同，中央人民政府因为与历史文化遗

① 樊勇明, 杜莉. 公共经济学 [M]. 上海：复旦大学出版社, 2001:3.

产之间没有任何经济利益瓜葛，故而保护是其最主要的利益诉求。

二、地方人民政府及其利益诉求

从交易费用的角度看，政府的规模具有边际效应递减的特征。一般来说，如果历史文化遗产保护只通过中央人民政府来管理的话，那么必然需要庞大的官僚机构来维持。由于全国各地的情况错综复杂、历史文化遗产保存状况各异，要想完全了解各个地方历史文化遗产的分布情况、保护管理状况、活化利用情况并进行直接管理的话，将投入巨大的资源，其花费之大难以想象。在这种情况下，最好的办法就是将这部分职能逐级分配到各级地方人民政府，由地方人民政府来代为行使遗产保护的职权。这样做的好处主要有如下几点：

一是地方人民政府具有信息优势，能够更加全面地了解历史文化遗产的相关信息。由于地方人民政府管辖的范围相对有限，所以只需要花费较少的人力和物力成本就可以掌握遗产的保存状况、产权关系、使用状态等，而且通过组织本地的专家学者就可以知晓遗产的相关历史信息，挖掘更深层次的历史资料，也能够更好地诠释相关的价值。

二是地方人民政府对历史文化遗产的保护成本更低。相较于中央人民政府，地方人民政府更加贴近历史文化遗产，委托代理的层级较少，信息沟通的成本较低。由于历史文化遗产位于当地，地方人民政府能够相对及时地了解和掌握历史文化遗产保护管理的相关动态，有效地克服了信息不对称问题，能够防止委托代理过程中的逆向选择和道德风险。

三是地方人民政府在历史文化遗产利用方面更符合实际情况。考虑到地方人民政府对历史文化遗产的相关信息了解非常充分，故而在对历史文化遗产的开发利用方面，能够综合考虑遗产的现状和开发利用的承受能力，制定出更加符合地方发展和遗产保护的相关政策。由于直接关系到遗产地的经济和社会发展，地方人民政府在推动历史文化遗产开发利用方面会采取灵活的措施，不遗余力地做好该项工作，这一点是中央人民政府难以办到的。

因此，在我国按照属地管理的原则，中央人民政府将历史文化遗产的管理权和监督权委托给地方人民政府，由地方人民政府代理成为历史文化遗产的日常管理主体——充分责任主体和财政支持主体。地方人民政府再根据委托代理的方式将历史文化遗产保护管理的职权下放至其所属的文物、规划、住建、宗教等部门或更低一级政府。与中央人民政府及其部门不同，地方人民政府在历史文化遗产保护方面存在非常大的差异化利益诉求。

一方面，历史文化遗产作为一项具有公益性、正外部性的公共产品，地方人民政府有责任做好保护、修缮和利用工作，以保证当地民众正常合理的精神文化需求。同时，地方人民政府还可以借助一些著名的历史文化遗产来进行宣传，提升城市品牌形象，改善招商引资环境，促进基础设施建设，实现地方财政收入的快速增长和城市美誉度的提高。所以，从这个角度上来说，做好历史文化遗产的保护工作是符合地方人民政府的利益的，也与中央人民政府的相关利益诉求是吻合的。

另一方面，地方人民政府在发展经济的强大压力下，有可能会片面强调经济发展，忽视甚至有意破坏历史文化遗产。对于历史文化遗产来说，除少数具有较高的经济价值以外，大多数的历史文化遗产不但缺乏经济价值，而且其保养、维护、修缮等都要耗费大量的人力、物力、财力，这些都成为当地人民政府和产权所有人的负担。目前，我国实行分灶吃饭的财政管理体制，即中央人民政府和地方人民政府按照不同的事权来确定相应的财权。在这样的财政管理体系下，中央人民政府将主要税种收回，地方人民政府的税收难以弥补各种财政支出。特别是近年来，随着政治体制改革和行政权力的逐层下放，地方人民政府的事权不断增加支出扩大，而通过税收获得的收入却并没有因此增多。于是，地方人民政府便把获取财政收入的触角伸向了唯一可以自由支配的土地出让金了。这时就很容易出现一个尴尬的局面。一方面建设用地的增加可以促进地区经济的发展并获得大量收入用于城市的各项支出[1]，当然也包括了对历史文化遗产的保护等；另一方面假如拟出让的土地上坐落有历史文化遗产，那么保护与拆除的矛

---

[1]　姜海，夏燕榕，曲福田.建设用地扩张对经济增长的贡献及其区域差异研究 [J]. 中国土地科学 ,2009,23(08):4-8.

盾将变得不可调和。拆除历史文化遗产，地方人民政府可以获得大量的土地出让金用于地方建设与经济发展，但是城市的历史积淀将会消失。不拆除历史文化遗产，地方人民政府的财政收入受到影响，遗产保护的经费难以获得落实，遗产也可能因为自然或人为等原因衰败破损甚至坍塌消失。作为理性经济人的地方人民政府，在面对发展经济和保护遗产的选择上，更多时候倾向于拆除和破坏历史文化遗产来促进经济发展。而隶属地方人民政府的负责遗产保护与管理的各个职能部门如规划、文物、住建等单位，在当前体制下各部门也不得不服从地方人民政府的决定。事实也表明，从国家文物局执法督查的统计结果中看出，地方人民政府法人违法的文物破坏案件占到72%[①]。由此可见，对于地方人民政府来说，在遗产问题上其利益诉求有两个主要倾向。如果历史文化遗产能够带来一定的利益，能够促进地方经济、社会、文化等方面的需求时，地方人民政府主张保护，如果历史文化遗产保护与经济发展相冲突的时候，地方人民政府往往会为了经济建设而放弃对历史文化遗产的保护。

三、开发企业及其利益诉求

按照产权性质，可以将从事历史文化遗产保护的企业分为私有企业和公有企业。从理论上来说，私有企业其存在的目的在于追求利润最大化，进而通过逐利行为从整体上促进市场资源的有效配置。在提供公共产品的时候，私有企业首先想到的应该是其成本收益，即产出要大于投入。私有企业的决策和行为选择主要考虑的内部成本，也就是私有产权的收益最大化，如果公共产品的收益小于成本投入的时候，私人企业就没有动力提供服务。私有企业的出现是一种制度替代，即通过一系列的合约将原先单个市场交易行为转换为由专业组织实施，从而实现外部交易内部化。比如，某处的文物建筑需要修缮、整治、利用以及控制周边建设强度等，这些工作如果是某人进行个人处理的话，其可能需要耗费巨大的时间和精力去了解保护、修缮、环境整治等多方面的知识。如果某人要去市场购买这些服

① 文物破坏案件中法人违法占72%多发势头如何遏制？[EB/OL].(2016-09-08)[2017-01-03]. http://art.people.com.cn/GB/n1/2016/0908/c206244-28701673.html.

务的话，又将面临若干的谈判，包括要同政府去谈判规划问题、同设计单位去谈判图纸问题、同建设单位去谈判工程问题，这些谈判成本也是交易费用。此时企业作为一种制度替代能够发挥降低交易费用的作用，通过签订契约的方式企业将专业人员聚拢到一起，把本来需要人与人之间的交易转换为企业与人或企业与企业之间的交易。对于历史文化遗产的保护来说，通过企业去谈判所耗费的交易费用比个人要节省得多。同时，由于企业的存在促进了新的市场的形成，比如为维持和促进企业发展而产生的人才市场、信息咨询市场等，使企业获得所需服务的搜寻成本和运行成本更低，降低了交易费用。正是这些企业，才将工作更加专业化和规模化，从而产生效率节约交易费用。

公有企业包括国有制企业和集体所有制企业，其资产所有权属于国家或集体，不属于任何个人，也不属于个人所有权任何形式的集合[①]。此外，一些股份制企业中如果公有投资比例占主导的，也被认为是公有企业。从理论上说，公有企业及其所掌管的历史文化遗产资源的产权归国家或集体所有，管理者仅仅是国家和集体的代理人，很容易出现道德风险和逆向选择问题。周其仁认为，市场合约的可选择性是资源所有者有权出错和纠错，这是产权最重要的经济功能，也是市场经济保证资源有效配置最基本的机制。因为有自由选择合约的权利，才能保证存活下来的合约或资源组织方式具有竞争优势。但是公有企业却不能完全利用市场机制来配置资源，比如有时候公有企业提供历史文化遗产公共服务并不能获得最大收益。那么企业为什么这么做呢？相比于私人企业，公有企业并不是以实现利润最大化为目标的，而是将能否实现上级主管部门的意志作为企业存在的落脚点。由于公有企业的主管部门是实际的产权委托人，受委托代理关系的制约，公有企业的决策行为要满足政府及其部门的利益诉求。

公有企业在历史文化遗产保护管理和开发利用方面，既协助政府承担遗产的保护管理工作，又要进行开发经营承担企业盈利创收的职能。在这种情况下实际上形成了事业单位与企业合二为一的模式，具体可分为三类。第一类是历史文化遗产管理委员会。由当地政府划定一定的历史文化遗产

---

① 周其仁 . 公有制企业的性质 [J]. 经济研究 ,2000(11):3–12+78.

保护管理区域，设立历史文化遗产管理委员会全权代表地方人民政府从事历史文化遗产的各项保护管理并开展相关开发经营活动，同时也负责其管辖区域内的社会经济和民政事务。第二类是由政府职能部门及下属单位来开展管理和经营。这类企业依托某处历史文化遗产成立的博物馆、纪念馆、文保所等单位，围绕该处文物保护单位来从事历史文化遗产的保护管理、日常维护、旅游开发、资产经营等活动。第三类则是成立专门的历史文化遗产旅游公司。这类企业一般是由地方人民政府独立出资或由地方人民政府招商引资进入并与政府合资成立的。与前两类企业相比，历史文化遗产旅游公司与政府关系密切，能够获得地方人民政府的相关优惠政策，在信贷和金融方面容易获得支持。同时，由于这些企业大都熟悉历史文化遗产经营和运作方面的相关规定，有着丰富的企业经营管理经验，因此在历史文化遗产保护管理和经营方面具有天然的优势。与私有企业相比，这类企业由于有一定的政府背景，在项目管理、资金支持、政策倾斜、资源获取、日常维护和保护修缮等方面的能力要远强于私有企业，也能够有效地降低历史文化遗产保护管理中的交易费用。

　　作为市场行为的主体，企业经营和发展的最大动力来源于对利润的追求。在涉及历史文化遗产方面，开发经营企业通常希望通过项目的参与提升自身的利益。在能够确保自身收益不受影响的情况下，开发企业也会出于公益的目的协助政府做好历史文化遗产的保护和管理工作。在旧城改造过程中，有很多的企业能够发挥自身优势，利用中心城区内丰富的历史文化遗产资源开展创意开发，取得了良好的收益。比如，在广东佛山老城祖庙东华里片区改造过程中，佛山某房地产发展有限公司作为该项目的建设实施单位，在追求商业发展的同时挖掘历史文化遗产所蕴含的文化价值和商业价值，采取多种形式最大限度地拓展历史文化遗产的生存空间，将文化资源优势转化为商业开发优势。祖庙东华里片区是佛山地区保存范围最大、城市脉络最完整、建筑种类最为丰富的历史文化街区，有全国重点文物保护单位 2 处，广东省文物保护单位 1 处，佛山文物保护单位 22 处，此外还保留了宗教庙宇、祠堂、家庙、庄宅、民居、店铺、茶楼、会馆等大量不同时期、不同风格、不同形制、不同装饰布局的历史建筑。在该项目中，开发商将商业开发与文化保育结合起来，打造了一个与很多的大型购物中心完全不同的商业文化体验中心，正如该项目总经理所说，历史文化街区里有很多文化底蕴，有些是无法复制的，如简氏别墅、石湾陶瓷，这些不是说再盖一个就能有的。该项目在实际运营中也取得了相当大的成功，平日客流量为 3 万人左右，周末的日游客量超过 5 万人次。在通过对历史文化遗产的开发利用，实现了历史文化遗产保护与企业开发经营的共赢。不过，我们也必须要看到，企业是自负盈亏的行为主体，在激烈的市场竞争状况下首先是要保证自身的生存，实现资本投入和产出的最大化。因而，当实现历史文化遗产保护的社会效益与企业经济效益目标相一致的时候，企业自然会两者兼顾。而一旦两者存在矛盾，企业的决策者必然会以企业的盈利作为最终落脚点，为了企业利益的最大化而牺牲历史文化遗产是企业家作出的理性选择。这也不难解释为什么我们会经常从媒体上看到很多开发企业为了经济利益肆意破坏历史文化遗产的事例了。

四、居民群体及其利益诉求

　　居民群体是与历史文化遗产保护关系最为密切、也是与其切身利益息息相关的人群。居民群体一般对历史文化遗产都有深厚的感情，虽然居住条件比较差但是对居住地的地理区位认同感强。他们愿意通过对历史文化遗产实施渐进式改造、有机更新来提升居住品质，一般不愿意搬离现在居住的环境。以郭琪对北京大吉片历史街区的调研为例，居住在此的居民对社区地理位置具有强烈的认同感，多数居民对该地具有良好的依附感和归属感。98% 的居民认为该地区的交通、医疗、教育等方面具有非常大的优势；60% 的人认为邻里关系比较和睦，大多数居民不愿拆迁，表现出强烈的对历史街区城市中心便利生活的依赖。不过，调查也发现有 71% 的居民认为自己的居住条件恶劣，99% 的家庭没有独立卫生间，房屋质量完好的不足 10%，居住面积狭小、采光通风差、基础设施欠缺。在对待历史文化遗产的存留问题上，大多数的居民希望能够在保留历史街区肌理格局的基础上，对所居住的建筑进行现代化的提升和改造，以满足现代生活的需要。受限于居住在此居民的职业和收入水平，大都不希望历史街区及传统建筑被拆迁，如果必须进行拆迁则希望获取大额的拆迁费用来购买自住的

商品房 ①。由此可见，对于历史文化遗产的私有产权人来说，其诉求可以概括为两点，一是保留原地希望得到有效的改造、更新和提升以改善居住环境；二是在不能保证获得历史文化遗产的情况下，希望得到高额的安置费用来满足对居住条件的需求。

五、非政府组织及其利益诉求

非政府组织是介于政府（第一部门）和企业（第二部门）之间的第三部门，主要包括志愿者团体、社会组织或民间协会，具有自愿性、组织性、自治性和非营利性等特点。20 世纪 70 年代以来，非政府组织在欧美等发达国家迅猛发展起来，在文化、教育、卫生、环保、扶贫以及提供社会服务等方面发挥着非常重要的作用。非政府组织被认为是"市场失灵"或"政府失灵"的产物。非政府组织借助于自身的专业知识，参与公共事务的运行，通过提供各种服务和发挥人道主义作用，向政府反映公民关注的问题，监督政府在社会公共事务的作用，在有些时候非政府组织甚至能够影响政府的决策并承担部分政府管理职能。美国约翰·霍普金斯大学教授莱斯特·萨拉蒙认为，非政府组织具备五大特征：分别是组织性、私立性、非利润分配性、自治性和志愿性。其中，非营利性和非政府性是非政府组织的基本特点。

当前，我国尚不存在完全符合西方定义的非政府组织。不过，在我国的社会生活中，也存在一些运行机制和行为特征有别于政府和企业的社会组织。康晓光通过研究指出，只要是依法注册的正式组织，满足志愿性和公益性要求、从事非营利活动、具有不同程度的独立性和自治性，即可称之为"中国的非政府组织"。目前，我国有不少民办的社会团体从事历史文化遗产保护工作，在历史文化遗产保护方面发挥了很大的作用。由于他们同基层历史文化遗产保持相对密切的联系，故而能够非常容易发现历史文化遗产保护中存在的问题，通过报社、网站、自媒体等方式快速、便捷、低成本地向公众展示遗产面临的困难和处境，也能短时间地唤起民众对遗

---

① 郭琪 . 北京历史街区更新改造中弱势群体居住问题及改善研究 [D]. 北京工业大学 ,2006.

产的关注，进而推动政府及相关部门对遗产保护管理的重视。此外，这些非政府组织还利用自己筹措的资金开展和实施一些文物保护工程，有力地促进和改善了城市遗产的保存状况。不过，与发达国家相比，我国历史文化遗产领域内的非政府组织还存在一些不足，如相关制度障碍和政策不完善，尚未形成一般性社会公益基金生成机制和制定相关管理措施制度，非营利性社会力量参与文化遗产事业的机制没有建立起来等问题。这些都阻碍了我国历史文化遗产领域内非政府组织进一步发展和壮大。

相对于地方人民政府、开发企业和居民群体来说，历史文化遗产非政府组织的诉求会更加简单，主要诉求是加强历史文化遗产的保护，希望通过自己的努力为子孙后代保留下更多的历史文化遗产。其在组织形式上大都采取社团的方式，通过决策参与、过程监督、效果评价等方式来监督政府的决策和管理。对于破坏遗产的行为，这些组织一般会通过网络、电视、电台、开展公益性讲座等方式，向社会大众及政府部门普及历史文化知识，呼吁相关组织加强遗产的保护和管理。在国外，一些历史文化遗产保护非政府组织为保持独立性，往往通过自筹资金的方式依靠自身力量来维护历史文化遗产保护工作。此外，有些组织还通过与政府合作的方式为社会大众提供历史文化遗产的普查、维修、宣传等公共服务。

第二节　历史文化遗产保护组织间的博弈

如前文所述，历史文化遗产保护管理中存在 5 类行为决策主体，分别是中央人民政府及部门（以国家文物局、住建部为代理人）、地方人民政府及部门、开发企业、当地居民群体（私有产权所有人和使用人）和历史文化遗产保护的非政府组织。这 5 个行为主体有着各自不同的目标和利益诉求，因此在历史文化遗产的保护管理过程中会根据自身的利益偏好选择自己的行动。一般来说，根据属地管理的原则，地方人民政府是历史文化遗产最主要的利益相关者，在整个博弈过程中处于中心地位，遗产的保护与不保护主要围绕着地方人民政府展开的。所以，在整个博弈分析中地方人民政府是研究的核心。

一、中央人民政府与地方人民政府之间的博弈

中央人民政府是历史文化遗产保护管理的最高行政部门，其主要核心诉求是最大限度地维护好历史文化遗产的长远发展，促进历史文化遗产对人类社会整体利益的增进。而地方人民政府除了把历史文化遗产保护与管理作为一项责任来对待以外，还要考虑地方的经济发展问题。如何在保护与发展中寻求平衡是地方人民政府首要考虑的问题。如果历史文化遗产能够在经济上或社会上给当地带来收益[1]，或者历史文化遗产的保护收益大于管理开发费用，地方人民政府就有很强的动力来进行保护。反之，假如不能带来收益，那么政府的理性选择就是不投入、不保护甚至是破坏。尤其是当前地方财政高度依赖土地出让金的情况下，当房地产开发与历史文化遗产保护出现矛盾时，地方人民政府在很多时候会为了土地能够顺利出

---

[1]　经济上的收益主要是人们通过对历史文化遗产的参观旅游带来的门票、交通、餐饮、住宿及购物等给历史文化遗产所在地带来直接和间接收入；社会效益则主要是利用历史文化遗产的名声来提升城市的形象和美誉度，扩大城市的影响力进而改善城市的各项软硬件设施。

让而默认甚至主动去破坏历史文化遗产。在这种情况下，作为地方人民政府组成部门的文物、规划、住建等单位在地方行政力量的压力下，出于多方面的考虑大都会选择服从本级政府的决定。

在中央人民政府和地方人民政府的博弈过程中，中央人民政府的利益诉求是保护，要想知晓地方人民政府是否按照法律法规和各项规章制度开展保护工作，中央人民政府一般有两种策略，一种是检查，一种是不检查。如果中央人民政府采取"检查"这一策略，由于中央人民政府及其部门具有一定的权威性，地方人民政府势必要做好遗产的保护管理工作。如果中央人民政府及其部门采取"不检查"的策略，那么地方人民政府可能会为了经济的发展，破坏历史文化遗产。

在中央人民政府和地方人民政府的博弈过程中，中央人民政府的利益诉求是保护，要想知晓地方人民政府是否按照法律法规和各项规章制度开展保护工作，中央人民政府一般有两种策略，一种是检查，一种是不检查。如果中央人民政府采取"检查"这一策略，由于中央人民政府及其部门具有一定的权威性，地方人民政府势必要做好遗产的保护管理工作。如果中央人民政府及其部门采取"不检查"的策略，那么地方人民政府可能会为了经济的发展，破坏历史文化遗产。

表 7：中央人民政府与地方人民政府间的博弈策略

		地方人民政府	
		保护	不保护
中央人民政府	检查	A，C	AA，D
	不检查	NA，C	DA，DD

对于地方人民政府来说，主要有两种策略，一种是保护历史文化遗产，一种是为了经济发展而破坏历史文化遗产。由于中央人民政府及部门其主要职责是为了历史文化遗产能够长久地保留下来，增进公共利益。故而，中央人民政府的策略是监督和检查地方人民政府是否对历史文化遗产进行保护，如果没有进行保护则需要对地方人民政府及部门进行处理。然而，

由于中央人民政府及部门需要掌管全国的历史文化遗产，因而不可能面面俱到，所以对地方人民政府采取的策略是监督检查和不监督检查。监督检查也是要耗费巨大交易成本的。当地方人民政府采取保护遗产，而中央人民政府采取监督检查的收益分别是（A，C），而中央人民政府不进行监督检查的收益分别为（NA，C）。显然，中央人民政府采取不监督检查的收益要高于监督检查。当地方人民政府为了经济发展采取破坏历史文化遗产的情况下，中央人民政府同样面临两种策略，一种是对这种破坏行为进行监督检查并给予督导处罚，其收益分别为（AA，D），另一种策略是没有进行监督检查，其收益分别为（DA，DD）。

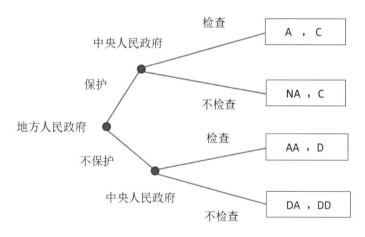

图10：中央人民政府与地方人民政府之间的博弈

资料来源：作者自绘。

对于地方人民政府来说，破坏历史文化遗产而没有受到中央人民政府及部门的监督检查的收益 DD 肯定要大于中央人民政府检查时的成本 D。但对于中央人民政府来说，保护遗产是中央人民政府的职责，地方人民政府破坏遗产必然导致不检查的收益 DA 一定会低于检查时获得收益 AA。在这个博弈中，我们将中央人民政府对地方人民政府的检查概率设为 P，将地方人民政府保护历史文化遗产的概率设定为 Q，在 Q 一定的情况下，中央人民政府选择检查（P=1）和选择不检查（P=0）的期望收益（Fz）分别是：

$Fz（1，Q）=A×Q+AA×（1-Q）$

$Fz（0，Q）=NA×Q+DA×（1-Q）$

令 $Fz（1，Q）=Fz（0，Q）$，

求得：$Q=（DA-AA）÷（A+DA-AA-NA）$

由此可见，当地方人民政府保护的概率大于 Q，即大于（DA-AA）÷（A+DA-AA-NA），那么中央人民政府的最优策略是不检查，反之，中央人民政府的最优策略是检查。当地方人民政府保护的概率等于（DA-AA）÷（A+DA-AA-NA）时，中央人民政府可以随机选择检查或不检查。

另一方面，在给定 P 的情况下，地方人民政府选择保护与不保护的期望收益（Fd）分别是：

$Fd（P,1）=C×P+C（1-P）=C$

$Fd（P,0）=D×P+DD×（1-P）=D×P+DD-DD×P$

令 $Fd（P,1）=Fd（P,0）$，

求得：$P=（C-DD）÷（D-DD）$

由此可见，当中央人民政府检查概率大于 P，即大于（C-DD）÷（D-DD）时，地方人民政府的最优策略是保护，反之，地方人民政府的最优策略是不保护。当中央人民政府检查概率等于（C-DD）÷（D-DD）时，地方人民政府随机选择保护或不保护。

二、地方人民政府与开发企业之间的博弈

在地方人民政府与开发企业的博弈过程中，地方人民政府有两个策略，分别是保护和不保护。如果地方人民政府的策略是保护，那么开发企业就会在开发和不开发之间进行选择，选择的依据自然是开发或不开发的收益，假如开发获得的收益 D 大于不开发获得的收益 0，那么开发企业的策略就是开发，否则就是不开发。同样，开发企业的开发或不开发策略反过来会对地方人民政府保护的收益产生影响。如果开发企业的策略是开发，那么在开发企业获得收益的同时，地方人民政府保护中的收益 C 要比不开发时的收益 AC 要高，反之亦然。

地方人民政府对于历史文化遗产的另一个策略是不保护或者是破坏，

毕竟在财税制度"分灶吃饭"的情况下，遗产保护需要耗费大量的资金。而对历史文化遗产所在地块或周边地块进行土地整理和开发，可以获取大量的土地出让金用于城市发展，所以不保护或者是破坏历史文化遗产，通过土地出让能够拉动地方的消费需求和经济的增长，收益也是巨大的。面对地方人民政府不保护或破坏遗产，那么开发企业也有两种策略，开发或不开发。假如开发企业选择开发，那么地方人民政府的收益为 NC，开发企业的收益为 AD；开发企业要是选择不开发，那么地方人民政府的收益为 NNC，开发企业的收益为 0。当 AD 大于 0 的时候，开发企业就有动力进行开发，否则开发企业就没有必要进行开发了。

表 8：地方人民政府与开发企业间的博弈策略

		开发企业	
		开发	不开发
地方人民政府	保护	C，D	AC，0
	不保护	NC，AD	NNC，0

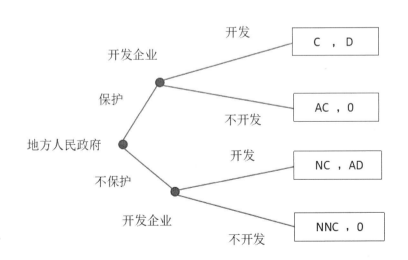

图 11：地方人民政府与开发企业之间的博弈

资料来源：作者自绘。

在这个博弈中，假设开发企业认为地方人民政府保护历史文化遗产的概率是 P，不保护历史文化遗产的概率是（1-P），那么开发企业开发的收益为：

$P \times D+（1-P）\times AD$

开发企业不开发的收益为：

$0 \times P+（1-P）\times 0$

那么要想实现开发与不开发之间达到均衡状况，那么需要满足：

$P \times D+（1-P）\times AD=0 \times P+（1-P）\times 0$

即 $P \times D+（1-P）\times AD=0$

$P=AD÷（AD-D）$

同样的，对于地方人民政府来说，假设开发企业选择 Q 的概率进行开发，1-Q 的概率选择不开发，那么保护的预期收益为：

$Q \times C+（1-Q）\times AC$

不保护或破坏的预期收益为：

$Q \times NC+（1-Q）\times NNC$

那么要想实现保护与不保护之间实现均衡，则需要满足

$Q \times C+（1-Q）\times AC=Q \times NC+（1-Q）\times NNC$

由此可以计算出 Q 的数值，$Q=（NNC-NC）÷（C-AC+NNC-NC）$。

三、地方人民政府与居民群体之间的博弈

在地方人民政府和居民群体的博弈过程中，地方人民政府有两个策略，一个是保护，一个是不保护（破坏）。居民群体有两种策略，分别是配合和不配合。如果地方人民政府选择保护，居民群体将面临配合保护和不配合保护两种选择，如果居民群体选择配合，那么政府的收益为 C，居民的收益为 F；如果居民群体选择不配合，那么政府的收益为 AC，居民群体的收益 B，对于居民群体来说，如果 F 大于 B，则配合地方人民政府进行保护，反之则不配合。

政府选择破坏和拆除历史文化遗产，居民群体有两种策略可以选择，一种是配合其收益为 AF，地方人民政府的收益为 D，一种是不配合其收

表 9：地方人民政府与居民群体间的博弈策略

		居民群体	
		配合	不配合
地方人民政府	保护	C，F	AC，B
	不保护	D，AF	ND，NF

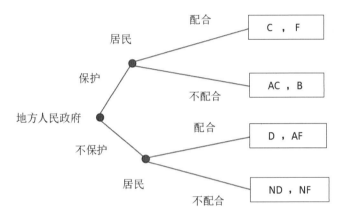

图 12：地方人民政府与居民群体之间的博弈

资料来源：作者自绘。

益为 NF，则地方人民政府的收益为 ND。如果 AF 大于 NF 的话，具有理性的居民群体将选择配合，反之将选择不配合。对于历史文化遗产的拆除，一般来说居民群体具有很大的决定权。这就涉及博弈论中的非合作博弈讨价还价博弈。政府决定对某些遗产进行拆除，那么必然需要居民群体能够同意配合拆迁。这时就牵涉地方人民政府与居民群体之间就拆迁进行谈判的问题。如果谈判双方的耐心都足够大的话，谈判就有后发优势，也就是说最后出价的人具有优势。不过，谈判是需要成本的，包括时间成本、协调沟通成本等。我们知道，由于地方人民政府的行政长官存在任职期限的问题，为了能够在有限的任期内做出足够的成绩，所以一般来说地方人民政府都没有足够的耐心，在谈判过程中受制于时间约束，地方人民政府希望居民群体能够配合拆迁，故而在大多数情况下会尽量满足居民群体所提的物质要求。不过，作为博弈的另一方，居民群体是具有工具理性的，他们自然知晓地方人民政府的策略，因此拖延以便获取更高的收益。所以居民群体会在配合和不配合之间进行摇摆，直到收益达到最大化的时候才配合政府进行拆除。然而，作为同样作为理性经济人的地方人民政府，自然也会感知到居民群体的想法。受制于谈判成本的约束，地方人民政府在缺乏耐心的时候，会有发生强制拆除的可能。

四、地方人民政府与非政府组织间的博弈

如前文所述，地方人民政府依然有两个策略，分别是保护和不保护，而遗产保护非政府组织也有两个策略，分别是支持和不支持。不过需要指出的是，由于非政府组织其利益诉求在大多数的情况下的策略是保护，这也就意味着假如地方人民政府选择保护历史文化遗产，那么非政府组织的策略将是支持，不可能存在不支持政府保护的情况，而假如地方人民政府不保护甚至去破坏历史文化遗产的话，那么非政府组织的策略自然是不支持政府的行为，而不可能出现支持政府破坏的策略。所以，从这个博弈来看，当地方人民政府选择对历史文化遗产进行保护，那么作为动机比较单纯的非政府组织自然是支持，不存在不支持的问题。那么政府的收益是 A，而非政府组织的收益是 B。假如地方人民政府不保护或破坏历史文化遗产，那么对于历史文化遗产保护志愿者及组织来说，不支持地方人民政府破坏遗产是其最主要的诉求，而支持政府破坏遗产显然是与其行为意愿和行动纲领不相容的。所以，地方人民政府不保护遗产的收益是 C，非政府组织的收益为 D。地方人民政府与历史文化遗产保护非政府组织的博弈框架如下图所示。

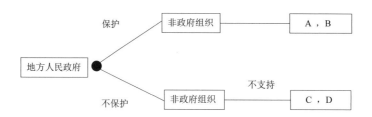

图 13：地方人民政府与非政府组织之间的博弈

资料来源：作者自绘。

小 结

在历史文化遗产的保护研究中，保护组织具有极其重要的地位。在城市土地再开发的背景下，通过对与其密切相关的政府、企业和非政府组织之间的分析，进一步明确了各自权利责任、运行机制以及相关特点。在分析和梳理各相关主体的利益诉求和他们对于历史文化遗产保护态度的基础上，运用博弈论的分析方法，构建了以地方人民政府为主导核心的中央人民政府、开发企业、居民群体和非政府组织等多方利益主体的博弈模型。通过对历史文化遗产保护与不保护的博弈分析，可以清晰地总结出当前土地再开发的情况下我国历史文化遗产各个相关保护群体之间所面临的选择和策略。

第六章

历史文化遗产保护
的土地发展权分析

　　土地发展权理论是 20 世纪中叶以来部分国家和地区在协调处理历史文化遗产保护与促进城市开发建设和经济发展的创新举措。从经济学的角度来看，土地发展权是一种开发与发展土地的权利，是与土地所有权或土地使用权相分离而单独存在的财产权。通过对不同地块开发强度的控制与容积的转移交易，不仅补偿了因为分区规划管控造成历史文化遗产所有权人的经济损失，保护了历史文化遗产，体现了公平原则，而且通过市场的方式将多余的发展权流转给需要高强度开发的土地，保障了土地所有权人的开发需求，体现了效率原则，进而实现土地发展权流转双方的帕累托改进。

第一节　历史文化遗产保护的土地发展权内容解析

　　近些年来，历史文化遗产的概念在不断扩大，保护范围从先前的遗产单体扩展到历史城镇、村落，保护对象也从保护文物古迹自身扩展到保护周边的自然环境和历史人文环境。然而，保护是有代价的，需要很高的机会成本。众所周知，历史文化遗产聚集的地区，如一些历史文化街区和城镇，区位优势明显、商业气息浓厚、文教资源丰富，具有很高的土地溢价。假如将其推倒进行土地开发，其经济效益必定十分可观。这样就出现了一个

悖论：一方面历史文化遗产作为人类共同的物质和精神财富需要耗费大量
的资金进行保护；另一方面历史文化遗产所在地区由于保护原因难以发挥
自身的区位优势，土地价值潜力得不到开发，加之文化价值难以转换为经
济价值，社会效应没有转化为商业效应[①]，由此造成遗产区内的经济增长
能力受限、基础设施落后以及遗产所有人自身权益的受损等问题。历史文
化遗产保护与土地合理利用发展之间的矛盾，成为当前遗产保护领域内的
焦点问题。那么矛盾的根源在哪里呢？应臻通过研究认为，该问题的实质
是国家对历史文化遗产所在的土地和建筑进行用途和强度的限制[②]，造成
土地所有权的权利受到限制，导致历史文化遗产保护区内的土地所有权人
与其他地块所有权人之间的权利不平等。为了解决二者之间的矛盾，土地
发展权制度应运而生。所谓土地发展权，是指发展土地的权利，是一种可
与土地所有权分离而单独处分的财产权[③]。作为一项用于平衡市场开发与
空间资源保护的弹性调控理论，自 20 世纪 60 年代末以来，土地发展权转
移（Transfer of Development Right，以下简称 TDR）一直被当作以市场为
导向的规划工具进行研究[④]，并首先应用于成为城市标志的历史建筑保护
之中。由于土地发展权理论能够将政府强制管控转换为以市场为主导调控
策略而广受欢迎，并在随后的几十年来得到广泛应用，取得了良好的效果。

一、土地发展权的产生与发展

　　土地规划、分区控制、用途管制等对土地开发的限制规定，是产生土
地发展权的先决条件，若无这些限制，也就不存在土地发展权[⑤]。在这些
限制规定之前，土地的开发利用强度完全由土地所有权人来自行掌握，其

---

① 刘文俭, 张传翔. 土地资源的节约集约利用与城市经济的持续稳定发展 [J]. 现代城市研究,
　2006(5)：55-60.

② 应臻. 城市历史文化遗产的经济学分析 [D]. 同济大学 ,2008.

③ 毕宝德. 土地经济学 [M]. 北京 : 中国人民大学出版社 ,2016:145.

④ Johnston R A, Madison M E. From Landmarks to Landscapes: A Review of Current Practices in the
　Transfer of Development Rights [J]. *Journal of the American Planning Association*, 1997(63):365-
　378.

⑤ 杨明洪, 刘永湘. 压抑与抗争 : 一个关于农村土地发展权的理论分析框架 [J]. 财经科
　学 ,2004(6),24-28.

收益也全部归属于土地所有权人。不过，随着大规模的土地开发，任意改变土地使用用途、加大土地利用强度的做法导致城市环境的急剧恶化。为了保护自然生态环境、农业用地以及历史建筑，美国在 19 世纪末从德国引入分区管制政策，并于 1916 年在纽约颁布了首个综合分区管制规划条例——纽约市分区条例（*New York City's Zoning Ordinance*），即"1916 年规划方案"（*1916 Resolution*）。根据该方案，规划内的土地被分为五个不同的土地利用类型，并规定了相应的开发强度。不过，规划地块的概念是有一定弹性的，规划地块不仅包括开发者本身所拥有的土地，还可以扩展到相邻土地[①]。1924 年，美国商务部公布土地使用分区管制标准授权法案，成为全美 40 多个州土地利用管制的基础模式，美国几乎所有的大都市区已开发部分的辖区均实行分区规划政策[②]，分区规划也在世界范围内得到广泛应用。

土地分区利用管制虽然有效地限制了土地开发利用强度，但也使得某些土地获得增值收益的同时，致使其他土地因规划控制而受到利益损失。20 世纪 40 年代初，英国厄思沃特委员会通过调查指出，对于土地分区管控出现的土地所有人利益的暴增（Windfall）或暴损（Wipeout），应该在兼顾公平的前提下建立一项补偿机制，以此来调节区划管制对不同土地所有权人的私有利益的影响。由此，土地发展权理论被创造出来，通过容积率调控将暴增区的容积率或转换为一定利益补偿给暴损区，或将暴损区的容积率转移到暴增区，以此实现社会整体公共利益的平衡。1947 年，英国设立土地发展权制度。该制度规定，一切土地未来的发展权转移及由此带来的相关利益归属国家，私有土地只能在原用途范围内继续利用。如要改变土地用途或强度，则应向规划部门申请，如被批准则由此引发的土地增值则应向政府支付开发费（Development Charge），具体数额根据变更前后的增值部分来计算。这也就意味着，私有土地所有权人对土地的开发利用应向国家支付土地发展权费用。由于该规定完全否定了土地所有权人分享土地发展带来收益的可能，打击了他们开发利用土地的积极性，故而

---

① 黄泷一 . 美国可转让土地开发权的历史发展及相关法律问题 [J]. 环球法律评论 ,2013,35(01):120–140.

② 沈子龙 . 土地发展权中国化的路径选择 [D]. 浙江大学 ,2009.

自土地发展权国有化法律实施以后，并未收到良好的效果，反倒导致土地开发市场的萎缩[①]。

在美国土地分区管制的执行过程中，出现了部分土地所有权人权益得不到保障的问题。他们指出，这些行政管制手段侵犯了私人土地所有者的利益，而国家却没有给予任何的补偿。到了 20 世纪 60 年代初，有关土地发展权的理念被引入美国。1961 年，美国商人杰拉尔德·劳埃德提出"关于密度区划的可转移密度"（Transferable Density in Connection with Density Zoning）思想，这成为 TDR 的雏形[②]，即不同区位之间的建筑密度转移。在此期间，发生在纽约宾夕法尼亚火车站（Pennsylvania Station）的彻底拆除进一步引发了人们对于历史文化遗产保护与土地用途和强度的思考。宾夕法尼亚火车站修建于 1910 年，占地近 3.24 万平方米，其中央大厅覆盖由铸铁框架支撑的琉璃顶棚，被认为是当时纽约城市的象征。不过，到了 1961 年，宾夕法尼亚铁路公司迫于财政压力宣布要拆除火车站，修建回报率更高的写字楼和运动场。该计划一经宣布，便引起包括规划师、建筑师、普通民众等人群的强烈反对，保护火车站的呼声此起彼伏，但该铁路公司依然对火车站进行了拆除。尽管保护宾夕法尼亚火车站的行动失败了，但也由此引发人们对于具有一定年代的历史文化遗产保护的反思，推动出台了一系列的历史建筑保护法案。1965 年，纽约市建立历史地标保存委员会，负责评审和认定城市中应保护的地标建筑和历史街区。只要被认定，未经历史地标保存委员会的批准，不得任意拆除或改建。1966 年，美国《国家历史保护法》（*National Historic Preservation Act*）颁布，历史建筑的保护开始走向法治化。1968 年，纽约市通过《地标保护法》（*Landmarks Preservation Law*），提出了土地发展权转移即 TDR 的概念，旨在保护具有历史或美学价值的单体建筑或历史文化街区，限制对这些建筑或地区进行开发并同意将其开发权进行流转以保障该区域内土地所有权人的权利。法律规定，历史地标建筑地块中未使用的发展权（主要是容积）可以转移到相邻地块、斜对面地块、十字交叉地块等，其目的在于补偿历

---

① 周诚 . 我国农地转非自然增值分配的"私公兼顾"论 [J]. 中国发展观察 ,2006(09):27-29+26.

② 戴铜，金广君，董晶晶 . 开发权转让及相关概念的界定与辨析 [J]. 华中建筑 ,2010,28(3):23-26.

史地标所有权人潜在开发权益的损失，将这些可转移的发展权扩展到距离更远的地块，增加潜在购买者的数量和需求，也有利于可转移的发展权的价值的增加。TDR 与分区制度作为保护历史建筑或街区的有效手段，正是在这样的背景下诞生的。

TDR 被正式确立以后，很快就得到了应用。1968 年，发生在纽约的中央火车站（Grand Central Terminal）保护与拆除论战中首次运用 TDR，从而使得这一具有创新性、实验性的技术工具在实践中被证明是合理有效的。纽约中央火车站的发展权转移是美国乃至全世界关于历史文化遗产保护发展权转移的最具影响力的案例之一。该火车站始建于 1903 年，1913 年 2 月正式启用，是当时世界上最大、最繁忙的火车站之一，也是纽约著名的地标性建筑和公共艺术馆。纽约中央火车站建成以后，车站附近出现了许多豪华饭店、办公大楼和高档住宅，成为全纽约地价最高的地方。1963 年大都会人寿大厦在纽约中央车站北边建成，由于落成破坏了中央火车站周边的环境协调，遭到了民众的反对。为了加强对中央车站的保护，纽约"纪念物保护委员会"将其宣布为"城市历史纪念物"加以保护。1968 年，车站业主（Peen Central Transportation Co.）计划拆除纽约中央火车站部分建筑用以修建一座 55 层的摩天大楼，此举遭到了纪念物保存委员会的抗议。虽然 Penn 公司进行多次方案的修改，该委员会仍然不同意，于是 Penn 公司对"纪念物保护委员会"提起诉讼。1976 年纽约中央火车站被认定为"国家纪念物"以后，Penn 公司直接委托律师上诉至联邦最高法院。1978 年联邦法院驳回了 Penn 公司请求，但同时也批准该铁路公司获得 16 万平方米的发展权。1980 年，Penn 公司出售了 7000 平方米给街对面的菲利普·莫里斯公司用于办公楼加建，同时将 5% 的收益用于车站建筑的保护[1]。通过发展权转移，Penn 公司获得了一定的发展权用于出售，而中央火车站也因为出售的发展权获得了保护基金，双方达到了共赢的目的。

在纽约中央火车站发展权转移获得成功以后，这一基于市场机制、用以辅助土地使用规划管制的土地政策，开始以纽约市法律为范本，在其他

---

① 沈海虹."集体选择"视野下的城市遗产保护研究 [D]. 同济大学,2006.

司法管辖区和大城市逐渐兴起[①]。如 1998 年通过实施发展权转移保护了百老汇剧院区的 44 个表演剧场，2005 年通过发展权转移实施了曼哈顿岛制造业基地的保护更新项目等。截至 2007 年，全美一共有 181 个 TDR 项目，33 个州采用了这一发展策略[②]。TDR 不仅用于历史文化遗产的保护，而且还广泛用于保护城市边缘的农地、自然保护区和开放空间等。

对于历史文化遗产保护的发展权转移计划的开展，一般要求如下：第一，实施的对象主要是重要的历史建筑；第二，发展权转移一般按照 1 : 1 的比例实施，特色项目可以适当提高开发容量；第三，在满足承受转移用地的规划指标下，要实现地面覆盖率的最大化；第四，凡申请发展权转移者，应具备符合规划条件的合理用途；第五，对实施发展权转移后历史建筑的维修情况进行跟踪；第六，禁止对申请转移的重要历史建筑进行大规模改造或破坏[③]。土地发展权转移有以下几个特点，一是发展权转移比较容易推行，在分区管制和历史文化遗产保护法规的约束下，通过平等谈判和交易土地所有人能够获得发展限制的补偿，政府部门在推行中也不会遭遇太多阻力；二是发展权转移使得历史文化遗产保护不再依赖政府财政拨款，拥有历史文化遗产的产权人可以通过土地资本市场上将多余的发展权转让给另外需要的人手里并由此获得一定的补偿，从而减轻了政府的负担、增加了产权人保护遗产的激励；三是发展权转移的过程往往通过契约的方式获得遗产保护的地役权，从而实现对该遗产的永久保护，乃至获得私人物业定期对公众开放的机会[④]。

除了美国各州在历史文化遗产保护方面广泛运用 TDR 以外（表 10 为美国部分州开展的历史文化遗产保护的 TDR 项目），世界其他国家或地区也积极借鉴和引入 TDR，并在理论研究中衍生了众多与之相关的概念，在探索实践中形成了独具特色的经验和做法。如加拿大的容积率奖励及转移制度，日本的一团地认定制度和容积率奖励制度，澳大利亚的历史建筑保护的建筑面积奖励与转移制度以及我国台湾地区的容积率移转制度等。

① David Schnakenberg. Speach: New York City's Landmarks Law[J]. *Widner Law Review*, 2012(18):259.

② Rick Pruetz, FAICP, and Erica Pruetz. Transfer of Development Rights Turns 40[J]. *Planning & Environmental Law*, June 2007,59(06):3–11.

③ 沈海虹 . "集体选择"视野下的城市遗产保护研究 [D]. 同济大学 ,2006.

④ 沈海虹 . "集体选择"视野下的城市遗产保护研究 [D]. 同济大学 ,2006.

表 10：美国部分州实施历史文化遗产保护的 TDR 地区及内容 ①

地 区	基 本 内 容
亚利桑那州	实施两套土地发展权转移计划，保护麦克道威尔（McDowell）山的土地和历史地标
加利福尼亚州洛杉矶	实施三个土地发展权转移计划，保护历史地标，实施城市中心区再建计划
加利福尼亚州奥克兰	允许将历史建筑上空的土地发展权转移到周边地区，以此降低对历史建设的开发影响
加利福尼亚州圣迭戈	在金山（Golden Hill）地区采取容积率转移计划将开发潜力转移到附属发展区
加利福尼亚州旧金山	使用 TDR 保护历史建筑，这是可在中心城区内获得额外密度的唯一方法
加利福尼亚州圣塔芭芭拉	鼓励开发商对规模较大、已经废弃的建筑进行更新，代之以小型的遵循设计规范的新型建筑
加利福尼亚州西好莱坞	修复历史建筑、保护周边环境
科罗拉多州丹佛	将城市中心区、运行中心区内历史建筑上空的土地发展权转移到中心区以外的其他再开发区内
华盛顿特区	在城市中心区规划中实施土地发展权转移用于保护历史建筑，促进零售业与艺术文化设施建设
佛罗里达州夏洛特县	实施 TDR 计划，保护历史地标和文化资源
佛罗里达州德尔雷比奇	使用 TDR 作为激励，保护历史建筑、保护空间以及公共设施
乔治亚州亚特兰大	为了保护历史建筑，允许将历史建筑上空的土地发展权转移到周边建设用地中
路易斯安那州新奥尔良	在现有的区划控制中通过转让不同建筑上空的容积率鼓励所有权人保护历史建筑
密歇根州特拉弗斯城	在复兴规划中保护历史建筑及开放空间
纽约州纽约市	保护历史建筑如中央火车站、南街港和百老汇剧院等
俄勒冈州波特兰	在两个规划地区实施土地发展权转移计划，达到复兴中心区的目的，包括提供开放空间与增加单户式住宅建筑
宾夕法尼亚州匹兹堡	在中心区的设置接收区，容积率设置为1,用于保护中心区的历史建筑及艺术剧场
得克萨斯州达拉斯	鼓励历史区的复兴建设，允许将土地发展权转移到中心区的任何地区
华盛顿州西雅图	复兴历史建筑，提供可负担住宅、填充式开发

---

① 　戴铜 . 美国容积率调控技术的体系化演变及应用研究 [D]. 哈尔滨工业大学 ,2010.

二、土地发展权包含的要素

一般来讲，历史文化遗产保护的 TDR 通常包含四个要素，现将其分列于下文。

发送区（Sending Areas），指能够将发展权通过市场方式转让出去的地区，即在土地分区管控下受到特殊保护、限制开发的具有较多历史文化遗产、保护价值较高的地区。这些地区剩余较多的纵向空间且无法开发，可以通过将其上空未使用的容积率转移到需要增加密度和强度的土地。一旦被确立为发送区后，其土地所有权人需要作出如下承诺，一是维持土地使用现状，不得变更当前的土地性质和用途；二是在其土地发展权出售并获取经济补偿后，不得再享有改变现有土地的容积率等开发土地的权利（即使该土地被出售，新的产权所有人也不再享有土地发展权）。

接收区（Receiving Areas），指可转入发展权获得额外开发强度的地区，这种区域一般是城市重点发展或是鼓励发展的地区，能够接收多余容积率并可承载较高的开发强度，未来具有一定的发展潜力和成长空间。与发送区相比，接收区的设置更加复杂，需要具备以下几个条件，一是具备较高的开发潜力，能够容纳更多的开发容量和人口数量；二是具有强烈的市场开发需求；三是满足开发建设所需的基础设施服务；四是获得政府及公众对开发强度的支持。一般来讲，接收区的选择适用于以下几种类型的土地：规划设定的城市新区，如西雅图在 1994 年提出的"都市聚落（Urban Villages）"计划，将开发强度居住混合区作为未来的城市核心发展区，可以接收多余的土地发展权；城市衰败区但具有开发潜力能够实现更新或复兴的区域，如美国很多城市将位于城市中心的商业区、居住区、办公区作为接收区；某些旧工业区、居住区等，如宾夕法尼亚州的沃瑞克（Warwich）市就将工业区作为接收区。需要指出的是，接收区一般位于发送区的附近，尽管随着 TDR 的不断发展，部分接收区已经可以在不同街区、不同城市甚至是不同州之间设置，不过对于历史文化遗产的 TDR 来说，接收区依然主要以设在临近区域为主。

积分（Credits），是指发送区土地所有权人用于转让的发展权的数量，也称之为转让率（Transfer Ratio）。发送区将积分出售获得补偿，接收区

通过购买积分用以增加建设强度。积分的价格由买卖双方自由协商，一般
实行"一对一转让率（one-to-one transfer ratio）"，即发展权转移量与
待开发区域的容积是一致的。不过，考虑到不同区域地价的区别，发送区
送出的积分与接收区获得的积分之间需要综合参考多方面的因素。

交易规则（Rule），历史文化遗产保护的 TDR 要得以运行，必须依
靠相应的交易实施规则。首先是土地分区规划管制的严格执行，如果土地
规划不存在建筑密度、高度、容积率等方面的限制，也就不存在 TDR 产
生的前提了。其次，需要将转移和接收的土地发展权兑换成一定的积分，
即必须要在明确发送区和接收区及相应积分的基础上，交易双方才能通过
公平交易的方式实现 TDR。最后，需要必要的 TDR 专业机构或政府作为
中介组织达成交易。尽管 TDR 积分可以在买卖双方通过市场手段进行交
易，但依然要接受当地政府部门的监督和指导。

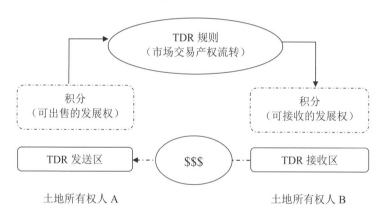

图 14：TDR 的主要内容示意图

资料来源：作者自绘。

TDR 虽然主要由买卖双方来实施，但是由于受到多种条件的制约，待
价而沽的发展权不一定能够找到合适的购买者。一方面，随意的转让发展
权对于开发强度过高的接收区可能会因为超过环境承载力，致使生态环境
的恶化和城市的拥堵；另一方面，土地所有权人有时难以在短期内确定合
适的发展权接收区。在此情况下，美国部分州通过设置土地发展权存储技
术将这些未能转移的发展权收集起来，由此形成 TDR 存储技术。TDR 存

储技术有两个功能，一是提供交易平台，通过政府或相关市场主体构建交易信用与价格机制，确定 TDR 发送区和接收区，并对 TDR 进行登记。二是实现供需平衡，当市场对土地发展权的需求变小时，政府或相关部门可作为购买方从发送区土地所有权人那里购买预转让的土地发展权，将其暂时进行储存，当开发市场活跃时再将其出售，从而实现交易市场的供需平衡。（详情见图 15）

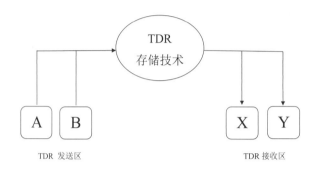

图 15：TDR 存储技术示意图
资料来源：作者自绘。

　　最初的 TDR 存储技术应用于美国纽约南街港保护区中。由于当局无力偿还历史街区保护的贷款，故而将该历史街区上空未开发的 111480 平方米的建筑面积抵押给银行，银行接收了这些未开发的建筑面积，等待时机予以出售。这种将发展权作为货币形式存入银行，由银行通过市场方式出售获取利润的做法成为催生了 TDR 发展的新模式。20 世纪 80 年代，美国各地政府在制定 TDR 计划时开展关注土地发展权交易市场问题，TDR 银行由此开始确立。其职能是从发展权发送区的所有权者手里购买发展权，然后再将发展权卖给土地开发受限的区域所有权人，其启动资金由政府注资或利用私有土地资金出资。当发展权接收区的业主需要增加土地开发密度，可以向发展权转移银行进行申请，银行再通过一定的程序将已有的发展权转让给接收区的业主[①]。通过从事购买、持有、出售土地发展权等活动，

---

① 　James A. Coon. Local Government Technical Series Transfer of Development Rights[EB/OL]. (2016–10–11)[2018–02–18]. http://www.dos.ny.gov/lg/publications/Transfer_of_Development_Rights.pdf.

影响 TDR 的交易价格，进而促成买卖双方的公平交易[①]。目前，通过 TDR 银行将土地发展权发送区未出售的容积率进行储存、升值与买卖的情况在全美许多城市获得认可并得以推行。

三、土地发展权的理论溯源

（一）土地分区规划理论

分区规划是通过设定相关法律法规，根据社会经济发展的客观要求和管理目标，将一定范围内的土地资源划分为不同的空间区域，并制定各区域的土地用途管制规则，通过变更土地用途及强度许可制度及其他配套制度，实现对土地用途管制的一种策略[②]。分区规划源于普鲁士，1875 年柏林利用分区管制的方法对城市进行划分，以便工人居住区靠近工厂。之后，分区规划理论引入美国，在公共发展计划方面发挥重要作用。自 1893 年，美国不少城市先后建立了一系列关于分区规划的法律法规，收到了良好的效果。由于分区规划不是联邦政府强制推行的，所以各州、各城市能够根据本行政区内土地的实际情况自行决定是否形成分区管制或如何划定分区，并以此形成地方性立法。分区规划是政府行使警察权（Police Power）的一种，规范的是土地的使用权，目的是阻止土地所有权对城市公共设施的建设造成不当妨碍，核心在于合理利用土地资源以避免过度开发破坏自然和人文生态环境。对于土地分区规划的设置强度问题，威廉·费舍尔（William A. Fischel）于 1985 年提出了管制强度理论[③]。在他看来，假设只有政府和土地所有权人两个行为主体，政府倾向管制，土地所有权人倾向开发，他们有各自的边际收益曲线 KK' 和 JJ'。在坐标轴上，横轴代表管制强度，纵轴代表开发数量，在 J' 点时，政府管制最强，土地所有权人无法进行开发，此时社会总福利会损失 KFJ' 包围的区域，反之亦然，

① Michael D Kaplowitza, Patricia Machemerb, Rick Pruetz. Planners' Experiences in Managing Growth Using Transferable Development Rights (TDR) in the United States [J]. *Land Use Policy*, 2008(25): 378–387.

② 程烨 . 土地利用控制与土地用途分区管制浅析 [J]. 中国土地科学 ,2001(04):22–25.

③ William A. Fischel. *The Economics of Zoning Laws: A Property Rights Approach to American Land Use Controls*[M]. Johs Hopkins University Press, 1985.

土地全部用于开发，社会总福利也会损失 JFK′ 包含的区域。而社会总福利最大的地方是两者的交点，即 E 点，E 点向左至 A，管制减少，社会福利损失面积 Z，E 点向右至 A′，管制加强，社会福利损失 X（如下图所示）。由此可见，政府在制定分区规划时必须要寻求一个合适的管制强度，才能实现保护社会公益与土地所有权人权益之间的均衡。然而，现实中政府的决策很难实现效率与公平的完美结合，分区规划和用途管制的实施必然造成一些土地所有权利益的暴增和一些土地权益的暴损。对于分区规划造成土地价值的剧烈变化和资本主义国家对于土地所有权平等原则的追求，成为土地发展权产生的根本原因，而土地发展权的设立则有利于土地分区管制的实施[①]。

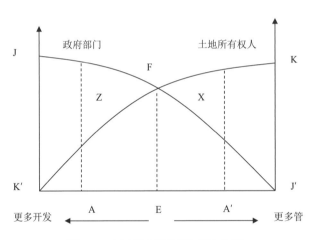

图 16：分区规划管制强度示意图

资料来源：作者自绘。

（二）外部性理论

如第二章所述，历史文化遗产具有很强的外部性特征。当历史文化遗产占据了土地资源时，其所产生的正外部性要远大于其造成的负外部性。然而，在现实生活中，作为市场主体的理性人，在交易过程中很少或难以为历史文化遗产的外部性付费，这就导致其产权所有人无法将这些正外部

---

① 张鹏，高波，叶浩. 土地发展权：本质、定价路径与政策启示 [J]. 南京农业大学学报（社会科学版），2013,13(04):83-89+116.

性内部化，享受其带来的好处。相反，为了维护历史文化遗产的生存，还要承担保护的成本。在经济学家看来，要实现历史文化遗产的外部性内部化，一般采取征税或补贴、政府干预或管制、产权界定与交易等方式。在历史文化遗产土地的转换过程中，利用发展权的转移和交易，让那些由于保护而受到开发限制的土地所有权人或使用权人获得一定经济补偿的做法显然是实现历史文化遗产外部性内部化的有效手段。事实上，TDR 也正是在明确历史文化遗产产权归属的前提下通过公开市场交易的方式实施的。

（三）交易费用理论

交易费用理论由美国经济学家罗纳德·科斯创立，是产权经济学最坚实的理论基础之一。科斯通过对企业和市场的研究指出，利用价格机制是有成本的。通过价格机制组织生产的最明显的成本就是所有发现相对价格的工作……市场上发生的每一笔交易的谈判签约的费用也必须考虑在内[①]。因而科斯把交易费用概述为利用价格机制的成本。交易费用包括外生成本——制度的确立或制定成本、内生成本——制度确立下的运行或实施成本以及监督或维护成本。土地发展权作为特殊形式的产权，是对土地空间资源进行分配和利用的权利。土地发展权的创立可以明确界定产权，达到降低交易费用的目的。为节约交易费用，与土地密切相关的各产权主体围绕可分的土地产权及相关资源进行竞争、协商与分配，进而实现增进社会总福利水平和提高帕累托效率的目的。历史文化遗产保护的 TDR 过程，实际也是一个确立交易规则、寻找交易对象、实施交易行为的过程，而贯穿其中的是交易费用问题。如果整个过程中交易费用过高，则 TDR 就难以甚至无法实现。交易费用理论表明，只有有效合理的交易费用才能实现历史文化遗产保护与城市土地开发建设之间的利益平衡。

（四）地租及地价理论

TDR 的另一个理论源于地租及地价理论。地租理论早在 17 世纪就已

---

① 　罗纳德·科斯 . 企业的性质 [A]. 盛洪 . 现代制度经济学（第二版·上卷）[C]. 北京 : 中国发展出版社 ,2009:114.

经产生，重商主义学派的威廉·配第在《赋税论》中指出地租是劳动产品
扣除生产投入维持劳动者生活必须后的余额，是剩余劳动的产物和剩余价
值的真正形态。重农学派的杜尔哥也指出，农业劳动者从土地中获取的财
富被土地所有者占有的财富即为地租。亚当·斯密在《国富论》中提到，
地租是工人使用土地而支付给地主的价格。而萨缪尔森直截了当地指出，
地租是使用土地所付的代价，其价格完全取决于土地需求者的竞争。马克
思在批判继承古典经济学地租理论的基础上，提出了以劳动价值论为基础
的地租和地价理论。他将地租分为绝对地租、级差地租、垄断地租等，其
中级差地租还包括级差地租 I 和级差地租 II，指出土地租金是出租土地的
资本化收入，土地价格的实质是地租的资本化。现代地价理论在借鉴古典
经济学派中供应——成本模型分析的基础上，认为理论核心在于持有土地
可能带来的利益，不仅包括土地收益带来的地价，还包括资本市场对土地
价格的决定。现代地价理论可分为土地收益理论和土地供求理论。土地收
益理论以土地收益在资本市场上如何决定土地价格来建立，而土地供求理
论则以土地市场的供求关系来决定土地价格。简单地说，地价可被理解为
在最有效地使用该块土地所获取的期望收入和扣除包括使用者的期望利润
在内的所有支出后的经济剩余。土地价格理论与土地发展权（容积率）有
着直接的关系，理论上开发企业所能支付的最高地价数值与该地块内的最
高容积率成正比，由此可见地价理论对 TDR 的研究有重大意义。

四、土地发展权的归属

在土地发展权的归属方面，自从诞生之日起便一直存在归公还是归私
的问题。为此，很多学者从经济学、法学的角度对其性质进行了研究，提
出了不同的观点和见解。目前，从实践层面上看，在土地发展权归属上分
为三种类型，即土地发展权国家所有，土地发展权私人所有以及土地发展
权共有。

（一）土地发展权国家所有

土地发展权国家所有是指在土地所有权不变的情况下，对于私有土地，

如果土地所有权人或其他人希望变更土地类型或对土地进行开发利用，必须要向国家购买土地发展权，英国是其代表性国家。早在 1947 年，《城乡规划法》规定土地发展权归国家所有，在进行土地开发时私人应向政府购买发展权。英国的土地发展权政策随着工党和保守党的轮流执政，发生了多次变化，但土地发展权国有的理念始终坚持至今：

1. 土地发展权的初设期

为处理"二战"后的土地开发问题，1947 年工党政府修订的《城乡规划法》首次提出设立土地发展权制度。法律规定，私人土地所有者要开发土地必须向国家购买土地发展权，价格为全部土地发展性收益，即土地开发后的价格减去开发前的价格。该政策一经推出，引发轩然大波。由于开发土地必须要向政府购买发展权，且土地开发收益完全归属国家，导致开发成本大幅上升，私人失去了开发的动力。自实行土地发展权国有化后，英国的土地市场几乎完全处于停顿状态。因此，1952 年保守党上台后便废除了 1947 年的《城乡规划法》。

2. 土地发展权的修订期

到了 20 世纪 60 年代，工党执政后于 1967 年通过《土地委员会法》再次引入土地发展权制度。该法规定，只有向国家购买土地发展权并将其变为私人财产权才能开发土地。不过，相较于 1947 年的法律规定，新的办法对土地发展权的价格进行了修订，不再是全部土地收益，而是土地发展收益的 40%，即购买土地发展权价格 =（土地开发后价值 − 土地开发前价值）× 40%。虽然土地发展权的价格有所降低，但英国社会对这一法律的评价依然不高，私人开发土地的积极性普遍低迷。1970 年保守党上台后便把 1967 年《土地委员会法》废除。到了 1976 年，上台后的工党政府又一次提出土地发展权问题，出台《土地发展税收法案》。不过该法案在土地发展权问题上，除了购买价格有变化外其他方面均与之前的规定一致。由于缺乏实质性的变动，反对声音依然高涨，1985 年保守党上台后便将其废止。

3. 土地发展权的成熟期

进入 20 世纪 90 年代，经济的发展引发土地价格的攀升，土地发展收益归属问题再次被提上日程。在多次的交锋过程中，保守党也开始认同土地发展权归公的理念，并于 1990 年推动出台新的《城乡规划法》[①]。法律规定，土地发展权归国家所有，土地所有权人应向国家购买土地发展权后方可开发土地。不过，相关的购买价格和购买方式改为国家与私人土地所有权人相互协商的议价机制。在该机制下，土地所有权人或开发商与政府部门作为买卖双方，通过讨价还价的方式完成交易。也就是说，英国政府承认土地发展权是一项财产权，在产权的交易过程中，政府与私人之间是以平等的地位进行协商谈判的，即政府以市场主体的身份参与土地发展权的流转，以此来获得相关收益。由于采取议价机制，私人开发商和政府之间能够在买卖土地发展权中平等协商，因此该政策一定程度上得到了推行。不过需要指出的是，土地发展权的买卖价格在具体案例中的差异较大，主要取决于土地的实际情况和交易双方的谈判能力[②]。当然，该议价机制也存在一些问题，例如谈判时间较长、交易成本过高以及容易引发政府人员寻租等。

从以上回顾来看，尽管土地发展权在英国起起伏伏推行和废止许多次，但在初始归属于国家这个问题上始终未变，体现了英国政府在土地发展方面遏制财富分配不均、追求社会公平的原则。不过，从实践层面看，英国土地发展权归属国家所有的理念并不算成功，除了政党纷争以外，重要的原因在于土地发展权初始归属于国家的做法侵犯了土地所有权人的财产权，是一种与民争利的行为，与市场经济所追求的价值观相违背。此外，即使后来引入议价机制，也只能是缓解双方的矛盾与分歧，并未从根本上解决上述问题。

（二）土地发展权私人所有

土地发展权私人所有是指该权利作为一项财产权属于土地所有权人，可以在符合规划条件下任意对所属土地进行开发和处分。下面分别以美国和我国台湾地区为例简要介绍下土地发展权私人所有的相关内容。

---

① 姚昭杰 . 土地发展权法律问题研究 [D]. 华南理工大学 ,2015.

② 姚昭杰 . 土地发展权法律问题研究 [D]. 华南理工大学 ,2015.

1. 美国的土地发展权制度

在美国的不动产法律中，"谁拥有了土地，谁就拥有了天空和地下"，土地所有权涵盖的范围非常大。不过，由于土地所有权人能够不受限制地行使权利，致使城市土地资源浪费严重。为此，美国开始运用警察权实施土地分区规划进行用途管制。土地分区规划在运行中遇到很多争议，主要是土地所有权人认为政府侵犯了他们的财产权、分区规划难以满足实践需要以及容易引发腐败。在此情况下，美国引入土地发展权制度并进行了改造。美国的土地发展权制度主要由土地发展权购买制度和土地发展权转移制度组成，其中运用最为广泛且效果最好的是土地发展权转移制度。

土地发展权购买制度主要由州政府及地方政府出资向土地所有权人购买土地发展权。买卖双方建立在平等自愿合意的基础上，根据契约的要求享受一定的权利并履行相应义务。土地所有权人的权利表现为获得地方政府支付的购买费用和享有土地所有权继续使用土地，义务是向地方政府让渡土地发展权，维持土地现状不能进行再开发。地方政府的权利获得土地所有权人的土地发展权，义务是向土地所有权人支付购买土地发展权对价[①]。土地发展权购买制度采取等价有偿的方式通过订立合约达成交易，能够有效地利用土地资源。该制度的不足是，需要地方政府支付大量资金，增加了地方政府的财政负担。而且，由于交易要以自愿为前提，双方需要多次协商，交易成本非常高。

与土地发展权购买制度不同，土地发展权转移制度则是运用市场手段，实现土地发展权在不同市场主体之间的自由流转。自20世纪60年代开始在纽约市首次实施后，引起美国社会的广泛关注。芝加哥大学教授约翰·科斯托尼斯（John J. Costonis）在分析纽约的TDR制度之后提出了改进的建议[②]。他指出，TDR制度要想得到有效的推广和实施，需要给予历史文化遗产的所有权人公平的补偿，其价值应根据被设定为历史地标之前的市场差价进行评估。在价值确定之后，还要制定必要的调控计划，以提升历史

[①] Mark W. Cordes. Faimess and Farmland Preservation: A Response to Professor Richardson[J]. *Journal of Land Use and Environmental Law*, 2005(20),371-402.

[②] John J. Costonis. The Chicago Plan: Incentive Zoning and the Preservation of Urban Landmarks[J]. *Harvard Law Review*, 1972,85(03):574-634.

文化遗产进行TDR交易的机会。为此,科斯托尼斯教授设想建立TDR银行,作为交易平台将各类历史文化遗产上空的土地发展权进行汇集,便于按市场价格进行出售,有效满足市场对土地发展权的需求和保护历史文化遗产。科斯托尼斯教授提出的这些创新性的观点对TDR的发展和运作产生了巨大的影响,具有里程碑的意义。

土地发展权制度在美国获得很大的成功,有效解决了土地发展收益分配问题。其核心在于将土地发展权界定为一项财产权,将其归属于原土地所有权人,同时为土地发展权流转创造充分的市场条件。一方面,体现在政府保护私人财产权,避免与民争利;另一方面充分利用市场机制配置资源,能够达到效率最大化。依据科斯定理,在产权明晰、市场均衡的条件下资源的配置将实现帕累托最优。

2. 我国台湾地区的土地发展权制度

自20世纪70年代以来,我国台湾地区为解决历史文化遗产保护与经济发展这一难题,在借鉴美国经验的基础上,将发展权中最为核心的容积率作为制定制度的基本,建立了台湾地区的容积移转制度。该制度设立的目的是补偿因保护历史文化遗产而导致私人利益受损的所有权人,同时通过加大其他地区的开发强度促进城市的经济发展。台湾容积率移转制度是建立在土地的所有权和发展权私人所有的基础上,根据都市计划制定的基准容积划定土地所有权人的发展权量。在历史文化遗产容积移转方面,我国台湾地区先后公布了《文化资产保存法》《〈文化资产保存法〉实施细则》《古迹土地容积移转办法》等法律法规,从实施层面进一步对文物古迹的容积移转作了更加详细的规定。

我国台湾地区的容积移转制度是一种基于市场机制解决经济社会发展与城市土地问题的管理机制。利用土地发展权的转移来保护传统文化遗产,一方面给失去发展权的历史文化遗产所有权人予以补偿;另一方面让待开发地区在获得更高强度的同时承担社会成本,从而实现交易双方的帕累托效率。在这个过程中,政府部门作为公共利益的第三方,其主要作用是制定容积移转的相关法规和政策,保障容积移转交易双方的权益,监督双方的实施过程。由于不牵涉经济利益,政府在整个容积移转过程中能够做到公平、公正,维护交易双方的权益。可以说,通过容积移转制度,公共部门无需财政支出就可以获得历史文化遗产的保护与发展，提升了城市文化内涵，改善了文化遗产的生存环境和保存状况，而容积接收地区也能够通过加大开发强度获得更多的开发收益，促进了地区经济的发展。不过，我国台湾地区《古迹土地容积移转办法》等为避免对既有土地权利体系、民法物权体系等造成过大的冲击，仅就古迹容积移转的操作方式进行规定，其他方面则避而不谈。

　　土地发展权归属私人所有的模式，除了上述国家和地区以外，像意大利、印度、波多黎各、哥斯达黎加等国家或地区也在法律制度规定土地发展权归属于私人所有。

（三）土地发展权共享

　　所谓土地发展权共享是指根据一定的标准对土地发展权进行分割，在标准范围内的由土地所有权人享有，超出部分属于国家所有。这是一种糅合了土地发展权国有和私有的折中政策，兼顾了政府和民众的利益，实行这种政策的主要是法国。

　　在土地发展权的性质上，法国同样认为土地发展权是与所有权相分离的单独财产权。在归属问题上，法国吸收借鉴了英国和美国的相关政策规定，提出了土地发展权国家和私人共有的思路。通过设定法定上限开发密度的办法，法国政府将发展权分为法定土地发展权和增额土地发展权，前者归私人土地所有权人所有，后者则归国家所有。私人若想突破法定上限开发密度，则需向国家购买一定的增额土地发展权，由此表面上实现了土地发展收益的公私兼顾。

　　尽管看上去这项政策吸取了英国和美国土地发展权政策的优点，体现了公平和效率的两者融合，但从实践来看却恰恰相反。1975 年 12 月，法国正式确定土地发展权制度，规定巴黎市区的法定上限开发密度为 1.5，其他地区为 1.0。由于该设定值过低，土地所有权人享有的法定发展权范围过窄，造成土地开发成本快速攀升，严重打击了私人开发土地的积极性。在社会普遍抵制下，法国政府于 1982 年规定，巴黎的法定上限密度值由 1.5 调整至 1.5—3.0，其他地区由 1.0 调整至 1.0—2.0，此后 1986 年又进

行了调整。即使如此，法国的土地发展权公私共享的制度依然运行得不
够顺畅。之所以出现这样的情况，在于政府参与了土地发展权的收益，
变相地与民争利。即，法定上限开发密度设定的高低决定着政府和私人
土地所有权人的利益分配比例，设定的值过低，私人土地所有权人的享
受的收益变少而政府变多，反之，则政府收益变少而私人土地所有权人
收益变多。

第二节 历史文化遗产保护的土地发展权转移实施

一、参与主体

在历史文化遗产的 TDR 实施过程中，主要有三个群体参与其中，分别是政府部门或与之相关的代理机构、历史文化遗产的土地所有权人以及需要增加开发强度的开发企业组成。通常来说，历史文化遗产的保护需要耗费巨大的财政预算的，这对政府来说是一个巨大的负担。而通过 TDR，可以实现不需要政府财政出资保护历史文化遗产的目的。政府部门或与之相关的代理机构的职能主要有两个方面，一是通过制定 TDR 的相关法律法规或政策文件，构建 TDR 交易的整个规则，鼓励买卖双方的土地发展权的交易；二是充当 TDR 交易的中介，搭建必要的平台来实现土地发展权在供需双方的自由流转，保证了分区规划总的容积率平衡，进而改善历史文化遗产的生存状态，提升整个城市的历史文化品位。历史文化遗产的土地所有权人通过 TDR 则可以获得由于土地发展受限而遭受损失的补偿，间接鼓励所有权人做好历史文化遗产保护工作。而就开发企业来说，作为城市开发建设的主体和发展权的接收者，通过购买土地发展权增加拟开发地块的容积率，扩展开发的获利空间，在达到私有财产增值的同时也间接促进了城市建设的合理有效规划。

二、发送区与接收区的限定

（一）发送区的限定

尽管我们认为历史文化遗产所在的土地可以划定为 TDR 的发送区，但并不是每一处都能被指定为发送区。瑞克·普鲁茨（Rick Pruetz，2003）对发送区的选定问题进行了研究，他指出影响发送区选定与开发的因素主要有四个方面。分别是物理限制、密度限制、开发管制和区外要求。

对于历史文化遗产来说，物理限制主要是发送区所坐落的地理位置、地形地貌、基础设施建设情况等物理条件上的限制。密度限制则主要是指分区规划对该区域设定的土地开发强度，即容积率的限制，根据历史文化遗产所在区域规定的容积率与该土地现有的容积率的差值，可以计算出可以发送的容积率数值。开发管制是指历史文化遗产所在土地的开发要遵守分区规划以及环境保护方面的规定。而区外要求是指在发展权转移给区外土地所有权人之后，接收区要对发送区的水、道路等基础设施改造付费，这一规定对于抑制发送区土地所有权人的开放性行为具有一定的作用。此外，发送区的设定还需要有关部门的确定才行，比如在我国台湾地区，发送区是经政府部门评估认定才可以成为受法律保护的可转移容积储存区[①]。

（二）接收区的限定

对于接收区的选定则主要体现在对发展权的需求上。美国学者伊丽莎白·科彼茨（Elizabeth Kopits，2006）等人通过建立 TDR 模型的方式对马里兰州卡尔弗特（Calvert）县的数据进行研究，认为影响接收区发展权需求的主要是分区规划及其他经济因素。研究指出，在分区规划确定容积率的情况下，低密度、低容积率的地区对发展权的需求要远高于高密度、高容积率的地区；而影响发展权接收的其他经济要素则包括当地的基础设施条件及发展权价格等。一般来说，土地发展权接收区是那些适合增加密度或容积率的地段，尤其是靠近写字楼、商场、学校等公共设施的地区。不过，接收区的选定需要向政府部门提出申请，在获准同意后才能实施TDR。在买到土地发展权之后，开发商可以突破分区规划中设定的密度，一直建造到购买的容积率用完为止。

（三）距离与规模的限定

在美国，发送区与接收区通常要求两者是毗邻的。因为，推行 TDR 的目的是保护历史文化遗产、改良和维护社区整体的生态环境。参与 TDR 的双方，都应该享受同样的基础设施、公共服务等。假如两者之间相距遥远，

---

① 金广君，戴铜．台湾地区容积转移制度解析 [J]．国际城市规划，2010,25(04):104–109.

则由发送区保护下来的正外部性无法让接收区享受。同样，接收区开发带来的福利和好处也因为距离太远而导致发送区难以获取。不过，近些年来，随着人们对 TDR 研究的深入，发送区与接收区之间的距离也在不断加大。在 TDR 技术发展的早期阶段，发展权的转移仅在同一地块或两个相邻地块之间。在相邻地块内实施 TDR 的目的在于调整局部空间强度而保持所有权人的财产总量不变[①]。不过随着人们对 TDR 探索的深入，如为了复兴历史文物建筑或历史文化街区，恢复街区活力，提升街区的吸引力，政府部门将发展权的发送区与接收区的范围指定在某一个街区内或是几个街区里面（如表 11 所示）。因此，TDR 所带来的影响可能会扩大到几个街区甚至是整个城市。尽管如此，从实践的层面来看，两者之间的距离依然控制在相对较近的范围内。

表 11：TDR 中发送区与接收区的范围限定 [②]

	单一地块	相邻地块	街区空间
空间模式	A → B	A → B	A B C / D E F
特征	单一地块内部分空间发展权下降，部分发展权上升，总量平衡	相邻地块之间的发展权发生转移，但总容积率保持不变	以街区为限，某一地块内的发展权可以任意转移给另一个或几个地块，街区开发总量不变
代表案例	1957 年，芝加哥规定建筑底层架空，提供拱廊可在顶部增加建筑面积三分之一	1961 年，纽约规定地块转移为相邻、相隔街道或交叉口。1975年洛杉矶规定调控地块相接或相邻	1982 年，丹佛规定中央商务区（内含 93 个街区）和南部中心区（内含 15 个街区）为调控区，可以在调控区内进行发展权转移

此外，TDR 的交易需要有一定规模的限定。从美国的实践来看，发送区发送的土地发展权获取的收益应该与历史文化遗产保护耗费的资金相当。如果转移获取的费用不能覆盖维护保养的费用，则不予核准。对于接收区来说，其接收能力要具备两倍以上的可开发潜力的能力，如我国台湾地区对于接收区所能接收到土地发展权转移的上限进行了规定。其中，《都市计划容积移转实施办法》规定一般不超过接收基地基准容积的 30%，特殊情况不得超过 40%。《古迹土地容积移转办法》规定一般不超过接收基地基准容积的 30%，在特殊情况下不超过 50%[1]。法律认为，只有这样才能防止接收区因接收过多的发展权而导致该地区的公共设施负担过重，不但起不到保护当地自然和人文环境，还会造成城市景观及建筑邻里关系受到不利影响[2]。

三、土地发展权的换算

历史文化遗产 TDR 的发送区和接收区确定以后，就面临发展权的转换问题，也就是积分问题。目前，较为通用且获得较好效果的发展权转换规则有以下四种。

（一）历史建筑面积奖励与转移制度

历史建筑面积奖励与转移制度（Award and Allocation of Heritage Floor Space，简称 HFS），是澳大利亚悉尼市针对历史文化遗产尤其是历史建筑保护的 TDR 而设定的规则，该规则在《悉尼中心开发控制规划图则》中有着明确的规定。在悉尼中心城市范围内经过普查和确认的历史建筑，在按照要求完成历史建筑保护后可向 HFS 登记处进行注册确认。只有在 HFS 登记注册后的历史建筑才能申请奖励和转移。其奖励和转移的面积（HFSH）用如下公式表示[3]：

---

[1] 覃俊翰. 借鉴台湾经验的历史街区保护视角下的容积移转制度研究 [D]. 华南理工大学,2012.

[2] 臧俊梅,张文方,李明月,等.土地发展权制度国际比较及对我国的借鉴 [J]. 农村经济,2010(01):125–129.

[3] 罗榆,刘贵文,徐鹏鹏.历史街区保护视角下的容积率等值转移研究——基于 Hedonic 模型 [J]. 建筑经济,2018,39(11):98–101.

HFSH=0.5As×FSRH

其中，As——历史建筑占地面积，FSRH——用于商业或其他用途（不包括旅馆、公寓或居住建筑）的最高容积率。

（二）等价值容积转移

等价值容积转移是根据发送区和接收区当前的土地公告现值[①]作为转换因子进行计算，建立发送区与接收区容积价值转换的途径。这是一种更接近 TDR 交易市场中买卖各方的实际需求的计算方法，能够实现发展权转出的土地价值量与接收区接收的价值量是相等的[②]，该方法在我国台湾地区得到了普遍应用。

接收区接收容积：

△Sb=Sa×Pa÷Pb×Rb

如果发送区已有建筑，则接收区接收的容积：

△Sb=Rb×（1–Ra'÷Ra）

其中，△Sb 为接收区 b 接收容积，Sa 为发送区 a 送出土地面积，Pa 为发送区 a 当前土地公告现值，Pb 为接收区 b 当期土地公告现值，Ra 为发送区 a 的基准容积。Ra' 为 a 的现有容积，Rb 为接收区的容积[③]。

（三）等建筑面积转移

等建筑面积转移的方式，类似于当前普遍采用的拆迁补偿转移安置方式。不过，这里的等面积指的是历史文化遗产未开发使用的建筑面积转移到接收区的建设工程项目中，即保证发送区发送的建筑面积与接收区接收的建筑面积相等。其计算公式如下表示：

△Sb=（Sa–Sa'）×C

[①]　公告土地现值是指地方政府在辖区内根据最近一年来调查的地价动态，将地价相近、地段相连、情况相同或相近的土地划为同一地价区段。并提请地价评价委员会评定。确定出的土地的价格于每年 1 月 1 日公告，作为土地转移申请的参考及地方政府审核土地转移现值的依据，同时也是征收补偿地价的标准。

[②]　顾昆鹏.土地发展权及容积率转移的城市土地开发机制研究 [D].重庆大学,2011.

[③]　覃俊翰.借鉴台湾经验的历史街区保护视角下的容积移转制度研究 [D].华南理工大学,2012.

其中△ Sb 为接收区所能接收到的最大建筑面积，Sa 为地块 A 在分区规划中规定的容积率下历史建筑所能达到的最大建筑面积，Sa' 为历史建筑当前的建筑面积，C 为可转移的系数，一般不超过 50%。

（四）基于 Hedonic 模型的转移方法

罗榆、刘贵文（2018）等人通过 Hedonic 模型对 TDR 的换算方式进行了研究，指出如果能够找出影响土地价格的所有因素并求得每个因素的价格，则在完全竞争市场的条件下，换算出 TDR 交易过程中的价值量，其计算的步骤包括：

1. 收集发送区与接收区地块内当期（6—12 月内）土地的价格，确定并量化影响土地价格的因素；

2. 利用 SPSS 软件，得到该城市的土地价格模型；

3. 将发送区 A 和接收区 B 的土地属性输入模型，得出 A 和 B 的土地价格；

4. 根据等价交换原则确定转移的规模，公式如下：

$$\triangle Sb= \triangle Sa \times Pa \div Pb$$

其中，△ Sb 为接收区 b 能够接收的建筑面积，△ Sa 为发送区 a 发送的建筑面积，Pa 为 a 地块的土地单价，Pb 为 b 地块的土地单价。

四、土地发展权转移的交易流程

历史文化遗产保护的发展权转移实施是整个 TDR 关键环节，也是将理念变成现实的重要一步。由于 TDR 技术在很多国家和地区被采纳，因此其运行机制也并不完全相同，因此本部分仅以美国、澳大利亚和我国台湾地区的 TDR 运行机制来简要介绍其运转流程。

（一）美国的 TDR 交易流程 [1]

规划编制阶段，政府部门或相关机构根据分区规划的规定明确各土地

① 刘敏霞. 历史风貌保护开发权转移制度的实施困境及对策——以上海为例 [J]. 上海城市规划 ,2016(05):50-53.

地块内的开发强度、建筑密度等。在此基础上划定历史文化遗产保护的发送区和接收区,确定两个不同区域的当前容积率和最高容积率。所谓当前容积率是指该地块内现存建筑物的容积率,最高容积率是指分区规划中规定的能够开发的最高强度。由此,建立发送区与接收区共同承认的容积移转计算公式,确立买卖双方的权利、义务和收益,并形成 TDR 转移实施方案。

规划审批阶段,买卖双方达成的 TDR 转移实施方案需要向政府有关部门上报并提出申请。政府部门按照土地分区规划以及与之相关的控规、详规对该方案进行审核,对发送区发送的容积量与接收区接收的容积量的数额、接收区提高密度后对周边地块造成的影响和与之相关的公共设施承载力等方面进行评估,最后根据评估结果出具同意或不同意的审批意见。

交易实施阶段,在政府相关部门同意 TDR 转移实施方案后,买卖双方根据实施方案的要求签订合同并实施,发生转移的发展权要向政府部门进行登记备案并接受政府部门的全程监管。除了政府部门负责 TDR 交易实施外,美国的不少州政府或相关机构还成立专门的 TDR 银行,作为中介机构负责为发展权的发送区和接收区的土地所有权人牵线搭桥,促进买卖双方交易,或直接进入土地公开交易市场,购买或出售土地发展权以维持市场均衡。在土地发展权市场需求疲软时,TDR 银行购入部分发展权用于存储,当土地市场活跃且出现供不应求时,则采用公开拍卖的方式出售发展权以获取利润[①]。

公众宣传阶段,为了有效促进 TDR 交易的实施,美国很多地区的政府部门通过各种渠道和手段向社会公众和各类开发公司宣传和介绍 TDR 的程序、效益,尤其是在网站建设方面不遗余力。如华盛顿州的国王县(King County)就专门设置了推广网站用来定期发布与 TDR 相关的法律知识和数据信息。通过政府及相关部门的大力宣传,实现相关资源的透明化和信息共享,便于社会公众更好去了解 TDR 并触发各类交易的发生[②]。

---

① 李冕. 美国开发权转移研究及其启示 [D]. 华南理工大学,2013.

② Pruetz R,Standridge N. What Makes Transfer of Development Rights Work?: Success Factors from Research and Practice [J]. *Journal of the American Planning Association*, 2009,75 (01):78-87.

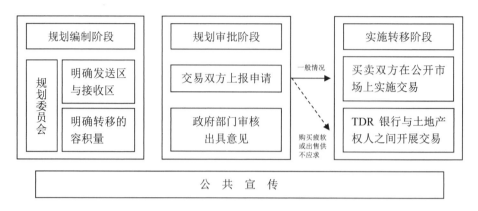

图 17：美国 TDR 流转的一般流程

资料来源：刘敏霞 . 历史风貌保护开发权转移制度的实施困境及对策——以上海为例 [J]. 上海城市规划 ,2016(05):50–53.

（二）澳大利亚悉尼市的 HFS 奖励实施

规划编制阶段，通过制定《悉尼中心开发控制规划图则》来明确悉尼市的 HFS 奖励政策。同时，《1992 悉尼中心环境规划历史遗产保护》（以下简称《历史保护规划》）对悉尼中心范围内的历史文化遗产进行确认并指出需要保护的历史建筑，《1996 悉尼中心环境规划》（以下简称《环境规划》）对分区内的地块最高容积率进行明确。

转移核定阶段，《历史保护规划》中需要保护的历史价值或认定为有保护价值的建筑，在完成相关保护工作后，可向 HFS 登记处进行注册登记。只有经注册登记后的历史建筑才能获准改变其所有权，同时 HFS 的奖励申请应与历史建筑的保护开发申请同步开展。对于接收区的选定，要符合《环境规划》中明确的市中心范围内，其规划的容积率高于《环境规划》容积率分布图确定的城市中心区可开发的容积率。

价格确定及交易实施阶段，根据奖励建筑面积的计算公式，买卖双方计算出可转移的最高容积率。然后在公开市场上根据双方协商的售价进行买卖，从而完成 HFS 奖励的 TDR 流转[①]。

---

① 邹兵 . 悉尼市历史建筑保护的奖励制度及启示 [J]. 规划师 ,2001(01):42–45.

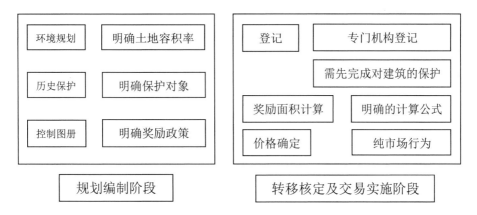

图 18：悉尼 HFS 流转的一般流程

资料来源：刘敏霞.历史风貌保护开发权转移制度的实施困境及对策
——以上海为例 [J].上海城市规划,2016(05):50–53.

（三）我国台湾地区容积率转移交易流程 [①]

规则的制定和地块范围的划定阶段，政府部门按照历史街区保护的相关规章制度拟定容积移转实施方案，针对历史街区的保护要求和城市的发展规划有目的性的确定土地发展权的发送区和接收区。

买卖双方的申请阶段，在符合容积转移实施范围内的土地所有权人，可以根据自身的实际情况在法规允许的情况下确定相关的转移量并向政府部门提交申请，也可通过私人中介机构与政府部门协商。申请的内容包括发送区的保护要求、维修计划和拟发送量等，接收区拟接收量、交易价格、开发强度及相关设计方案等。

审查、执照发放及具体实施阶段，政府部门在接到交易双方的申请书后在规定时限内进行审核评估，如符合规定则向申请人发放容积转移执照。在得到政府发放的执照后双方便开始实质性的容积移转，在此过程中，发送区获得相应的经济补偿并对历史文化遗产开展维护保养及修缮，而接收区则根据获得容积开展建设开发。

---

① 覃俊翰.借鉴台湾经验的历史街区保护视角下的容积移转制度研究 [D].华南理工大学,2012.

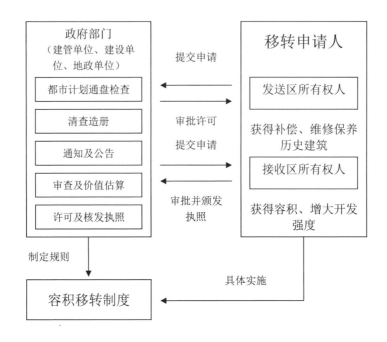

图 19：我国台湾地区容积移转机制的一般流程

资料来源：金广君,戴铜.台湾地区容积转移制度解析 [J].国际城市规划,2010,25(04):104–109.

第三节　土地发展权转移对历史文化遗产保护的作用及局限

TDR 理论自从诞生至今已经有半个世纪了，期间经过世界各地的探索发展，出现了不少成功的案例，成为推动包括历史文化遗产在内的保护自然生态和历史人文用地的重要手段和理论依据。不过，在实际交易实施过程中，也遇到很多的困难的问题，暴露出了 TDR 的缺陷和局限性。

一、土地发展权转移对历史文化遗产保护的作用

首先，TDR 能够有效协调经济发展与历史文化遗产保护的矛盾。TDR 是一项基于市场机制运行的土地政策，政府部门除了制定与 TDR 密切相关的法律法规和相关制度、规范 TDR 的运行程序和实施规则外，无须其他行政干预，就可以较好地协调和解决经济发展与历史文化遗产的保护问题。从经济学的角度看，通过开展 TDR 交易能够克服分区规划带来的负面影响，将 TDR 作为土地资源优化配置的有效手段促进土地利用的帕累托最优，同时起到保护好城市中有价值的历史文化遗产和特色空间，进而实现整个社会福利的增进。正如约翰·科斯托尼斯教授所言，TDR 作为一项有效的历史建筑保护方法，让有些地区积压的土地发展权重新获得使用机会，从而协调开发与保护的矛盾①。

其次，TDR 运行成本低，节约公共资本投入。TDR 之所以在美国得到广泛的应用，一个重要的原因在于各州的政府预算很少安排足额的经费用于历史文化遗产的保护、保养和维修。为了解决这一问题，很多州创设了 TDR 交易制度，无需占用政府财政预算，而是通过土地发展权的自由

---

① John J. Costonis.Development Rights Transfer: An Exploratory Essay[J]. *The Yale Law Journal*, 1973, 83(75):75–128.

流转获取的资金用于补偿历史文化遗产的损失及保护修缮，获得额外发展权的私人土地主也从项目中获得收益，由此实现私人利益与社会利益的最大化。由于 TDR 交易主要依赖市场行为，政府部门的主要工作是规则制定及监督管理。在理想的运行状况下的 TDR 项目，其交易和流转主要依赖市场行为，政府的行政性支出主要集中在规则制定方面，用以确保一个项目中的发展权供应量和需求量相适应。在实施过程中，TDR 交易一般不需要政府部门参与其中，因此监督管理的成本也很低，甚至可以不用监督，由此极大减轻了政府部门在历史文化遗产保护方面的公共开支压力。

再次，能够有效地保护历史文化遗产。TDR 制度的设立体现了政府对公民财产权的尊重与保护。政府将历史文化遗产所在土地的发展权从土地所有权中分离出来，相当于在其土地上设定了保护地役权[①]（Conservation Easement），这样就能达到永久保护历史文化遗产的目的。这是因为保护地役权作为一项附着在土地上的财产权，不但长期依附在土地上，而且会随着历史文化遗产及所附着的土地流转（Run with the Land），即不管土地所有权人如何变动，地役权合同永久有效，新的历史文化遗产所有权人必须服从原产权人签署的协议。此外，TDR 交易的实施必须是公开的，其记录信息会一并提供给投资者、土地所有人、开发商、施工方以及一般民众，以降低市场交易成本的不确定性[②]，保证历史文化遗产在整个交易过程中得到妥善的保护。

最后，TDR 交易有利于防止政府寻租。政府在制定分区规划的时候，由于涉及土地开发强度、密度、容积率等指标的确定，很容易产生暗箱操作，导致寻租和腐败现象。主要表现在允许开发的土地与不允许开发的土地在价值上会出现"暴利"或"暴损"，其原因在完全依赖政府的分区规划设定。土地所有权人为获得尽可能多的土地开发收益，贿赂官员成为理性选择，

---

① 保护地役权是指为了保护历史文化遗产，其遗产的拥有者（供役者）同政府机构或特定的保护组织（需役者）之间通过协商谈判的方式达成一定的法定协议，供役者将遗产的部分权利永久转让给需役者并接受需役者提出的限制要求，供役者由此获得一定的经济补偿。通过设定保护地役权制度，以合约的形式替代了政府的行政管制，用经济激励替代强制性的法规，明确了供役者和需役者之间的责任、义务和边界，实现了供、需双方的共赢。

② Danner. John C. TDRs: Great Idea But Questionable Value[J]. *The Appraisal Journal*, 1997, 65(02):133–142.

造成政府部门或官员的"权力寻租"。TDR 交易的出现则能有效地防止这
类行为的发生。TDR 交易通过公开市场交易的方式,让土地发展权在不同
利益主体之间进行流转从而实现资源的有效配置,避免"暴利—暴损"和
"权力寻租"现象的发生。在 TDR 交易过程中,只有符合相关的法律规定,
TDR 的转移量、转移价格甚至转移的监督都可以在市场上完成,发送区的
土地所有权人和接收区的土地所有权人均可以自由选择和交易,从而减少
政府部门的干预,阻断了寻租行为的发生。

　　由此可见,TDR 作为土地资源有效配置的政策性工具,能够在分区规
划的框架下引入灵活的经济转移因素,一定程度上克服分区规划的强制性,
促进城市的理性增长,保护历史文化遗产土地所有权人的经济权益,实现
历史文化遗产保护与经济发展的目的。TDR 还有效节省了政府的财政预算,
不必发行债券、花费政府税收或动用其他基金就能推动历史文化遗产的保
护。此外,TDR 还能带来更公平的收益分配和成本分配,防止政府部门的
寻租和贪腐。

二、土地发展权转移存在的局限性

　　由于 TDR 是一种市场激励手段,属于非财政补偿措施,由市场而非
政府部门主导,则其在发展和运行过程中必然会面临市场失灵的问题。主
要包括制度设计问题、实施地区范围问题、交易市场活跃程度以及公众的
认可等方面。

　　制度设计方面。在历史文化遗产保护的 TDR 制度建立之前,首先要
有该地区的土地分区规划。假如不存在分区规划,也就谈不上 TDR 的交
易问题了。在 TDR 制度的设计中,还要综合考虑诸多实际问题,可谓耗时、
耗力、技术设计复杂。具体来说,一要考虑发送区和接收区的设置问题,
即明确哪些地区可以设置为发送区和接收区,这既与当地的每个地块的现
状有关,还要体现出实施 TDR 的目的性来,如果只要一个地块内的发展
权还有剩余就可以上市交易的话,则整个制度运行则将面临崩溃。二是要
考虑发展权转移的数量和价格问题。由于发展权的供求关系不可能完全实
现均衡,这就牵涉当前土地的容积量、拟发送和接收的容积量以及供求不

平衡的问题，给制度设计带来诸多困难。同时，关于 TDR 的交易存在不同的理解和价格计算方式，如何选择满足交易双方意愿的计算方式也是值得推敲的。三要考虑 TDR 制度的延续性。由于市场运作的不确定性，容易引发 TDR 制度会在地区选择、容积率以及城市发展目标等问题不断更新和调整，这为整个调控计划的制定和实施带来一定难度，难以形成标准化的 TDR 制度。在美国施行 TDR 的城市中，几乎没有完全相同的调控制度，难以实现大范围内的推广和实行。

实施地区范围的确定方面。在美国，发送区和接收区的距离是有要求的，一般是相邻或相近的，比如一个公路十字路口，可以确保土地发展权能够平稳地转移出去。由于可转移的发展权集中在某块区域内，容易导致历史文化遗产周边出现巨大体量的新建构筑物，造成城市空间布局的不协调。但是，一旦两者距离较远，则实施 TDR 的难度会相应变大。主要是无法预测需要增加的发展需求量，实现供需之间的数量和价格均衡。因此，TDR 的范围划定和距离远近，对于能否促成 TDR 交易具有很大的影响。

土地市场活跃程度方面。TDR 的交易实施与土地市场的景气程度有着密切的关系。如果土地市场活跃，则历史文化遗产保护的土地发展权很容易在市场上流转。而一旦土地市场不景气，土地发展权则难以在市场上交易，导致可供出卖的土地发展权与需要接收的发展权数量不对称，引发发展权价格的不稳定，甚至出现因发展权需求降低导致价格受损的情况，损害发送区土地所有权人的期望的经济收益问题。尽管美国有些州设立了 TDR 银行，但是受制于土地发展权的定价和供求关系等问题，TDR 交易依然困难重重。

社会公众认可问题方面。历史文化遗产保护的 TDR 能否成功实施与社会公众对于 TDR 的了解认识以及宣传教育密不可分。由于历史文化遗产保护的 TDR 方案涉及社会公众利益，特别是生活在此区域内的居民，因此只有得到大多数人的支持才能施行。而要实现这一目的，只有进行广泛宣传，才能激发社会各界参与 TDR 项目的热情，进而培育活跃的发展权市场。不过，从实践情况来看，能够得到普遍支持的项目非常稀少。

小 结

　　土地发展权转移的产生与发展，与历史文化遗产保护有着密不可分的关系。在分区规划的框架下，历史文化遗产的土地所有权人可以将土地发展权从所有权中分解出来形成单独的财产权，这部分财产权可以通过市场交易的方式来补偿历史文化遗产保护带来的负外部性。在整个交易过程中，土地发展权转移的制度构建、发送区与接收区的设定、发展权的转换都是交易实施的重要环节。土地发展权转移作为一种公开市场下的自由交易模式，在保护历史文化遗产与平衡城市经济发展之间取得了良好的效果，实现了资源的有效配置和买卖双方的帕累托效率。不过，在土地发展权运行中也存在一些局限性，阻碍了其进一步的发展和普及。

第七章

历史文化遗产保护对
经济社会发展的影响

　　在整个国民经济结构体系中，历史文化遗产保护事业虽然只占其中很小的一部分，不过它的发展壮大对于整个经济社会的发展也会带来一定的正面积极影响。为此，本章将从历史文化遗产保护事业对相关行业发展的影响和对我国国民经济发展的贡献两个方面进行探讨。在此基础上，分析了历史文化遗产保护在城市、产业新城及小城镇经济发展的作用和影响。

第一节　历史文化遗产保护对相关行业发展的影响

　　历史文化遗产作为一种特殊类型的资源，在经济社会发展中可以成为众多行业中的重要生产要素甚至是核心生产要素。历史文化遗产的经济功能不仅表现在自身开放经营过程中所产生的直接经济贡献，而且通过多种形式的开发利用，历史文化遗产还会对旅游业、建筑业、文化产业、住宿餐饮业、交通运输业、房地产业以及新闻出版影视业等诸多行业起到比较强的带动作用。此外，加强对历史文化遗产的保护利用传承，对于改善地区内的政治教育文化生态体系、改进招商引资的营商环境、提升城市的美誉度与软实力等方面有着很强的推动作用。当然，在看到历史文化遗产对经济社会发展正面促进作用的同时，也要注意其相关的保护措施和手段也可能短时期内对地区的经济发展带来一些负面影响。历史文化遗产的经济功能主要通过相关产业的发展体现出来的，具体表现为文化旅游、文化产业以及由此带动的餐饮、交通、住宿、土地增值等方面。

一、自身行业发展对经济的带动作用

（一）吸纳就业人口

虽然历史文化遗产保护行业在整个国民经济中只占据很少的一部分，但也在一定程度上解决了部分就业问题。从文物系统吸纳的从业人员来看，2022 年末，全国共有各类文物机构 11340 个，全国文物机构从业人员 19.03 万人。与 2012 年末相比，全国各类文物机构增加 5216 个，增长 85.17%，全国文物机构从业人员增加 65133 人，增长 52.04%[1]。详情请见图 20。

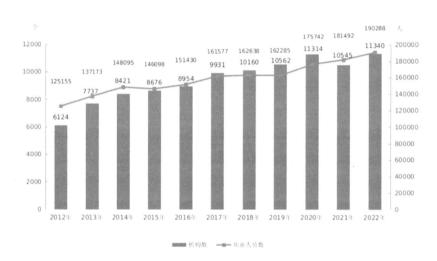

图 20：全国文物系统从业人员和机构数变化情况

资料来源：中华人民共和国文化和旅游部 2022 年文化和旅游发展统计公报。

（二）相关经营活动收入

随着人们生活水平的提高，越来越多的人通过旅游参观的方式来满足自己的精神生活的需要。历史文化遗产作为重要的文化旅游资源，日益受

---

[1] 中华人民共和国文化和旅游部 2022 年文化和旅游发展统计公报 [[EB/OL].(2023-07-13)[2024-02-18].https://www.gov.cn/lianbo/bumen/202307/content_6891772.htm.

到人们的青睐。尤其是近些年来，"全域旅游"的理念深入人心，越来越多的历史文化遗产借助于自身文化优势向社会开放，开展多种形式的经营活动，取得了非常好的经济效益。以文物系统旅游景区接待参观人数和门票收入为例，2010年时文物系统接待参观游客约4.64亿人次，实现门票收入34.83亿元人民币，而到2015年，文物系统内接待参观游客数量达到9.25亿人次，实现门票收入68.48亿元人民，均基本实现翻番。

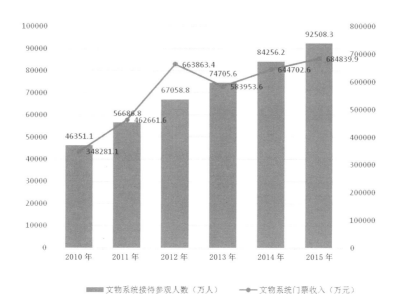

图21：文物系统旅游景区门票收入

资料来源：中国文化文物统计年鉴（2011—2016）。

（三）带动相关建筑行业的发展

对于历史文化遗产来说，特别是各类构建筑物类文物古迹，每年都要面临规模不同、程度不一的保养维修，而这些主要通过实施相关工程来完成，由此带动了建筑业的发展。近年来，国家不断加大历史文化遗产的日常养护、本体修缮以及环境整治等，"十二五"期间中央财政先后发放220亿元开展革命旧址、抗战文物、"一带一路"沿线文物、长城、承德避暑山庄及周围寺庙等文物保护重点工程。2014年印发《关于切实加强中国传统村落保护的指导意见》，公布2555个传统村落。中央财政在

2014 年安排资金 25 亿元，支持 600 个中国传统村落保护；2015 年安排资金 28.7 亿元，支持 900 个中国传统村落保护。下图可清晰的展示 2010 年至 2015 年我国文物系统保护维修对建筑业发展的贡献。

图 22：历史文化遗产保护带动维修支出情况

资料来源：中国文化文物统计年鉴（2011—2016）。

二、对旅游及其延伸行业发展的影响

从旅游产业的角度看，历史文化遗产旅游作为一种现代服务业[①]，是以历史文化遗产为主要吸引物并开展符合国家相关法律法规的旅游产业活动[②]。文化遗产旅游的范围包括考古遗址、历史建筑、博物馆、宫殿、废墟、艺术品、雕塑、工艺品、节日、民间艺术，以及能够代表民族及其文

---

① 2009 年 12 月《国务院关于加快旅游业发展的意见》正式出台，首次提出"把旅游业培育成国民经济的战略性支柱产业和人民群众更加满意的现代服务业"。

② 北京联合大学旅游学院孙业红副教授认为，一般旅游的概念很少从产业的角度来论述的。目前普遍较为认可的遗产旅游的概念是从供需的角度定义的，如"遗产旅游是到遗产地并以遗产为主要关注对象的旅游活动"或"一种强调目的地个人遗产归属感感知的旅游活动"，她给出的文物旅游的定义为："以文物及其相关衍生产品和现象为主要吸引物的旅游活动"，其含义包括：文物及其衍生产品和现象为主要吸引物；旅游过程中更加强调文物的保护及其教育功能的发挥；在旅游过程中存在较高的不恰当行为造成法律后果的风险；政府与社会营利性组织同时具有组织文物旅游活动的权利，但均限定在法律规定的范围内；文物旅游突出了旅游的产业功能和教育功能。

化的其他东西。历史文化遗产是未被商品化了的资源，其所具有的历史、艺术、科学、美学、社会等方面的价值只有通过适当的开发运营转化为被人们所能消费的商品，才能产生更大的社会和经济价值，而这其中旅游的作用最为重要。历史文化遗产作为文化产业和旅游产业的重要资源，在培育国民经济新的增长点、带动现代服务业发展等方面发挥着不可替代的作用，对促进经济增长、加快经济发展方式转变的贡献越来越大①。历史文化遗产旅游在整个旅游产业中占据非常重要的比重。世界旅行旅游理事会（WTTC）做过相关的统计分析，指出文化遗产旅游约占全部旅游活动的37%，且其需求正以每年15%的速度增长。据另一份报告，在赴欧洲旅游的美国人中有67%的人希望参观游览当地的文物古迹，而到美国旅游的国际游客则有40%左右参与文化旅游活动，其中在加利福尼亚，超过45%的海外游客拜访了当地的历史遗存②。在一份关于中国香港文化遗产旅游的研究报告中指出，在对2066名来自6个国家和地区的赴港游客调查中发现，有1/3的人在旅游期间参与了某种形式的文化旅游活动。探索人文古迹是他们旅游的主要目的。2014年11月，中国旅游报社和中国旅游舆情传播智库发布了《美国来华旅游舆情调查报告》。报告显示美国游客来华旅游最关注的是中国悠久的历史（占比54.4%），其次是自然风光（占比40.3%）、城市建筑（占比13.8%）以及中国美食（占比12.1%）等。在对中国旅游景区的认知度上，长城（占比81.4%）、故宫（占比48.6%）和天坛（占比22.7%）分列三甲，而且在认知度前20名中，有80%属于各类历史文化遗产（详情见下图）。在美国游客对中国主要旅游景区游览意愿上，绝大多数也是历史文化遗产，其中万里长城、故宫、天坛依然名列前三。

根据"2017年中国50强旅游城市排行榜"显示，位于该榜前十名的城市分别是北京、重庆、上海、天津、广州、成都、武汉、杭州、苏州和南京。这十座城市全部都是历史文化名城，旅游产业对这些城市的发展具有很强的带动作用。以历史文化遗产最为丰富的北京为例，2016年北京

---

① 据李长春同志在第五个中国文化遗产日发表的题为《保护发展文化遗产 建设共有精神家园》的讲话整理。

② 刘世锦.中国文化遗产事业发展报告（2008）[M].北京：社会科学文献出版社,2008:116-117.

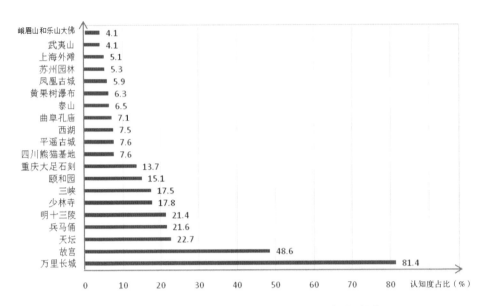

图 23：美国游客对中国主要景区的认知度统计图

资料来源：刘世锦主编 . 中国文化遗产事业发展报告（2015—2016）。

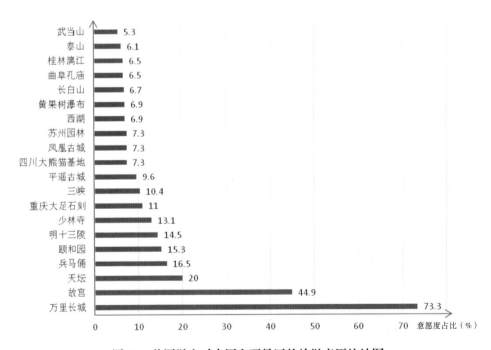

图 24：美国游客对中国主要景区的旅游意愿统计图

资料来源：刘世锦主编 . 中国文化遗产事业发展报告（2015—2016）。

市共接待国内外游客28531.5万人，其中境外游客416.5万人，国内游客28115万人，旅游外汇收入总额为50.69亿美元，国内旅游收入4683亿元，而北京市2016年的GDP为25669.1亿元，由此可见旅游产业对北京经济发展的贡献之大。虽然相关统计数据未显示历史文化遗产旅游所占全部旅游市场的份额，不过从北京市旅游发展委员会2018年发布的节假日旅游总体情况简报中可大致推算出来。从图25中我们大体算出历史文化观光型旅游大概在30%左右，那么其所带来的旅游收入可想而知。

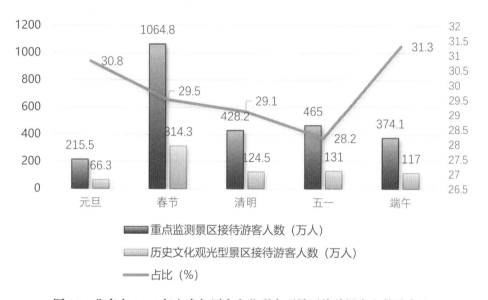

图25：北京市2018年上半年历史文化观光型景区接待游客人数及占比
资料来源：原北京市旅游发展委员会网站。

我们知道，旅游业作为一项比较综合的产业形式，能够直接或间接带动和影响其他行业的发展。一般来说，旅游主要带动交通运输业、住宿业、餐饮业、商业、邮电通信业、文化娱乐业等，从北京市旅游发展委公布的数据（详情见图26）显示，来京旅游者的花费构成主要包括长途交通费（民航、铁路、公路）、市内交通费、住宿、餐饮、购物、邮电通信、文化娱乐以及其他。通过此图可以清楚地看出，入境旅游者来京旅游花费的前三项分别是长途交通费（主要集中在民航）、购物和住宿，外地来京旅游者

项　目	2005	2006	2007	2008	2009	2010	2011	2012	2013	2014	2015
入境旅游者花费构成	100.0	100.0	100.0	100.0	100.0	100.0	100.0	100.0	100.0	100.0	100.0
长途交通费	35.3	30.0	29.0	31.1	37.4	28.1	26.4	28.0	26.9	27.0	36.8
民　航	30.9	29.6	24.4	25.3	27.1	19.8	20.5	22.3	21.2	21.4	30.8
铁　路	1.1	0.3	3.0	3.6	5.5	5.3	3.4	3.3	3.7	3.6	3.2
公　路	3.3	0.1	1.6	2.2	4.8	3.0	2.5	2.4	2.0	2.0	2.7
市内交通费	1.1	1.7	2.6	2.4	2.7	3.4	3.5	3.5	2.5	2.6	2.4
住　宿	17.3	32.0	16.9	16.4	14.5	14.4	15.5	16.5	16.9	16.7	12.8
餐　饮	9.2	11.7	8.7	8.7	7.5	8.7	6.8	7.4	7.3	7.4	6.2
购　物	19.9	15.9	22.5	19.1	20.4	25.1	25.3	23.5	27.6	26.7	19.9
邮电通讯	3.4	0.8	2.7	3.8	2.7	3.2	2.0	2.2	1.7	1.7	2.4
景区游览	4.7	2.3	4.2	4.8	3.9	4.7	4.2	5.0	4.2	4.3	3.3
文化娱乐	4.6	3.2	5.0	4.5	4.6	5.0	6.0	5.4	3.8	4.0	4.2
其　他	4.5	2.4	8.4	9.2	6.3	7.4	10.3	8.5	9.1	9.6	12.1
外地游客来京花费构成	100.0	100.0	100.0	100.0	100.0	100.0	100.0	100.0	100.0	100.0	100.0
长途交通费	12.8	15.1	16.3	15.4	12.9	12.8	13.5	15.5	17.0	17.6	17.0
民　航		8.0	9.2	9.1	6.6	6.0	6.2	7.7	7.5	7.1	7.4
铁　路		6.1	6.4	4.5	1.3	5.8	6.9	7.5	9.1	10.2	9.3
公　路		1.1	0.7	1.8	5.0	1.0	0.3	0.3	0.4	0.3	0.3
市内交通费	5.7	5.1	5.5	5.6	4.9	5.0	4.5	4.0	3.8	3.8	4.0
住　宿	17.2	14.9	17.3	15.1	17.7	19.6	20.0	19.8	19.5	20.2	18.7
餐　饮	19.8	18.7	20.5	23.2	21.8	20.2	20.9	21.4	21.4	22.1	22.1
购　物	24.1	22.2	25.8	32.7	34.5	34.5	34.3	32.1	30.9	28.2	30.2
邮电通讯	1.0	1.2	1.8	1.0	0.6	0.5	0.3	0.2	0.2	0.3	0.3
景区游览	9.1	9.5	7.2	4.5	6.1	6.2	5.7	6.1	6.6	6.5	6.2
文化娱乐	3.1	2.5	1.9	1.6	1.2	1.0	0.8	0.7	0.5	0.6	0.7
其　他	7.1	10.8	3.7	0.9	0.3	0.2	0.1	0.1	0.1	0.7	0.8

图26：2005—2015年在京旅游花费构成情况

资料来源：原北京市旅游发展委员会网站。

花费的前三项分别是购物、餐饮和住宿。由此可见，旅游对交通运输业、商业、餐饮业和住宿业的影响是最大的，而旅游景区的门票及其他消费、文化娱乐和邮电通信的消费占比不大。

关于历史文化遗产旅游对地区经济的贡献问题，张杰、吕舟（2013）等人曾对我国拥有世界文化遗产的部分城镇经济情况进行过研究。他们发现，在不少城镇的经济发展结构中，以世界文化遗产为代表的历史文化遗产旅游所带来的经济收益占据该地区GDP的份额相当高。如云南丽江（拥有世界文化遗产丽江古城）、安徽黟县（拥有世界文化遗产皖南古村落——宏村、西递）、福建武夷山（拥有世界文化和自然双重遗产武夷山）等地，其旅游业的收入占所在地总GDP的50%以上，安徽黄山（拥有世界文化与自然双重遗产黄山）、四川都江堰（拥有世界文化遗产青城山·都江堰）、甘肃敦煌（拥有世界文化遗产莫高窟）等地旅游收入占到该地区总 GDP 的 20%~50%。此外，像是山西平遥、山东曲阜、江苏苏州、河南安阳等地，其旅游收入占当地 GDP 的比重也均超过 10%[①]。从以上数据中可以看出，历史文化遗产资源丰富的地区确实可以成为地区经济发展的重要推手和动力源。下表为 2008 年我国部分世界遗产旅游对其所在城镇经济发展的影响力，由此可见历史文化遗产旅游的重要性。

表 12：2008 年度我国部分世界文化遗产对所在城镇经济影响力一览表 [②]

	依赖度	带动 T	带动 G	带动率	相关 J	其余 J	投入产出比
山西平遥	93.67	14.3	5.8	10.54	1.3	1.3	1：72.8
山东曲阜	45.31	27.9	9.9	4.92	3.2	7.2	1：166.97
福建武夷山	44.85	30.1	11	19.81	2.9	6.4	
安徽黟县	36.05	1.8	0.7	5.31	0.1	0.4	1：11.3
河北承德	15.2	18.4	6.9	3.6	3.15	20.68	1：7
山东泰安	13.44	42.0	14.8	2.78	4.4	32.5	1：244.1
辽宁新宾	5.8	0.7	0.3	0.61	0.1	1.1	1：11.3
河南安阳	1.43	1.6	0.7	0.21	0.1	8.8	1：246.24

依赖度：城镇旅游业对世界文化遗产的依赖程度（%）。
带动 T：世界文化遗产旅游所带动旅游业总产出（亿元）。
带动 G：世界文化遗产旅游所带动的 GDP（亿元）。
带动率：世界文化遗产带动占当年城镇 GDP 比重（%）。
相关 J：世界文化遗产相关产业发展创造的就业岗位数（万个）。
其余 J：遗产地带动旅游业发展为其他行业创造就业岗位数（万个）。
投入产出比：世界文化遗产地保护投入与遗产地带动产出的比值。

当然，我们在看到历史文化遗产旅游对经济社会发展带来极大推动作用的同时，也要密切关注部分地区为了能够更快地从历史文化遗产资源中获取经济利益，往往在开发利用方面采取竭泽而渔的方式。他们或是不顾历史文化遗产自身的游客参观承载能力盲目引流导致人满为患，给历史文

---

① 　张杰，吕舟 . 世界文化遗产保护与城镇经济发展 [M]. 上海：同济大学出版社 ,2013:80-82.

② 　张杰，吕舟 . 世界文化遗产保护与城镇经济发展 [M]. 上海：同济大学出版社 ,2013:260.

化遗产的保护与发展造成难以挽回的损失；或是违规在历史文化遗产的保护范围和建设控制地带内开发建设游乐设施或酒店住宅等，致使遗产的历史风貌和文物本体遭到严重破坏。凡此种种，都是历史文化遗产旅游开发中应该避免和注意的。

三、对文化产业发展的影响

当前，文化产业发展迅猛，已经成为我国新时期经济增长的重要引擎之一，并逐步呈现出支柱产业的发展潜力。近年来，国家高度重视文博单位的文化产业发展，尤其是国务院《关于进一步加强文物工作的指导意见》中提出"大力发展文博创意产业"后，文化和旅游部、国家文物局等部门先后印发《关于推动文化文物单位文化创意产品开发的若干意见》《关于促进文物合理利用的若干意见》等文件，对文物合理利用进行规范和引导，大力推动文博单位发展文化创意产品、文物旅游等文化产业。通过创新文博单位的体制机制、吸引社会力量参与等方式，充分发挥市场经济在资源配置中的决定性作用，调动文博单位利用历史文化遗产开发创意产品的积极性，不断推动文物资源同文化创意产品开发、动漫、旅游等相关文化产业的融合发展。

在此背景下，以历史文化遗产为主要保护管理对象的文博单位在文化创意产品开发方面积极性空前高涨，并取得了非常瞩目的成就。这些文博单位依托文物保护单位和博物馆内丰富的文化资源，设计、开发、生产独具特色、富含文化内涵和底蕴的文化创意产品，收到了良好的经济效益和社会效益。以故宫博物院为例，在文化产业发展过程中，注重挖掘文物资源的价值内涵和文化元素，将故宫所藏文物同现实生活有机结合。其开发的文创产品包括服饰、陶器、瓷器、书画等系列，产品涉及首饰、钥匙扣、雨伞、箱包、领带等。故宫开发的朝珠耳机，顶戴花翎官帽防晒伞，嬷嬷针线盒，"朕就是这样的汉子""朕亦甚想你""朕心寒之极"系列折扇等系列文创产品，甚至成为网络爆款，受到广大网民和游客的欢迎。除了开发、生产和售卖文化创意产品外，故宫还在版权授权与流转、等方面进行了有益的探索和尝试，并收到了很好的经济效益。故宫博物院通过版权授权加强同腾讯等公司的合作，腾讯提供包括社交平台、游戏、动漫、文学等在内的强大资源。在版权授权与图书出版方面，故宫以设在天猫平台的淘宝官方旗舰店为主阵地，将故宫出版社数十年来的出版资源，按照故宫资源、故宫特色、故宫文化、故宫学术、故宫艺术、故宫珍宝、故宫故事等分门别类地展示在旗舰店内，一些优秀的出版物如《紫禁城100》《故宫日历》受到了广大读者的喜爱和购买，也让更多的人以更加快捷便利直观的方式体验故宫的魅力。在影视产业带动方面，2016年播出的记录故宫文物修复过程和修复者生活的纪录片《我在故宫修文物》，在各个视频网站走红，获得了极高的网络点击量，成为年轻人眼里的"网红"。不但初期投资全部收回，发行方还趁机将其改编为电影，在全国院线进行了公映，同样取得了不错的成绩。除此之外，在动漫游戏产业方面，故宫同腾讯公司合作，利用腾讯公司的NEXT IDEA创新平台，将故宫内的馆藏文物与动漫、游戏相结合，成功推出了QQ北京故宫表情包、"天天爱消除"北京故宫版、北京故宫VR等产品。此外，腾讯游戏事业部还将推出以故宫为题材的大型网络游戏，进一步利用故宫强大的IP推动文化创意产业发展。

除了文博单位外，历史文化街区等综合性的历史文化遗产在文化创意产业方面取得的成绩也是有目共睹的。以福州三坊七巷为例，三坊七巷位于福州市东街口，是福州老城区的重要组成部分。三坊七巷历史文化街区占地约40万平方米，保留有比较完整的古老坊巷格局，有"中国城市里坊制度活化石"和"中国明清建筑博物馆"的美称。坊巷内保存有200余座古建筑，其中全国重点文物保护单位有9处，省级文物保护单位8处，市、区级文保单位和历史建筑数量更多，拥有林则徐、沈葆桢、林觉民、严复等等大量名人故居资源，文化内涵和文化底蕴极其深厚。与此同时，三坊七巷作为闽台文化同宗同源的重要发祥地，在2013年被国台办授予"海峡两岸交流基地"。正是利用这些得天独厚的资源，福州市在三坊七巷建立了"海峡青年创业基地"和"两岸青年交流中心"，吸收和引进大批闽台文创产业落户在此，将其打造成为闽台地区青年文化交流和创业发展的重要基地。不但推动年轻一代在大众创业万众创新方面的积极性，而且也显著增强了历史文化街区的吸引力和活力，进而促进了城市经济、社会、文化等方面的发展。在文化企业和文创产品的引入和开发方面，三坊七巷先后吸引台湾"纸箱王"创意园区及餐厅、台湾手工窑烧酒瓶艺术店"FLAT WINE"、台湾潮牌"原梦餐艺""奥勒斯厨房"、VR体验馆"VR story"等一批台湾文创企业陆续落户于此。三坊七巷还积极引导文创企业将文创产品与当地著名的非物质文化遗产和珍贵的民间技艺相结合，创新发展了一大批兼具历史文化传统和符合年轻时尚需求的新产品。如对国家级非物质文化遗产、中华老字号百年银饰老店珍华堂进行品牌拓展，打造更加符合年轻人审美品位、提供手作银饰体验的副牌"做吧"，深受青年人的喜爱。此外，像是脱胎漆器、寿山石、角梳等珍贵的民间技艺，以及闽剧、评话等福建传统民间曲艺在通过文创企业的活化利用而不断发扬光大，独有的里坊文化在新的文化创意碰撞下历久弥新，焕发了新的生机和活力。

四、对土地及房地产业发展的影响

对于历史文化遗产来说，不论是矗立在地上的文物建筑，还是深埋地下的遗址墓葬，均依附在一定区域内的土地之中。由于这些历史文化遗产的存在，自然也会在不同程度上对周边的土地价格和房地产市场造成一定的影响。在新型城镇化已是我国经济社会发展的必然选择的情况下[1]，地理位置越发凸显出其重要性来。一般而言，对于那些位于城市近郊的历史文化遗产，在城市经济发展的辐射带动下，其土地利用价值一般较高，房地产行业的发展潜力也比较大。如果这些历史文化遗产本身就具有一定知名度且占地规模较大，那么其周边的土地会更受房地产商的青睐。反之，对于那些远离城市的历史文化遗产，由于难以受到城市经济发展的外溢影响，即便遗产的历史、科学、艺术、文化等价值很高，也很难对周边土地价值产生正面积极的影响。

对于位于城市近郊的历史文化遗产，对其周边土地及房地产业的发展具有一定的正面影响。我们以位于杭州市余杭区的良渚遗址为例，该遗址

---

① 夏方舟,严金明.新型城镇化背景下土地规划改革的方向[J].中国国情国力,2014(04):37-39.

距杭州城北约 18 千米，于 1936 年发现，之后经过半个多世纪的考古调查
和发掘，研究发现该遗址占地约 34 平方千米，是距今 5300—4300 年新石
器时代晚期人类聚集的地方，2012 年良渚遗址被列入国家申报世界文化
遗产预备名单，2019 年良渚古城申遗成功。由于良渚遗址具有非常高的
知名度，而且距离城市空间距离较近，因此在土地价值和房地产开发方面
也表现得比较抢眼。我们以土地等级同为八级的余杭区块和良渚区块进行
对比，尽管余杭区块内的商业、教育、交通等配套设施与良渚区块相比更
为完善，但其土地出让价格却一直低于良渚区块。通过对以往数据的调查
发现，2009 年良渚镇住宅用地楼面地价为 2760 元 / 平方米，余杭镇住宅
用地楼面地价为 2342 元 / 平方米，良渚镇高出余杭镇 418 元 / 平方米。
而到了 2017 年，良渚镇土地出让楼面价为 20542 元 / 平方米，余杭的土
地出让楼面价为 17185 元 / 平方米，良渚镇高出余杭镇 3357 元 / 平方米。
国务院发展研究中心文化遗产蓝皮书课题组也曾在 2013 年对良渚遗址对
土地价格和住宅价格做过一次推算，认为良渚遗址对其周边住宅用地价
格的贡献率为 15%，对周边住宅价格提升的贡献率为 7% 以上[1]。之所以
会出现这样的情况，其中一个重要的原因应该归结于购房者对良渚文化品
牌价值的认可——从而传导到开发商愿意以更高的价格来获取其周边的土
地。而且，随着经济社会的发展，良渚文化影响力的不断提升和文化旅游
的深入推广，良渚文化对当地住宅用地价格的贡献会随着时间的推移而提
高。而土地价格的上升，对房地产行业的带动作用也是多元的。不但会带
动住宅市场的发展，而且对商业地产、旅游地产、教育地产等也会带来积
极的作用和影响。图 27 可以比较清晰地体现随着时间的推移，周边有历
史文化遗产的土地增值明显高于没有历史文化遗产的土地。

　　不过，对于远离城市辐射范围的历史文化遗产，即使其具有非常大的
历史、文化价值，也很难对当地的土地资产价格起到推动作用。比如著名
的牛河梁遗址，是新石器晚期红山文化的杰出代表，距今 5000—5500 年，
占地面积 58.95 平方千米，核心保护范围为 8.3 平方千米。牛河梁遗址布
局与性质同北京的天坛、太庙及十三陵等相似，是中华民族五千年文明探

---

[1]　刘世锦 . 中国文化遗产事业发展报告 (2014)[M]. 北京 : 社会科学文献出版社 ,2014:189.

源的重要例证，2012 年被国家文物局列入《中国世界文化遗产预备名单》。
虽然牛河梁遗址在历史、文化上具有极高的价值，然而由于该遗址距离最
近的城市——辽宁朝阳 100 千米左右，导致城市的辐射力难以对其产生很
大影响。而且，为了保护牛河梁遗址，还从遗址核心区内迁出 77 户居民，
关停 23 个规模不同的企业，开展多项环境治理工程，禁止对土地进行开
发利用。由此可见，牛河梁遗址不但没有带动地区经济发展和土地资产的
保值增值，反倒使其失去了开发利用的条件。牛河梁遗址之所以与良渚遗
址形成如此强烈的反差，一个重要的原因在于其所处地理区位的差异。

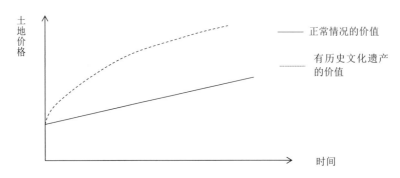

图 27：历史文化遗产保护对土地价值的正面影响
资料来源：作者自绘。

第二节　历史文化遗产保护对宏观经济发展贡献的测算

一、测算范围与技术路线

（一）测算范围

我们知道，历史文化遗产由各类不可移动文物、历史文化名城名镇名村、历史文化街区等多种类型组成，其保护管理涉及诸多部门，目前尚未统一到一个独立的保护管理机构。由于各部门之间相关数据的统计口径不一致，加之数据获取非常困难，因此要想全面系统地测算历史文化遗产保护事业对我国经济发展的贡献是非常困难的。不过，考虑到历史文化遗产保护的主体部门是文物系统，所以在定量探讨历史文化遗产保护事业对国民经济贡献时，本书只能暂时以文物系统的情况来代替，大致反映其相关贡献能力。

（二）数据来源

《中国文化文物统计年鉴》（2010—2016 年）

《全国文物业统计资料》（2010—2016 年）

《中国国内旅游抽样调查资料》（2010—2016 年）

《中国旅游统计年鉴》（2010—2016 年）

《中国统计年鉴》（2010—2016 年）

（三）技术路线

我们将历史文化遗产对中国经济的贡献简单划分为直接贡献(行业内)和间接贡献（行业外）两种。直接贡献指历史文化遗产自身的收入情况，表现为总产出扣除中间消耗，其具体内容包括从业人员的劳动报酬、生产税净额、固定资产折旧和营业盈余之和。间接贡献是指历史文化遗产带动其他行业发展产生的增加值，不过受数据来源的限制，本书对历史文化遗产的间接贡献只考虑历史文化遗产保护对建筑业和旅游业的影响，而对文化产业、房地产业、交通运输业以及餐饮住宿业的影响暂不考虑在内。这里需要指出的是，要想全面衡量历史文化遗产对国民经济的贡献，应该考虑其对各相关行业影响的多次波及效果，然而受相关数据来源的限制，即使只测算文物系统对我国经济发展的贡献，也只能计算对部分行业的第一次波及效果。这是因为，历史文化遗产涉及的行业非常广泛，如果需要测算其多次波及效果，则需要编制投入产出表，以此计算波及的第一次产业的产出和第一次波及的行业的第二次以至第 N 次波及产出，其难度可想而知。以文物旅游为例，文物旅游每增加一单位的产值，则会带动商业、文化产业、交通运输业、住宿餐饮业、娱乐业等多个行业的投入（第一次波及效果），而对这些行业增加投入，会进一步引起相关投入的需求（第二次波及效果）。以此类推，直到 N 次波及效果为零。而要计算其波及效果，必须计算出文物旅游对这些行业的影响力系数，也就是说要搞清楚文物旅游对相关行业的带动作用占比是多少。然而，从目前取得的公开统计数据来看，难以获得相关产业的中间投入以及最终产出数据，也就无法对相关产业影响的比例进行界定和计算。因此，本书只计算文物系统对相关行业的第一次波及效果，大致了解历史文化遗产对国民经济发展的影响。

二、直接贡献

根据测算技术路线的方法，参考《中国文化文物统计年鉴》和《全国文物业统计资料》的相关数据，计算出文物系统对国民经济的直接贡献，从而大致知晓历史文化遗产事业对国民经济的影响水平。

历史文化遗产行业增加值 = 从业人员劳动者报酬 + 生产税净额 + 固定资产折旧 + 营业盈余

表 13：全国文物系统增加值综合情况

	2010 年	2011 年	2012 年	2013 年	2014 年	2015 年
总产出（万元）	1395200.0	1633930.0	1966053.0	2334073.0	2789746.5	3323165.7
中间消耗（万元）	696540.6	843846.8	887582.0	1092180.2	1346830.5	1654145.0
增加值[①]（万元）	698659.4	790083.2	1078471.0	1241892.8	1442916.1	1669020.6
其中：劳动者报酬（万元）	514510.5	629724.1	802450.7	924046.3	1073620.3	1241856.3
生产税净额（万元）	21040.7	36088.6	70599.4	81297.5	94457.0	109258.4
固定资产折旧（万元）	86538.5	113958.6	166599.8	191845.0	222898.7	257826.8
营业盈余（万元）	76569.7	10311.9	38821.1	44704.0	51940.2	60079.2
增加值率（%）	50.1	48.4	54.9	53.2	51.7	50.2

　　通过对全国文物系统增加值的测算发现，2010 年到 2015 年文物系统的总产出由 139.5 亿元上升到 332.3 亿元，累计上涨 238.2%，其中中间消耗由 69.7 亿元上升至 165.4 亿元，增加值由 69.9 亿元上升至 166.9 亿元，累计上涨 238.8%。在这里面，劳动者报酬占增加值的份额最大，其次是固定资产折旧和生产税净额，所占份额最少的为营业盈余，之所以出现这种情况与文物系统长期以来坚持的公益性属性有着密切的关系。

三、间接贡献

（一）带动建筑业对国民经济发展的贡献

　　文物系统通过保护维修工程，以不同层级、不同程度、不同路径的方式介入建筑行业，带动相关建筑行业总产值的增加，进而间接推动国民经济的发展。对于文物系统带动建筑行业的增加值，我们首先计算各年度文物系统保护维修支出值，然后通过历年建筑业增加值和总产出计算出建筑业的增

[①]　根据《全国文化文物统计报表制度》规定，行政事业单位收入法增加值 = 劳动者报酬 + 固定资产折旧 + 生产税净额 + 营业盈余。其中，劳动者报酬 = 工资福利支出 + 劳务费 + 福利费 + 对个人和家庭补助支出 + 差旅费 ×6.4%−（抚恤和生活补助 + 助学金）
生产税净额 = 经营税金
固定资产折旧 = 年末固定资产原价 × 折旧率（4%）
营业盈余 =（本年收入合计 − 本年支出合计）×［（经营收入 + 事业收入）÷ 本年收入合计］

加值率，从而近似得出文物系统保护维修支出所带动的建筑行业的增加值。

计算公式：

文物系统带动建筑业增加值 = 保护维修支出 × 建筑业增加值率

建筑业增加值率 = 建筑业增加值 / 建筑业总产值 × 100%

根据以上公式，我们对文物系统通过保护维修带动建筑业的增加值进行了计算。通过表格中的相关数据中可以看出，在保护维修的支出方面，尽管文物系统每年的总支出呈现逐步增长的态势，但是在保护维修支出方面呈现非常不均衡的状态，每年的占比跳跃性非常大。比如，2010年文物系统总支出约为174.3亿元，保护维修支出约为47.3亿元，占比27.1%。到了2011年，文物系统总支出约为216.7亿元，而保护维修支出仅约为25.7亿元，占比11.9%。不过到了2012年，文物系统的总支出为229.7亿元，保护维修支出增至501.1亿元，占比为16.9%。如此剧烈的变化，其主要原因可能是维修项目具有不确定性。根据相关计算可以看出，我国文物系统保护维修带动建筑业增加值除2010年和2011年低于10亿元外，其他年份均超过10亿元，而且基本保持在13—14亿元（详见下表）。随着近些年来国家日益重视历史文化遗产保护事业，文物建筑、大遗址、历史文化街区村镇、传统村落等纷纷开展不同形式的保护维修和环境整治，相信未来一段时间内历史文化遗产带动建筑业增加值会进一步增长。

表14：全国文物系统保护维修带动建筑业增加值

	2010 年	2011 年	2012 年	2013 年	2014 年	2015 年
文物系统总支出（万元）	1742984.4	2166745.4	2296706.1	3415824.6	3643551.0	3683515.7
保护维修支出（万元）	472964.78	257424.9	501083.5	57556.4	703205.3	666716.3
所占比例（%）	27.1	11.9	21.8	16.9	19.3	18.1
建筑业总产值（亿元）	95205.8	117059.65	137217.9	159313.0	176713.4	180757.5
建筑业增加值（亿元）	19269.8	22071.0	34591.3	38995.0	35270.2	36064.7
增加值率（%）	20.2	18.9	25.9	24.5	20.0	20.0
文物系统保护维修带动建筑业增加值（亿元）	9.6	4.9	13.0	14.1	14.1	13.3

（二）带动旅游业对国民经济发展的贡献

我们知道，旅游对国民经济的影响主要是通过旅游者为了完成旅游活动而花费在交通运输（长途交通和市内交通）、住宿、餐饮、购物、游览、娱乐、邮电通信以及其他类上的费用。这些费用的总和即旅游总产值，能够在一定程度上能够反映旅游产业在国民经济中的地位。因此以往的一些研究中也就直接拿年度旅游总收入与当地国内生产总值 GDP 进行对比，以此测算旅游产业占 GDP 的比重[1]。事实上，旅游总产值是指旅游者在旅游活动中消费广义旅游业范围内的全部物质产品和服务的支出由第一、第二、第三产业其他部门提供的中间产品只是发生了价值转移，而不是旅游业所创造的价值。所以，要想测算旅游对国民经济的贡献，应该聚焦旅游增加值的测算。旅游增加值是指交通、住宿、餐饮、游览、娱乐、商业及通信等行业为旅游者提供的服务和物质产品所实现的增加值[2]，即旅游总产值中扣除中间消耗的转移价值后获得的新增价值。旅游增加值能够比较客观地反映了旅游业所提供的全部增加值。与有关统计相对应，旅游增加值的统计范围主要涉及交通运输业、邮电业、饮食业、社会服务业、商业五个方面。

在旅游增加值的测算方面，李江帆、李美云（1999）、林刚（2009）和李兴绪（2009）等学者进行过相关探讨，并给出了相关的测算方法。不过，由于受制于相关统计数据的限制和对测算方法的理解不同，学界对旅游增加值的测算一直处于探索阶段。不过，在 2015 年国家统计局根据《国家旅游及相关产业统计分类（2015）》和《旅游及相关产业增加值核算方法》，对 2014 年全国旅游及相关产业增加值进行了核算，并给出了相关

---

① 林刚 . 利用旅游收入统计测算旅游增加值的相关问题 [J]. 旅游论坛 ,2009,2(04):569-572.

② 李江帆 , 李美云 . 旅游产业与旅游增加值的测算 [J]. 旅游学刊 ,1999(05):16-19+76.

的计算方法[①]。因此，在测算文物旅游对国民经济发展的测算方面，本书直接引入国家统计局关于旅游增加值的相关数据 。

测算公式：

文物旅游增加值 = 文物系统接待国内外参观人次 / 国内外参观人数 ×国家旅游及相关产业增加值

这里需要指出的是，由于长期以来旅游部门将全国旅游总产出的数据来体现其在国民经济发展中的重要地位，所以本书也根据文物系统接待游客的数量大致推算其在全国旅游总产出的比重。考虑到入境游客和国内游客在消费习惯和旅游支出上的差异，所以本书对文物系统接待入境游客和国内游客对旅游产出的影响进行了区分测算。具体测算数据详见下表：

---

① 国家统计局的附录中对相关名词和核算方法进行了规定，具体如下：1. 指标解释。旅游及相关产业包括旅游业和旅游相关产业两大部分。旅游业是指直接为游客提供出行、住宿、餐饮、游览、购物、娱乐等服务活动的集合；旅游相关产业是指为游客出行提供旅游辅助服务和政府旅游管理服务等活动的集合。旅游及相关产业增加值，指一个国家（或地区）所有常住单位一定时期内进行旅游及相关产业生产活动的最终成果。2. 核算分类。旅游及相关产业增加值核算分类以国家统计局印发的《国家旅游及相关产业统计分类（2015）》为基础制定。旅游及相关产业增加值核算采用两级核算分类。第一级分类按照活动特点分为旅游农业和渔业、旅游零售业、旅游交通运输业、旅游住宿和餐饮业、旅游金融业和其他旅游服务业六大类。第二级分类是在第一级分类的基础上，按照国民经济行业分类进行重新组合，包括85个行业小类（中类）。3. 核算方法及数据来源。按照国家统计局制定的《旅游及相关产业增加值核算方法》，旅游及相关产业增加值采用生产法和收入法进行核算。核算所需的数据来源于国民经济核算资料和旅游及相关产业消费结构一次性调查结果。

表 15：文物旅游对国民经济发展的贡献

	2010 年	2011 年	2012 年	2013 年	2014 年	2015 年	2016 年
文物系统接待国内参观人次（万人次）	45327.0	55597.6	65875.0	73419.0	82857.9	90998.2	99412.7
文物系统接待入境参观人次（万人次）	1024.1	1089.2	1183.8	1286.6	1398.3	1510.1	1854.7
文物系统接待国内外参观人次（万人次）	46351.1	56686.8	67058.8	74705.6	92396.5	92508.3	101267.4
国内旅游人数（亿人次）	21.03	26.41	29.57	32.62	36.11	40.0	44.4
国内旅游收入（万亿元人民币）	1.26	1.93	2.27	2.63	3.03	3.42	3.94
入境旅游人数次（亿人次）	1.34	1.35	1.32	1.29	1.28	1.34	1.38
国际旅游（外汇）收入（亿美元）	458.14	484.64	500.28	516.64	1053.8	1136.5	1200
国内外参观人数（亿人次）	22.37	27.76	30.89	33.91	37.39	41.34	44.78
全年旅游总收入（万亿元人民币）	1.57	2.25	2.59	2.95	3.73	4.13	4.69
国家旅游及相关产业增加值（万亿元人民币）				24685	27524	30017	32979
文物系统接待国内游客占全部国内游客数比例（%）	21.55	21.05	22.28	22.50	22.94	22.01	22.39
文物系统接待入境游客占全部入境游客数比例（%）	7.64	8.07	8.97	9.97	10.92	11.27	13.44
文物系统接待国内外游客占全部国内外游客总数比例（%）	20.72	20.42	21.71	22.03	25.59	22.38	22.71
文物系统对国内旅游收入的贡献（亿元人民币）	2710.94	4063.77	5058.95	5912.13	6950.82	7527.42	8821.66
文物系统对入境旅游收入的贡献（亿美元）	35.0	39.11	44.86	51.51	115.07	128.08	161.28
文物系统对旅游及相关产业增加值的贡献（亿元人民币）				5438.15	7043.39	6717.80	7849.53

第三节　历史文化遗产保护对区域经济社会发展的案例分析

一、对城市经济社会发展的影响——以河北承德为例

　　承德市隶属河北省，是冀东北地区重要的节点城市。承德史称热河，建于 1703 年，经康、雍、乾三朝历时 89 年营建完成的避暑山庄与周围寺庙是整个城市的基础。避暑山庄占地 564 万平方米，周围寺庙由溥仁寺、普乐寺、安远寺、溥善寺、普宁寺、普佑寺、广缘寺、殊像寺、广安寺、罗汉堂、须弥福寿之庙、普陀宗乘之庙 12 座金碧辉煌的皇家寺庙群组成，它们环列山庄之外的东部和北部山麓，共占地面积 47.2 万平方米。1961 年，承德避暑山庄被公布为第一批全国重点文物保护单位。1982 年，承德市成为国务院公布的首批 24 座历史文化名城之一。1994 年，避暑山庄及周围寺庙登录"世界遗产名录"。避暑山庄及周围寺庙的申遗成功，使得承德市成为河北省最早拥有世界遗产的城市。可以说，整个承德的历史及城市经济的发展都与避暑山庄及周围寺庙密切相关，两者是共生共存的关系。

　　承德市历来高度重视以避暑山庄及周围寺庙为代表的历史文化遗产的保护传承工作。在 1984 年批准的《承德市总体规划》中，确定城市性质是"建设一个具有文化名城特点、文明、整洁、优美、安定的风景旅游城市"。1996 年批准的《承德市城市总体规划（修改）》中，确定承德市城市性质为："国家著名的历史文化名城和风景旅游城市，冀东北地区政治、经济、文化中心。"2008 年批准的《承德市城市总体规划（2008—2020 年）》中，承德市城市性质定位为"国家历史文化名城，山水园林城市，连接京津冀辽蒙的区域性中心城市。"而最新版的《承德市城市总体规划（2016—2030 年）》，再次明确承德市的城市性质为"国家历史文化名城，国际旅游城市，连接京津辽蒙的区域性中心城市"。可见，历史文化遗产保护与旅游开发一直以来都是承德市经济社会发展长期倚重重要的资源和发展路径。

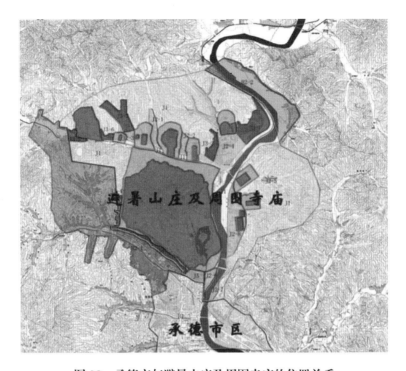

图 28：承德市与避暑山庄及周围寺庙的位置关系

资料来源：承德避暑山庄及周围寺庙文物保护总体规划（2011—2020）。

（一）对城市经济社会发展直接影响

　　避暑山庄及周围寺庙现有的保护管理机构为承德市文物局，在财政上属于自收自支单位。承德市文物局下辖避暑山庄管理处、外八庙管理处、避暑山庄博物馆、普宁寺管理处、园林园艺处、古建处、热河文庙管理处等部门和机构。避暑山庄及周围寺庙为承德市解决了大量的人口就业。据2009年的统计数据显示，避暑山庄及外八庙直接从业人员（不含普宁寺）约2000人左右，普宁寺从业人员约500人，两者相加可以得出其直接吸纳从业人员达2500人左右。除了直接吸纳就业人员外，承德避暑山庄及周围寺庙还吸引了大批与旅游活动密切相关的人员，据有关数据统计，仅2006年全市直接从事旅游的人员约4万人，间接从事旅游工作的人员达20万人。

　　承德避暑山庄及周围寺庙作为重要的旅游资源，其门票收入是保护管理部门收入的主要来源。根据承德避暑山庄旅游股份有限公司 2016 年公开转让说明书显示，2014 年、2015 年该公司的营业收入分别为 3010.11 万元和 3446.74 万元，其中门票收入分别为 2975.98 万元和 3400.53 万元，占总营收的比重分别是 98.87% 和 98.66%[①]。可见，避暑山庄的营收严重依赖门票收入。按照 2014 年文物系统 51.7% 和 2015 年 50.2% 的增加值率计算可知，避暑山庄及周围寺庙的门票收入对承德市经济发展的增加值分别是 1556.23 万元和 1730.26 万元。

除此之外，避暑山庄及周围寺庙的自身保养修缮支出也带动了经济的发展。自 20 世纪 90 年代开始，避暑山庄及周围寺庙通过实施《承德市城市总体规划》（1995—2010 年）和整修规划，先后修缮文物建筑 156 处，计 70000 平方米，恢复康乾 72 景的 56 景，完成普乐寺主体建筑旭光阁琉璃攒尖捣垄翻修；溥仁寺大修、油饰；普宁寺千手观音木雕落架翻修，大乘之阁油饰彩画；须弥福寿之庙大红台顶层防水，妙高庄严殿金顶捣垄翻修，铜瓦镏金；普陀宗乘之庙大红台三层群楼恢复，大红台抹面涂漆，万法归一殿金顶捣垄翻修，顶层铜瓦镏金；殊像寺部分假山归安，宝相阁修复等。尤其是 2002 年为迎接避暑山庄建园 300 周年而开展一系列大修工程，项目支出近 7000 万元。而到了 2010 年，国家又启动承德避暑山庄及周围寺庙文化遗产保护工程，中央财政投入 6 亿元人民币，其中 5.2 亿元用于文物保护修缮工程，0.8 亿元用于水环境治理[②]。据悉，该项目规划总投资逾 95 亿元，巨量的财政投入对承德经济的发展起到了非常大的推动作用。

（二）对城市经济社会发展的间接影响

1. 对旅游产业发展的影响

承德市旅游业的发展肇始于改革开放之初，凭借避暑山庄及周围寺庙的强大号召力，承德市的旅游业实现了突飞猛进的发展。1978 年承德市接待境内游客只有 61 万人次，2019 承德市接待中外游客达 8271.09 万人

---

① 承德避暑山庄营运公司挂牌 营收 3446 万降至 296 万 [EB/OL]. (2017–02–07)[2018–08–09]. http://www.sohu.com/a/125630493_116681.

② 承德避暑山庄保护工程展开 中央财政投入 6 亿元 [EB/OL]. (2011–01–24)[2018–08–09]. https://www.gov.cn/jrzg/2011–01/24/content_1791168.htm.

次，仅从接待游客数量来看，40 年的时间游客数量增长近 136 倍。从旅游收入来看，2004 年承德市旅游收入 23.3 亿元，而到了 2019 年，承德市旅游收入 1055.67 亿元，15 年来旅游收入增长 45 倍。根据相关研究测算，承德市域旅游业对避暑山庄及周围寺庙的依赖度为 15.2%，由此可以大致推算避暑山庄及周围寺庙对承德旅游收入的贡献值。不过，受不可抗力影响，2020 年至 2022 年承德市旅游人数和旅游收入出现一定程度的下降，游客数量和收入分别是 2800.1 万人次和 300 亿元、3605.1 万人次和 386.9 亿元以及 1648.6 万人次和 170.8 亿元[①]。

2. 对文化及教育产业发展的影响

在文化产业方面，承德拥有避暑山庄丝织挂锦、布糊画、木珠工艺品、丰宁剪纸等传统产品，在国内外享有一定的声誉。借助避暑山庄及周围寺庙这些强大的文创资源，承德市已将文化产业作为推动经济转型升级、绿色崛起的战略支撑产业。承德市已拥有 1 个国家级文化和科技融合示范基地、1 个国家级文化产业示范基地、3 个文化产业十强县。全市建成运营亿元以上的文化产业项目 11 个，在建亿元项目 28 个，实际投资 100 亿元。在重点项目园区建设方面，承德市加快推进"21 世纪避暑山庄"文化旅游产业集聚区、承德避暑山庄碧峰门民俗文化产业园、中关村互联网文化创意产业园（承德园）等重点文化产业园区的建设。与此同时，承德还以此为契机，不断带动发展相关县域内的文化创意产业，如加快建设大清猎文化产业园、兴隆山文化旅游景区等，进而实现以点带面、全面推进承德文化创意产业的发展。

在教育产业方面，承德利用避暑山庄及周围寺庙丰富的旅游资源将其打造成为旅游教学培育基地。承德现有专门的旅游学院一所——河北旅游职业学院，是河北省唯一一所纳入国民教育系列、专门培养旅游业所需人才的高职院校，也是全国仅有的几家旅游专科院校之一。学院开设旅游管理、旅行社管理、酒店管理、旅游外语等多个专业，全日制在校生近 8000 人。此外，承德民族师范学院等院校也开设与旅游相关的专业，旅游教育已经成为承德市文化教育行业的拳头专业。

---

① 相关数据来源于承德市统计局网站。

3. 对交通运输业发展的影响

利用避暑山庄及周围寺庙得天独厚的旅游资源的引导，承德市的对外交通状况近些年来发生了巨大的变化。在公路方面，基本形成了"一环十射双联"的交通运输体系，与周边主要大城市如北京、天津、唐山、秦皇岛、赤峰、张家口、朝阳等实现了高速公路联接。2017年，全市公路客运量为965.95万人，客运周转量80133.8万人公里[①]。在机场建设方面，承德拥有"两支五通"的航空运输体系，"两支"指承德民用机场、丰宁民用机场；"五通"指围场通用机场、平泉通用机场、滦平通用机场、宽城通用机场、兴隆通用机场。其中承德普宁机场已于2017年5月31日正式通航，开通6条航线，通达7个城市，旅客吞吐量为14.7万人次。在铁路方面，京沈高铁承德段已全面通车，承德迈入高铁通达城市。

4. 对城市经济社会发展的其他影响

通过相关研究表明，在避暑山庄及周围寺庙强大的IP带动下，给城市经济发展还带来一系列的其他影响。主要表现在三个方面，一是带动就业。据统计，避暑山庄及周围寺庙为承德市带来20.7万个工作岗位，其中直接带动就业岗位约3.2万个，文物保护投资产生就业岗位4540个。通过测算发现，避暑山庄及周围寺庙依靠旅游就业与行业带动产生的间接就业比大致是1：15，即一个文物保护的岗位能带动15个其他行业的就业岗位。由此可见，其在引领就业方面具有非常突出的作用。二是扩大招商引资的宣传力，利用世界文化遗产的声誉开展各类招商引资活动也是承德市发展经济的重要抓手。如2003年承德通过举办"避暑山庄建园300年"纪念活动，不但进一步提升了避暑山庄的知名度，而且在"文化搭台、经济唱戏"的引导下，带动了地方经济的发展，取得了良好的效果。三是带动土地保值增值。避暑山庄及周围寺庙对周边土地和房地产市场有一定的积极促进作用。从2018年8月份房产中介的网站上的统计数据可以发现，承德市房价最高的是双桥区，而避暑山庄及周围寺庙也坐落在双桥区，不论新房价格还是二手房价格均远远超过其他各相关地区。当然，影响房价

---

① 承德市2017年国民经济和社会发展统计公报[EB/OL].(2017–02–07)[2018–08–09].https://www.chengde.gov.cn/art/2018/3/15/art_9942_225775.html.

高低的因素非常多，不过历史文化遗产总的来说对当地的房价还是有一定支撑作用。

二、对产业新城经济社会发展的影响——以陕西秦汉新城为例

秦汉新城位于陕西省西安市和咸阳市之间，是国务院批复建设的第七个国家级新区——西咸新区的重要组成部分，位于西咸新区五大功能组团的核心区域（详见图 29）。据统计，辖区范围内分布有大量周、秦、汉时期的各类重要历史遗存，其中全国重点文物保护单位有 10 处 17 个点、省级文物保护单位 13 处、市级文物保护单位 14 处，区县级以上文物保护单位有 37 处 44 个点。在国家文物局公布的"十二五"期间 150 处重点大遗址中，就有秦咸阳城遗址、阿房宫遗址、丰镐遗址、汉长安城等多处国家级重点大遗址。西汉 11 座帝陵中的 9 座分布在秦汉新城，此外还有周文王陵、周武王陵、霍去病墓、李夫人墓等众多陪葬墓等一大批文物古迹。秦汉新城作为西咸新区面积最大的产业新城，总规划面积 302 平方千米，但是其包含的大遗址保护区就占 104 平方千米，其中 32 平方千米是核心保护区，72 平方千米为建设控制地带和风貌协调地带，建设用地只有 50 平方千米。由此可见，历史文化遗产在产业新城经济社会发展中所占据的重要地位。

秦汉新城在规划设计阶段，充分考虑以大遗址为代表的众多文化遗产对产业新城开发建设影响，将历史文化遗产作为独具特色的产业资源予以开发引导（详见图 30）。按照《陕西省西咸新区秦汉新城产业发展扶持政策（试行）》的规定，秦汉新城重点发展历史文化旅游、金融商贸、总部经济、都市农业等产业，立足于咸阳宫、汉阳陵、五陵塬等遗址保护区，以生态、文化和商业为主，推动房地产业、文化产业、旅游业等的发展，不断提升秦汉新城的文化品牌形象。

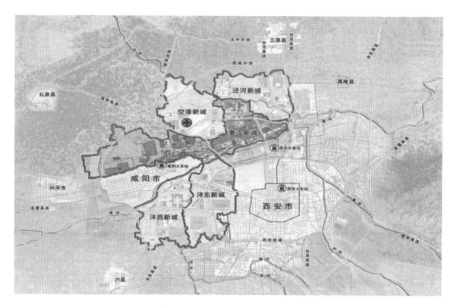

图29：秦汉新城规划位置图

资料来源：陕西省西咸新区秦汉新城管委会网站。

图30：秦汉新城空间布局规划图

资料来源：秦汉新城分区规划（2010—2020）。

（一）对秦汉新城经济社会发展的直接影响

由于秦汉新城内以大遗址为主体的历史文化遗产占全部新城面积的三分之一左右，因而短期内对整个产业新城的经济发展无法构成巨大影响，但从长远来看历史文化遗产必然会对秦汉新城的经济发展起到推动促进作用。2015 年，秦汉新城对外开放运营的历史文化遗产只有两个遗址区，分别是茂陵和阳陵，且均建立了相应的博物馆。茂陵博物馆是一座以汉武帝茂陵、霍去病墓及大型石刻群而蜚声海内外的西汉断代史博物馆。有文物陈列室 2 座，汉武帝故事造像艺术展 1 座，石刻廊房 6 座，总占地面积 12.15 万平方米。茂陵现有职能部门 11 个，员工 80 多人。阳陵博物馆依托西汉景帝刘启及其皇后王氏同茔异穴合葬的阳陵陵园而建，汉阳陵始建于公元前 153 年，至公元前 126 年竣工，陵园占地面积 20 平方千米，修建时间长达 28 年，是一座融合古代文明与现代科技的大型历史文化旅游景区。根据相关统计数据显示，2014 年茂陵参观人数为 55.38 万人次，经营收入 555.36 万元；阳陵参观人数为 54.27 万人次，经营收入 544.25 万元。经过加总计算，当年秦汉新城内的历史文化遗产参观总数为 109.65 万人次，经营总收入为 1099.61 万元。按照 2014 年文物系统 51.7% 的增加值率计算可知，秦汉新城历史文化遗产经营性收入增加值为 568.5 万元。

在文物保养修缮支出方面，以 2014 年为例。国家累计对秦汉新城投入文物保护资金 6300 万元，投入文物本体及周边环境整治（主要是绿化）经费 1.26 亿元（其中用于长陵环境整治 7230 万元，安陵及赵王如意墓环境整治 5330 万元）。参照 2014 年西安市建筑业增加值率 27.9% 估算，当年秦汉新城内历史文化遗产带动的建筑业增加值约为 0.53 亿元。

（二）对秦汉新城经济社会发展的间接影响

1. 带动旅游业的发展

由于秦汉新城的大部分历史文化遗产尚未进行开发，文物旅游开放利用情况总体来讲还相对比较薄弱，其带动效应还未完全展现出来。以 2014 年为例，秦汉新城中处于开放经营的历史文化遗产主要有茂陵和阳陵，其中茂陵共接待参观 55.38 万人次，阳陵共接待参观 54.27 万人次。同期陕西省国内旅游一日游游客平均花费 1221.58 元，保守估计参观秦汉新城的游客平均花费为陕西省一日游费用的 50%，即 610.79 元。按照参观人数与旅游花费相乘计算，可以得出 2014 年秦汉新城内的历史文化遗产带动旅游业增加值为 6.7 亿元。

2. 带动文化产业的发展

按照秦汉新城的发展规划，其重点文化产业项目包括大秦文明园、大型科技文化产业园、陕西张裕瑞那城堡酒庄、秦汉新城影视文化产业基地等。其中，张裕瑞那城堡酒庄已正式运营，主营高档葡萄酒生产，兼营葡萄酒文化展示、休闲娱乐、文化旅游业务。秦汉新城影视文化产业基地参与和储备影视项目总量超过 200 个，其中有 28 部作品在央视播出，11 部院线电影全国上映、4 部票房过亿，97 个项目获国内外各级奖项、荣誉、资质或资金扶持。同时，根据《秦汉新城文化产业发展扶持政策（试行）》，秦汉新城将设立文化产业发展专项资金。每年安排不少于 3000 万元的文化产业发展专项资金，用于扶持文化产业发展；设立文化产业发展扶持基金。筹措 30 亿元文化产业发展扶持基金，用于扶持产业平台建设、影视动漫作品制作播出、文艺精品创作评奖、文化会展交流、图书出版发行和高端人才引进等高端文化产业发展需求。此外，还将在历史文化资源开发利用、文创基地建设、文化旅游景区创建等方面提供资金支持。

3. 带动土地及房地产市场的发展

从目前来看，虽然秦汉新城内的众多文物古迹限制了周边基础设施和产业项目的建设，建筑物的体量、高度和风貌也受到一定的约束，其相关配套与西安成熟地区相比还处于劣势，但秦汉新城的土地价格和房产价格在经历早期低于西安房地产价格后，现在的价格有了较大的提升，已经从价格洼地转变为价格高地。从 2018 年上半年西安土地成交情况来看，秦汉新城所在的西咸新区出让地块成交为 100 宗，约占全市成交 143 宗的 70%。从出让成交价格来看，西咸新区土地成交楼面均价为 4628 元 / 平方米，低于曲江的 5893 元 / 平方米和城南的 5635 元 / 平方米，但远高于其他区县的土地成交楼面价。根据安居客 2018 年 8 月的统计，秦汉新城新房均价 16250 元 / 平方米，而同期西安新房均价为 11190 元 / 平方米，价差 5060 元 / 平方米。可见，虽然秦汉新城远离市中心，但其房价依然远高于全市平均水平。

　　不过需要指出的是，由于秦汉新城尚处于发展起步阶段，历史文化遗产的保护利用对区域国民经济发展的正面作用还远未充分体现出来。而且，出于对大遗址保护的需要，法律规定部分地块实施严禁破土、挖深限制和动土审批，给秦汉新城的经济发展造成了一定的影响。一是限制了土地开发利用。秦汉新城内的多处大遗址分布密集，周边大量土地被划入建设控制地带，2.2 平方千米中有超过 1/3 的面积属于非建设用地，而且土地条块分割严重，无法实现土地连片整体开发利用，产业开发难以在土地上实现集聚规模效应。受秦汉帝陵保护的影响，很多区位条件较好的土地性质难以在规划上变更为城市建设用地或工业用地。二是限制了产业发展。为了避免对秦汉新城脆弱的历史文化遗产、自然生态环境造成破坏，部分重化工企业、装备制造业、交通运输业等难以在产业新城内落地，这在一定程度上造成秦汉新城难以复制其他新区建设的成熟经验和发展路径。据推算，秦汉新城因大遗址保护而造成产业机会成本约 1064.6 亿元，其中工业成本 126.2 亿元，房地产业成本 633.4 亿元，商业开发成本 305 亿元。三是增加遗产保护支出。为了保护辖区内的文化遗产，可能会牵扯人口迁移、建构筑物拆迁等问题，这就涉及征地补偿、居民安置等方面的支出，此外维持遗产保护机构和人员的正常运转也需要一定的费用。据了解，仅 2014 年秦汉新城征地拆迁、移坟迁墓和居民安置过程中耗费的成本约为 5 亿元。不过，随着保护工作的深入和相关规划的实施落地，历史文化遗产一定会对秦汉新城的发展壮大提供更多的资源和动力源。

三、对小城镇经济社会发展的影响——以浙江良渚为例

　　良渚遗址位于杭州市余杭的良渚镇、瓶窑镇和安溪镇之间，由多个遗址组成，距今约 5300—4300 年，是新石器晚期人类的聚落群。良渚遗址最早由西湖博物馆的施昕更先生于 1936 年在良渚一带开展田野考古发掘时发现，之后随着陆续考古勘探的深入，大量人类史前文物尤其是玉器被

清理发掘出来,良渚遗址由此被认为是"中华文明的曙光"。尤其是2007年,
在良渚遗址发现一座290万平方米的古城址,其空间格局、功能分区和各
类遗存成为中华五千年文明历史的珍贵实证。良渚遗址总面积约34平方
千米,由反山、瑶山、莫角山、塘山、文家山、卞家山等100多处遗址点
组成。1996年,良渚遗址被国务院公布为第四批全国重点文物保护单位,
2019年,良渚遗址登录世界文化遗产名录。

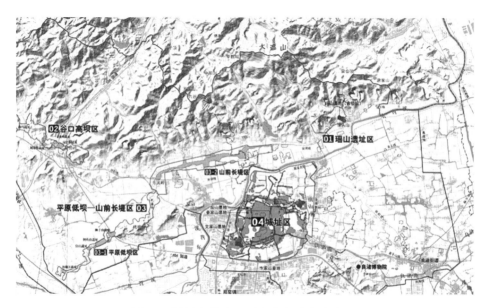

图 31:浙江良渚遗址历史文化遗产分布图
资料来源:原杭州良渚遗址区管理委员会网站。

    在保护管理机构方面,2001年浙江省政府设立杭州良渚遗址管理区,
由杭州市领导余杭区负责管理。杭州良渚管理区下辖良渚、瓶窑两镇,区
域面积242平方千米,并成立杭州良渚遗址管理区管理委员会,增挂浙江
省杭州良渚遗址管理局牌子,为正区级单位。2008年和2016年,余杭区
委区政府对管委会的管理体制和运行机制进行改革和完善,建立良渚遗址
申遗和良渚文化国家公园建设领导小组,下设工作指挥部,与良渚遗址管
委会合署办公,实行实体化运作。

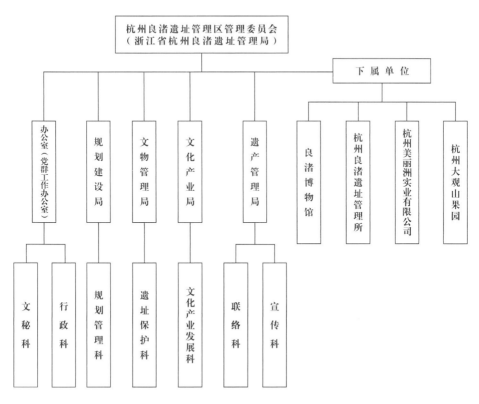

图32：杭州良渚遗址管理区管理委员会组织架构图

资料来源：原杭州良渚遗址区管理委员会网站。

　　在协调地区经济发展方面，为了解决遗产保护与经济发展之间的矛盾，杭州良渚遗址管理区管理委员制定了《良渚遗址保护区文物保护补偿办法》，创新性地建立文物保护补偿机制用于改善当地民生。其文物保护补偿主要以经济补偿为主，补偿资金来源于三个方面，一是余杭区设立的良渚遗址文物保护专项补偿经费，每年500万元且逐年递增10%；二是杭州市财政每年安排500万元用于良渚文物保护补偿；三是将远离良渚遗址保护区、最靠近杭州主城区、最具价值的26平方千米土地出让毛收入的10%用于反哺良渚遗址保护和申遗工作。文物保护补偿机制主要是对因文物保护受到损失的农民、村集体和有关企事业单位进行经济补偿。同时，通过对遗址区内相关村、社区的文物保护工作实绩量化考核，采取"以奖代补"、转移支付的方式支持他们进行美丽乡村建设、村级集体经济发展和社会民生事业改善，激发遗址保护的自觉性和自主性。

（一）对小城镇经济社会发展的直接影响

在 2019 年前，良渚遗址主要用于开放展示的为良渚博物院和美丽洲公园。良渚博物院占地面积 4 万平方米，建筑面积 1 万平方米，展览面积 4000 多平方米，是一座收藏、研究、展示和宣传良渚文化的考古遗址博物馆，内设 3 个常规展厅、1 个临时展厅以及 1 个文物专用库房等。美丽洲公园位于良渚遗址西南侧，与良渚博物院组成了 53.87 万平方米的"大美丽洲"旅游中心区。公园内有体验式旅游区、玉器文化鉴赏区、良渚文化生活区等三种不同功能区，是集考古体验、休闲度假、文化创意于一体的文化有机综合体。美丽洲公园于 2010 年被原国家旅游局评为 4A 级景区，建立了完善的旅游服务设施。良渚遗址对当地经济的主要贡献主要表现在吸纳和带动就业人口、相关建设方面的支出以及自身经营性收入等。目前无法从公开数据中找到其主要从业人员人数，不过从良渚址管理区管理委员会组织架构图中可以大致推测其吸纳就业人口数量较大。在相关建设方面，美丽洲公园完成一期工程，项目总投资 6.5 亿元左右。良渚博物院于 2008 年建成，项目投资大约 1 亿元。为进一步满足申遗要求，于 2017 年 8 月闭馆开展为期 10 个月的升级改造，围绕"良渚遗址是实证中华五千年文明史的圣地"这一主题对其进行布展陈列，引入 AR、VR 等科技手段阐释良渚文明。在自身经营方面，由于良渚博物院和美丽洲公园均为免费开放场所，故其主要经营收入是在遗址区内场地出租收入、博物馆的经营收入和美丽洲公园的相关经营收入。考虑到这些收入一般年度波动较大且数额较小，从近些年来的收入情况进行平均计算，可以得出每年遗址区的直接经济贡献在 340 万元左右。不过，考虑到良渚遗址知名度的不断提升以及世界文化遗产申报成功，遗址保护利用宣传的活动日益增多，良渚遗址对当地经济发展的直接贡献也将逐步提高。

（二）对小城镇经济社会发展的间接影响

1. 带动旅游及相关行业的发展

在旅游产业发展方面，杭州良渚遗址区管理委员会借助于良渚遗址强大的号召力不断开拓旅游发展新思路，不但将良渚博物院、美丽洲公园打造成良渚旅游的拳头产品，而且对良渚周边的各种经典旅游景点进行规划整合、串珠成链，先后设计了良渚文化游、绿色生态游、乡村休闲游、都市购物游、特色美食游以及美丽乡村游6条推荐线路。在良渚旅游品牌推广上，相关部门围绕做大做强做深"良渚旅游"的发展目标，充分利用如G20峰会等重大时机和场合进行形象宣传，大力推广良渚旅游业的品牌知名度和影响力。据统计，仅良渚博物院和美丽洲公园每年接待游客数量常年保持在50万人次和40万人次以上。按照杭州市2017年旅游总人数16286万人计，良渚博物院与美丽洲公园接待游客量占杭州旅游总人数的0.55%。根据杭州市旅游总收入3041.34亿元和旅游休闲产业增加值928亿元推算，良渚博物院和美丽洲公园创造的旅游总收入和旅游休闲产业增加值大概分别为16.73亿元和5.1亿元。

2. 带动交通运输业的发展

良渚遗址地理位置优越，有多条公路与杭州市主城区和其他重要节点城市相连。尤其是随着莫干山快速路、良睦路快速路与康良路三条道路进入招标阶段，良渚的交通局面将被进一步打开。未来，良渚通往临平、未来科技城、杭州西站、武林广场将形成30分钟快速圈。此外，区域内还将建设53条道路，打造良渚新城内"四纵五横"路网体系，构建完善梦栖小镇区块、生命科技小镇区块、中央商务区内路网体系，打通良渚新城与杭州主城、未来科技城及新城内部主通道，完善整体路网格局。在地铁方面，杭州地铁2号线已经开通运营，缩短了良渚与杭州主城区的时空距离，一路串起了良渚新城、城西腹地、武林中心、钱江新城等多个杭城人口集聚区。从良渚到杭州市中心仅需40分钟，这改变了许多杭州人的生活方式与未来规划。2018年，杭州开工建设的4号线二期、10号线都深入良渚，加上已经开通的2号线，整个良渚将有超10个地铁站点。

3. 带动文化及教育产业的发展

在文化产业方面，良渚遗址区管委会以良渚文化为内核，依托良渚国家遗址公园，以玉文化产业园为产业载体，将遗址保护、传统文化和时尚创意相衔接，建成以著名历史遗址为基础的综合性文化创意产业基地——创意良渚基地。该基地占地总面积约17.59平方千米，是集聚发展艺术品业、创意旅游业、设计服务业；配套发展教育培训业、创意生活业等于一体的文化创意综合体和国际著名历史文化旅游胜地。

创意良渚基地重点推进两块文化产业园区的建设，分别是良渚玉文化园建设和良渚文化村建设。良渚玉文化园由国有公司（美丽洲实业有限公司）投入建设和经营管理。园区于2010年10月开园，占地面积约3.33万平方米，建筑面积1.5万平方米，有11幢独体建筑，园区内部根据功能设置分为展示交流区、艺术家创作区、配套生活和管理区三大区块。其中艺术家工作室整体风格相对统一、个体单元相对独立，每个工作室面积在100—500平方米不等。玉文化园主要以玉文化研究与玉石产品开发、鉴赏、收藏、交易为主要经营业态，是集休闲、体验、参观功能于一身的高端产业平台。先后引进省级以上玉雕大师十位，其中五位为国家级大师。开展良渚玉文化的研究，挖掘整理玉文化遗产，发布最新研究成果，旨在成为具有影响力的现代玉文化研究交流基地。良渚文化村由万科南都集团开发建设和管理运营，主要包含玉鸟流苏创意街区、文化艺术中心、村民图书馆、矿坑公园等区块。其中，玉鸟流苏创意街占地20万平方米，总建面5.7万平方米，旨在形成以文化艺术类企业为主导的文创企业集群。"创业俱乐部"作为创业孵化的服务平台，主要提供创业资讯和落地孵化服务。文化艺术中心由世界级建筑大师安藤忠雄设计，是青少年展示与交流基地、实践与研究基地、培养与教育基地。2014年，良渚文化村已列入杭州文创小镇培育计划。此外，良渚文化村还计划设立业主创业基金，为文化创业者提供融资支持。

经过多年的积累和打造，创意良渚基地的知名度逐步攀升，品牌效应日益显现。良渚玉文化园2012年底被评选为浙江省工业旅游示范基地，2013年成为国家3A级旅游风景区。先后引入多名工艺大师入驻并成立工作室，吸引多家具备一定规模的玉石、青瓷等艺术品经营企业入驻，与西泠印社拍卖有限公司等拍卖机构开展合作，成功打通玉石产业链的上下游，完善整个玉石产业链。良渚文化村的玉鸟流苏创意街区则已精选 15 家企业入驻，其中翻翻动漫等文创类共 12 家，相关运营工作非常成功，为构建创意产业园区的发展提供了新思路新模式。此外，占地 2 万平方米，地上建筑面积约 6000 平方米的文化艺术中心也已建成营业，已经成为国内外文化艺术交流融合、青少年文化艺术创作展示与教育培训的重要基地。良渚文化创意产业的发展吸引诸多设计大奖赛纷纷落户良渚。如 2016 年，第一届中国设计原创奖颁奖于良渚举办后，良渚被确定为永久颁奖地。

良渚文化创意产业的发展，也带动了相关教育产业的发展。2017 年，在余杭区三季度重大项目集中签约活动中，中国美院战略合作项目完成签约。中国美院在良渚新城建设良渚校区，凝聚高层次人才团队、国际艺术和设计力量，联动未来科技城、良渚文化城、梦栖小镇、阿里巴巴等资源，实现人才集聚、产业集聚、创新集聚，合力将良渚校区打造成国内前列、世界一流的特色校区。此外，浙江大学软件学院、东南大学、江南大学、南京艺术学院、江苏大学、湖北工业大学六所著名设计院校也分别与良渚遗址区管委会签署战略合作协议，共建设开放大学。

4. 带动房地产及商业的发展

尽管为加强良渚遗址的保护相关法律法规对遗址本体及周边的土地开发提出了一些限制性条件，导致其周边土地的利用无法发挥最大效力。不过由于当地政府采取了适当的经济补偿措施，更为重要的是合理利用良渚遗址的知名度和品牌影响力，引导开发商打造集旅游休闲和度假居住的新型小城镇，取得了非常好的效果。如前文所述，良渚虽然同余杭老城区不在同一位置，地理位置和资源配置方面明显弱于余杭老城区，在杭州市第七轮基准地价表中同属第八层级，近年来良渚不论是地价和房价都明显高于余杭老城区。之所以会出现这样的情况，跟良渚遗址的重要文化价值不无关系。

在商业方面，目前良渚已拥有永旺梦乐城、西田城、金地广场、北城·上亿等多个商业综合体，不仅能够满足当地的商业消费需求，而且也为外来游客及周边乡镇提供了大量的商业服务。随着万科·未来之光与洲际酒店陆续建成，加上原有的良渚君澜度假酒店，良渚拥有三家高星级酒店，将极大地提高良渚的国际商务接待能力和城市综合运营能力，为良渚未来的城市建设助力。此外，大剧院、图书馆、体育馆、音乐厅等公共文化服务设施也被纳入良渚新城发展规划之中，进一步助推良渚建设成为具有多种功能复合的可居、可游、可学、可商、可创业、可持续发展的美好生活小镇。

小 结

历史文化遗产保护事业作为国民经济发展的组成部分，不但其自身发展会对经济带来积极的推动作用，更重要的是它还会间接引致文化旅游、文化产业、交通运输、餐饮住宿及房地产等诸多行业的发展，具有很长的产业链条。通过测算历史文化遗产对我国经济发展的直接贡献和间接贡献，使之对其经济作用的发挥有了更加清晰的认识和理解。而在历史文化遗产对地区经济发展的研究中可以看出，在部分历史文化遗产资源富集的城市、产业开发区和小城镇中，合理充分科学地利用历史文化遗产不但实现了遗产资源的有效保护，也促进了当地经济、社会、文化的全方位发展，开创了历史文化遗产保护与经济社会发展之间和谐相处、互利共赢的局面。

第八章

国外历史文化遗产
保护的经验与启示

　　在历史文化遗产保护方面，美、日及欧洲国家较早意识到保护的重要
性，建立了一整套符合历史文化遗产保护特点和本国实际的保护管理制度。
在长期的保护管理过程中，西方发达国家的政府部门和民间力量紧密合作，
不断深化历史文化遗产的文化内涵，扩展历史文化遗产的保护范围，完善
历史文化遗产保护的法律法规，建立了一系列合理高效的保护管理模式。
在此基础上，这些国家充分运用经济政策手段来引导社会资金进入历史文
化遗产保护领域，采取税收减免和财政补贴的方式鼓励与历史文化遗产密
切相关群体保护遗产的积极性。它们的保护管理经验，对于加强我国历史
文化遗产保护事业的发展具有很强的指导和借鉴意义。

第一节　美国历史文化遗产保护的经验

一、保护的发展历程

　　美国建国时间虽然比较短，但是依然保留有众多的历史文化遗产。美
国历史文化遗产保护运动经历了近 200 年的发展，建立完善的法律体系，
形成成熟的保护管理理念。历史文化遗产的保护也从私人自发组织逐步演
化为国家与私人组织共同协作的模式，保护的范围也从单个的历史建筑逐

步扩展到历史建筑群、历史环境和历史街区。就其保护发展历程，大体可分为保护的萌芽期、发展期和完善期三个阶段。

（一）保护的萌芽期

一般认为，美国早期的历史文化遗产保护肇始于 19 世纪中叶弗农冈（Mount Vernon）的保护运动。1853 年，一些商人看中了位于弗吉尼亚的美国开国总统华盛顿的故居——弗农冈优越的地理条件和优美的河畔风光，打算从华盛顿的侄子约翰·华盛顿手里买下来改建为带有赛马场的旅馆。尽管当时很多人意识保护华盛顿故居的重要性，但是由于没有相关的法律法规对此进行约束，政府也不愿意承担 20 万美元巨资进行收购。此时，出于对华盛顿的崇敬之情和朴素的爱国情感，来自南方的安·帕梅拉·坎宁安（Ann Pamela Cunningham）女士挺身而出，向广大妇女发出保护弗农冈的倡议，并组建了弗农冈女士协会（Mount Vernon Ladies Association）用来宣传和募集保护资金。该协会是美国历史成立最早的历史文化遗产保护组织，坎宁安担任协会的董事，同时将那些可能募集到资金的人任命为副董事。通过在各种聚会和集会上的演讲和游说，弗农冈女士协会最终在 1858 年筹集到 20 万美元，获得了弗农冈的所有权。在保护弗农冈建筑的基础上，坎宁安对华盛顿生前的一些物品和室内陈设进行了收集和整理，依据历史资料进行展览陈设，以供人们瞻仰凭吊。

弗农冈运动开创了美国历史文化遗产保护的一种崭新模式，即在缺乏政府相关法律法规和资金投入的情况下，完全依靠个人或民间组织的力量来推动历史文化遗产保护。可见，美国早期历史文化遗产保护最显著的特征就是保护运动主要由个人或私人组织发起，政府在保护运动中的作用并不明显。弗农冈保护之所以能够成功并能引领全国的遗产保护运动，与美国对私有产权的尊重分不开的。从"五月花"号登陆新大陆的那一刻起，来自欧洲的清教徒们怀揣自由平等的理念，坚信私有财产神圣不可侵犯。因此，历史文化遗产的保护与产权的归属具有极其密切的关系，要想对某处历史文化遗产进行保护，其前提必须是获得该遗产的所有权。以弗农冈为例，迄今为止该建筑的产权仍然归弗农冈女士协会所有。

　　弗农冈的保护对于 19 世纪美国的历史文化遗产保护运动起到了引领和推动作用，开创了美国历史文化遗产保护的先河。自弗农冈之后，美国各地相继成立了许多民间的历史文化遗产保护组织，保护运动也蓬勃发展起来。在美国南方地区，许多名人故居得到了有效的保护，建成了许多住宅类博物馆。而在经济发达的北方地区，人们则行动起来将保护的重点投向了城市中的公共建筑，如波士顿的老南会堂、布芬奇州政厅、公园街教堂、波士顿图书馆等得到了有效的保护[①]。这一时期保护的遗产大多是与国家历史事件或历史人物密切相关的建筑物，保护资金主要是由私人捐赠或是募集而来，保护形式以建立博物馆或参观场所为主。与私人组织开展保护遗产相比，联邦政府直到 19 世纪末期才开始关注历史文化遗产保护。1889 年，联邦政府拨付了首笔资金 2000 美元用于保护位于亚利桑那州的卡萨格兰德遗址。

（二）保护的发展期

　　在个人和私人组织开展历史文化遗产保护的同时，美国联邦政府也逐步意识到保护的重要性。1906 年，美国政府通过了《古迹法》（*The Antiquities Act*）。该法案规定可以将某些隶属于联邦政府所有或管辖范围内的历史性地标、历史性或史前建筑物以及其他具有历史或科学影响力的遗址，宣布为国家遗址[②]。《古迹法》规定，总统可以指定历史地标，历史构筑，以及其他具有历史及科学意义的对象为国家纪念物。尽管《古迹法》规定的这些条款只限于联邦所属土地，无法对私人财产进行约束，不过还是对美国历史文化遗产的保护产生了深远的影响。1916 年，联邦政府建立国家公园管理局。起初该局以保护自然风景名胜为主，随着职能的扩展，它已经成为美国联邦政府历史文化遗产保护计划的主办机构。

　　1931 年，位于南卡罗来纳州的查尔斯顿为回应少数民众、历史保护主义者、房屋拆迁与清理方面的社会学家提出的批评建立了美国首个历史

---

① 　王红军. 美国建筑遗产保护历程研究——对四个主题事件及其相关性的剖析 [D]. 同济大学, 2006.

② 　Federal Historic Preservation Laws: The Official Compilation of U.S. Cultural Heritage Statutes: 2006 Edition[EB/OL]. (2015-05-05)[2017-09-02]. https://www.nps.gov/parkhistory/online_books/fhpl/index.htm.

文化保护区——老历史文化保护区（Old Historic District），并由此专门
制定了《查尔斯顿历史街区保护法》（*The Charleston's Historic District Law*）。这项法案不仅要求保护旧有建筑，而且对新建建筑的风格做出相
应规定①。建立保护区的做法在拥有古迹并期望将之发展成特有建筑风格
的城市得到了积极响应和大力推行，如 1936 年建立的新奥尔良老城区、
1946 年弗吉尼亚州的亚历山大、1948 年北卡罗来纳州的温斯顿—塞勒姆
以及 1950 年美国华盛顿特区的乔治城。

　　在美国经济大萧条期间，建筑师查尔斯·彼得森向联邦政府建议雇佣
一批失业的建筑师开展国家历史建筑的档案收集整理工作。国家公园局同
意了这一建议。1933 年，在国家公园管理局、国会图书馆等部门的主导
下进行了美国历史建筑调查（The Historical American Buildings Survey,
简称 HABS）。这是美国首次在全国范围内开展历史建筑的测绘、拍照、
统计、整理和研究工作。测绘的主要对象为具有重要历史意义的建筑，后
来也将一些比较罕见或较少关注的遗产类型纳入其中。起初，HABS 计划
招募 1000 名建筑师和摄影师开展为期 6 个月的调查工作，但随着调查项
目的深入，HABS 一直持续到美国参与第二次世界大战之前。至 1941 年，
HABS 已经测绘了 693 座建筑，绘制了超过 2.3 万张图纸，并对所有的建
筑进行了拍照。20 世纪 50 年代初期，HABS 计划重新启动，与上次调查
不同的是调查主体转为大学教授和建筑系、历史系的学生。通过几年艰苦
的努力，共拍摄超过 36 万张测量图纸与宽幅照片，记录了多达 3.5 万个
历史性建筑与遗迹。

　　1935 年，联邦政府通过了《历史遗迹法》（*The Historic Sites Act*），
这是美国历史上第一部完整的历史文化遗产保护的国家立法。《历史古迹
法》规定，保护对国家有重大历史文化意义的古迹、建筑和构件是一项国
策。由此可见，法律对于历史文化遗产的保护不仅囊括了政府拥有的历史
文化遗产，也将私人所有的历史文化遗产涵盖在内。国家公园管理局根据
联邦法律的规定对历史遗产进行了重新分类，将那些具有重要历史意义的

① 汪丽君，舒平，侯薇. 冲突、多样性与公众参与——美国建筑历史遗产保护历程研究 [J]. 建筑
学 ,2011(05):43-47.

私有文化遗产列为国家历史地标，由此奠定了美国国家历史场所登录制度的基础。受到《历史遗迹法》的鼓舞，许多专注于历史文化遗产研究与保护的民间组织如建筑历史学家社团、历史文化保护国家信托等也在此期间纷纷建立起来。在联邦政府和民间组织的推动下，一些州和地方政府的历史文化遗产保护工作逐步开展起来，相关行政机构也陆续设立。

从18世纪初期到20世纪40年代初，美国历史文化遗产的保护一直遵循了两条独立的发展之路——民间组织路线与政府机构路线[①]。这一状况直到二战结束后开始发生变化，为了积极引导公众参与到国家历史保护区、历史建筑和其他构件的保护工作中来，1947年美国历史文物古迹理事会在国家美术馆召开会议，决定建立国家历史遗产保护信托机构，旨在融合民间遗产保护与联邦遗产保护所取得的成果[②]。该信托机构成立之后，迅速开展历史遗产保护工作，目前已经成为美国最大的历史遗产保护组织。国家历史遗产保护信托的工作实践涵盖以下几个方面：进行历史古迹的鉴别与认定；加强和巩固历史古迹保护成果；开展历史文化遗产保护的宣传教育；拓宽遗产保护的民间资本与公共财政来源[③]。

（三）保护的完善期

从20世纪50年代开始，美国大规模的城市更新运动迅速展开，大批新建建筑在市中心拔地而起，成片的历史街区遭到破坏，历史遗产面临巨大挑战。随着城市化进程的快速推进，越来越多的社会有识之士以及国家历史保护信托向联邦政府呼吁加强遗产保护，这些建议促使联邦政府重新审视城市更新对遗产造成的影响和教训。1966年10月，联邦政府通过了《国家历史遗产保护法》（*The National Historic Preservation Act*）。这是美国有史以来最为重要的历史遗产保护法案，虽历经多次修改但依然沿用至

---

① Norma Tyler. Historic Preservation: *An Introduction to Its History, Principles, and Practice*[M]. New York: W.W. Norton & Co., 2000:33.

② Thomas F. King. *Anthropology in Historic Preservation*[M]. London: Academic Press, Inc. Ltd., 1977:25.

③ William J. Muztagh. *Keeping Time: The History and Theory of Preservation in America*[M]. New York: Sterling, 1990:47.

今。该法案的出台确定了美国历史遗产保护的基本法律体系，标志着美国
遗产保护管理进入一个新阶段。与《历史遗迹法》相比，《国家历史遗产
保护法》在内容上有了很大的突破。保护的关注点不仅包括具有历史意义
的国家重要史迹，也涵盖那些对于社区有意义的历史场所。《国家历史遗
产保护法》主要进行了如下新的规定：建立国家历史遗产登录制度；建立
历史文化标志地认定制度；要求各州建立州立历史遗产保护办公室，开展
各州的遗产保护计划；成立历史遗产保护咨询委员会，监督检查《美国国
家历史名胜名录》的地标建筑修缮工程情况。

《国家历史遗产保护法》的颁布对于美国历史文化遗产的保护具有深
远的影响，各种历史遗产保护组织如雨后春笋般快速发展起来。全美大约
3000 个保护组织活跃在历史遗产保护的宣传、咨询、保护和修复的实践
中。美国国家历史遗产保护信托机构的成员从 1966 年的 1.07 万个，发展
到 1999 年约为 26 万个。超过 35 所大学的研究生院设置了历史古迹保护
的相关课程①。

表16：美国联邦政府颁布的历史遗产保护方面的主要法律法规

时间	法律名称	主要目的
1906 年	《古迹法》（The Antiquities Act）	保护具有历史和科学价值的历史标志物、史前遗址
1916 年	《国家公园组织法》（The National Park System Organic Act）	建立内政部国家公园管理局及其组织机构，负责遗产保护
1935 年	《历史遗产法》（The Historic Site Act）	制定具有重要价值的历史场所、建筑、构筑物及考古学遗址的保护政策
1949 年	《国家历史信托基金法》（The National Trust for Historic Preservation）	制定国家历史遗产保护基金会的职能和运行模式，明确历史保护的相关政策，促进公众参与历史遗产保护
1949 年	《联邦财产和管理服务法》（The Federal Property and Administrative Services Act）	为历史遗产的保护、利用、处置和记录，建立一个经济有效的管理系统

① Norman Tyler. Historic Preservation: An Introduction to Its History, Principles, and Practice[M]. New York: W.W. Norton & Co., 2000:45.

（续表）

时间	法律名称	主要目的
1966 年	《国家历史遗产保护法》（*The National Historic Preservation Act*）	建立国家历史遗产保护体系，提出历史遗产登录制度、保护经济手段、技术手段、管理方式以及组织系统等
1969 年	《国家环境政策法》（*The National Environmental Policy Act*）	激励人和环境的和谐共生的国家方针、消除环境污染、保障人的健康与福利、加强对生态系统重要性的理解（包括历史、文化、自然环境的保护）
1976 年	《公共建筑合作利用法》（*The Public Buildings Cooperative Use Act*）	结合商业、文化、娱乐、教育等设施和活动，合理有效利用具有历史、文化、建筑学意义的建筑
1976 年	《税务改革法》（*The Tax Reform Act*）	对超过 60 年的历史遗产首次通过税法的形式，建立税收激励来鼓励历史遗产的保护
1978 年	《税收法》（*The Revenue Act*）	在个人所得税、房地产税等方面进行削减
1981 年	《经济复苏税法》（*The Economic Recovery Tax Act*）	对历史遗产保护再利用提供税收减免，提高私有遗产保护的积极性
1996 年	《美国战争地保护法》（*The American Battlefield Protection Act of 1996*）	对美国成长和发展具有重要意义的战争地的规划、研究和保护

　　在此期间，在历史文化遗产保护的过程中也创造了很多非常有用的理论和工具，其中最为引人注目的是历史文化遗产保护的发展权转移制度。土地发展权转移制度是一种为避免私人利益最大化的土地配置行为选择损害公众整体福利的土地价值再分配手段[①]，其在美国的很多州和城市中得到了应用，取得了良好的效果。发展权转移主要是通过市场交易来进行的，政府只是作为第三方进行相关程序的监管。众所周知，历史文化遗产的持有和维护需要耗费巨大的资金，如果资金来源主要依靠政府财政拨款，不但会加大纳税人的经济负担，也会因为政府的过分管制引发效率的降低甚至会导致寻租行为的发生。而通过发展权交易，历史文化遗产作为发送区能够获得来自发展权接收区的资金支持用于自身的发展。比如，建于 1989 年的洛杉矶美国银行大楼，就是由于购买了历史建筑图书馆上空

---

① 柴铎，董藩．美国土地发展权制度对中国征地补偿改革的启示——基于福利经济学的研究 [J]. 经济地理，2014,34(02):148–153.

的余量发展权，得以建造超过区划规定的 73 层摩天大楼，而图书馆方面也获得了巨资得以进行扩建和维修。由于发展权转移采取自由交易的方式，使得政府不参与利益分配，也不干预交易行为，只是交易双方利益协调的第三人，其主要职责是保护历史文化遗产及私有产权所有人的利益，制定相关的规则并监督交易后的落实情况。

经过近百年的发展，美国的历史文化遗产保护事业取得了长足的进步。截至 2006 年，全美的国家登录历史场所达 85014 处，国家历史性地标 2400 处。联邦政府在历史保护项目中的投入累计超过 12 亿美元，用于历史建筑维修的税收减免额超过 300 亿美元。除了政府资金投入和税收减免以外，很多地方组织也积极投身到历史文化遗产保护领域内，如保护组织"拯救美国"在 8 年内就向全美 38 个州的 133 个项目资助了 2460 万美元[①]。

二、保护的组织架构

美国历史文化遗产保护管理的组织构架基本按照行政体系的模式分为"联邦—州—地方"三个层级。联邦政府的主要职能是规范和引导，包括颁布与遗产相关的法律法规，指导各州在保护原则、保护方法和保护内容上进行统一，提出经济刺激政策（如资金援助、税收减免等）提高历史文化遗产保护利用的积极性，保护和管理所有权为联邦拥有的历史文化遗产。州一级政府作为联系联邦与地方政府之间的桥梁，一方面按照联邦政府的法律要求，建立相关的保护管理机构，执行各类历史文化遗产保护计划，开展历史文化遗产的资源调查，提名国家登录历史场所，为登录的历史场所申请税收优惠等；另一方面根据本州的实际情况自行制定法律，通过立法的形式明确联邦、州与地方政府在遗产保护方面的关系。同时还授权地方政府制定符合本地区发展的遗产保护政策，确保实施政策的灵活性。而地方政府作为遗产保护的最终落脚点，在遗产保护中发挥最为关键的作用。很多地方政府通过设立保护管理机构，配备历史保护专员，出台历史保护的法律法规和保护导则，加强与城市规划管理部门的沟通与协作，保护和

---

① 张松.历史城市保护学导论：文化遗产和历史环境保护的一种整体性方法 [M].上海：同济大学出版社,2008.107.

管理历史街区、历史登录建筑和标志性建筑，制定刺激遗产所有者及社区居民保护历史遗产的经济措施等方式发挥其在历史文化遗产保护管理方面的作用。

（一）联邦层面的保护组织

1. 国家公园管理局

国家公园管理局成立于 1916 年。最初，该管理局只对国家公园、国家军事公园和国家战场旧址进行管理，1966 年《国家历史遗产保护法》公布以后，国家公园管理局将历史场所国家登录制度的管理、国家历史地标认定、历史环境保护基金及补助金的管理等纳入管辖职责内。国家公园管理局与历史遗产相关的主要部门有文化资源办公室、遗产地文化项目司、历史建筑和文化景观司、历史司等。国家公园管理局负责对全美的国家公园、纪念地、历史地段、风景路、休闲地以及白宫景点等 20 多个不同类型区域的所有土地、水面进行统一管理。截至 2014 年 6 月，美国国家公园管理局共管辖 401 个成员单位，总面积 33.7 万平方千米，覆盖 49 个州，约占其国土总面积的 3.64%。

2. 历史保护咨询委员会

作为联邦政府专门设立的保护咨询机构，历史保护咨询委员会的主要职责包括以下 6 个方面：审议对历史文化遗产可能产生影响的建设项目，这些项目主要是指由联邦政府参与投资、实施补助或进行批准许可的项目；向总统和国会提供遗产保护方面的咨询和年度报告；对州及地方历史文化遗产保护相关法律法规的拟定提出意见；组织开展历史文化遗产保护活动；推荐有关法律及税收方面的研究成果；进行宣传教育等[①]。

3. 国家历史保护信托组织

作为全美最重要的历史遗产保护的非盈利机构，国家历史保护信托组织现有 25 万名会员和 7 个区域办公室，与 50 个州的 1000 多个地区组织开展合作[②]。其主要职能包括为历史遗产保护提供咨询和技术支持、为开

---

① 王星光. 美国如何保护历史文化遗产 [N]. 学习时报 ,2016-02-25(002).

② 张如彬. 美国的历史文化遗产保护及其与其它发达国家的发展比较[J]. 中国名城 ,2011(08):51-58.

展遗产教育、遗产旅游、遗产宣传和地方遗产保护组织发展给予技术和资金帮助。

（二）州层面的保护组织

1. 州历史保护官员

根据法律规定，美国各州均配备州历史保护官员以负责所在州的历史文化遗产保护工作。州历史保护官员由各州任命，其主要职责包括：开展本州范围内的历史遗产资源调查并分类管理；实施联邦政府给予资助的保护项目；编制全州范围内的历史环境保护规划；筛选符合历史文化遗产登录条件的文物古迹并向国家登录机关进行申报；对历史环境保护工作开展活跃的地区进行认定等。

2. 州历史保护官员全国会议

为了给州层面的历史环境保护争取经济支持，由各州历史保护官员组织召开的州历史保护官员全国会议应运而生。利用这个交流平台，各州历史保护官员能够就历史文化遗产保护中面临的问题、挑战和解决办法进行沟通和协商。通过这一形式，加强了联邦政府与州政府之间的联系，强化了州历史保护官员工作的影响力，也保证了历史文化遗产保护在全国范围内的开展。

（三）地方层面历史文化遗产保护组织

1. 历史保护委员会

历史保护委员会的设立与地方政府认定（Certified Local Government）密切相关。按照《国家历史文化遗产保护法》的规定，经联邦政府认定的地方政府可以直接向其推荐国家登录历史文化场所，并优先获取联邦拨付的保护经费，而联邦认定地方政府的先决条件是设立专业管理地方历史遗产事物的保护管理机构。历史保护委员会的主要任务包括调查、整理地方历史遗产资源，开展遗产保护规划、建筑设计导则的编制以及筛选和推荐历史遗产等。由于它的设立权在地方政府，所以不同城市的保护委员会之间职权和执行标准差异较大，如波士顿把50年以上的建筑列为历史建筑，而费城则没有时间方面的要求。

2. 地方民间保护组织

自 19 世纪 50 年代，个人和私人组织参与历史文化遗产保护被视为社会公民的责任，也是美国历史文化遗产保护的一大特色。虽然战后随着政府逐步介入并主导历史文化遗产保护，但在地方层面还是拥有众多的历史保护组织，这些私人组织在地方历史文化遗产保护中依旧发挥了巨大的作用。根据这些私人保护组织的组织类型可以简单地划分为保护联盟、历史协会和社区组织。保护联盟主要为历史文化遗产保护提供信息咨询、技术支持和保护资金等，保护经费大都源于各种社会捐赠，其中私人捐赠可以

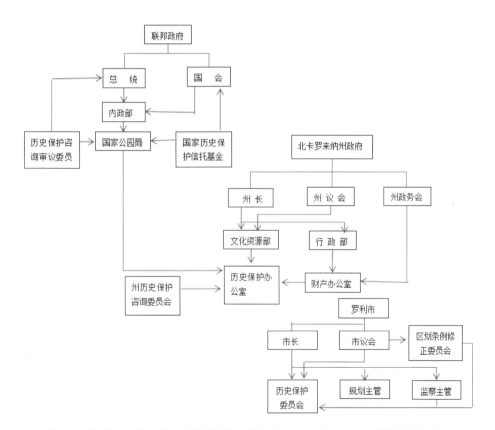

图 33：美国历史文化遗产的保护管理组织构架（以北卡罗来纳州罗利市为例）

资料来源：李和平．美国历史遗产保护的法律保障机制 [J]. 西部人居环境学刊,2013(04):13-18.

获得个人税收减免。历史协会是地方历史的研究和保护组织，致力于地方
历史文化遗产保护，其成员大都是历史学家或历史文化遗产保护专家。在
实际工作中，历史协会采用循环基金的方式购买或租赁濒临危险的历史建
筑，对其进行修缮并寻求新的利用途径。社区组织在历史文化遗产保护方
面也发挥着非常重要的作用。其工作是制定和监督保护区保护条例的执行。
有些社区组织还按照不同的专业领域细分为不同的委员会，各司其职监督
和执行保护区保护工作[1]。

三、保护的经济政策

在历史文化遗产保护管理的经费投入方面，联邦政府的资金投入非常
有限且基本针对联邦所有的历史文化遗产保护项目。对于那些所有权不属
于联邦所有的历史文化遗产，美国政府主要采取税收减免、保护项目资助
以及土地发展权转移等经济手段来鼓励历史文化遗产所有者、企业、非营
利性组织和个人投入资金用于保护和管理。在具体实践层面，联邦、州和
地方政府在历史文化遗产保护、城市规划、财税等方面，制定灵活规范和
可操作性的经济政策，鼓励社会组织和历史文化遗产所有权人参与到保护
中来，其中税费减免、抵扣政策和土地发展权转移是引导社会力量投入历
史文化遗产保护最重要的经济手段。

（一）联邦层面

1966年出台的《国家历史保护法》虽然对历史文化遗产保护进行了
比较明确的规定，但是由于缺乏必要的经济刺激政策，社会公众在历史文
化遗产保护方面得不到必要的补偿，故而在20世纪六七十年代保护工作
推行得并不顺利，甚至在部分城市更新过程中出现大量历史文化遗产遭受
破坏的情况。为此，1976年联邦政府制定了"历史更新抵扣税"政策，
鼓励和引导社会资本加强对历史文化遗产的投入，对私人投资历史建筑保
护的行为可享受一定比例的税收抵扣。1978年出台的《税收法》引入复

---

[1] Frank K, Petersen P. *Historic Preservation in the USA*[M]. New York: Springer, 2002:77–79.

兴投资税收抵扣政策，规定对于那些修复并规划再利用的历史建筑的所有
权人，联邦将业主投资额的 10% 以税收抵扣的方式进行返还。1981 年，
联邦出台《经济复苏税法》，对民间资本投资历史文化遗产保护的项目，
规定对于 30 年以上的非居住商业物业可获得 15% 的抵扣；40 年以上的获
得 20% 的抵扣；对于 50 年以上的各类历史建筑可获得 25% 的抵扣。《经
济复苏税法》被认定是历年税收改革以来对历史文化遗产保护最强效的调
整 ①。据统计，1981 年全美就有 10 亿元资金投入历史建筑和历史街区的
保护中，1985 年民间资本用于遗产保护的投资突破 50 亿美元。实施项目
也有了巨大的增长，1976—1986 年共有 17000 个保护项目实施 ②。

　　1986 年，国会通过了《税制改革法》，对历史文化遗产保护投资的抵
扣比例进行了调整。《税种改革法》规定 50 年以上的非居住类物业的抵
扣比例为 20%，50 年以下的为 10%。相比 1981 年《经济复苏税法》的规
定有较大比例的下降，之后每年用于遗产保护的抵扣额大多维持在 5—9
亿元。随着税收抵扣政策的执行，美国非居住类物业和 50 年以上的各类
历史建筑在政策的激励下得到了较好的保护和维修，带动了商业的开发和
就业人口的增加。为了进一步提高老城区的吸引力，鼓励人口往老城区流
动和聚集，2001 年联邦通过了《历史住房户援助法案》，将居住类的历
史住宅也纳入所得税抵扣范围内。法律规定，普通历史性住房的业主修复
房屋时可获得支出总额 20% 的所得税抵扣，上限为 4 万美元，同时要求
业主投资额中至少拿出 5% 用于建筑外立面的整修 ③。

　　联邦的税费激励政策对于遗产保护与再利用起到了非常积极的作用。
1997 年历史更新抵扣税的总额为 6.88 亿美元，带来了 7.6 亿美元的税
后收入和 2.3 万个就业机会，GDP 增加约 10 亿美元，税收增加 3.2 亿美
元 ④。联邦在运用经济杠杆鼓励企业、组织和私人开展历史建筑保护的同
时，也直接促进了城市就业水平的提高，带动了建筑业、金融业、商业和

① 沈海虹.“集体选择”视野下的城市遗产保护研究 [D]. 同济大学 ,2006.
② 李和平. 美国历史遗产保护的法律保障机制 [J]. 西部人居环境学刊 ,2013(04):13-18.
③ 沈海虹. 美国文化遗产保护领域中的税费激励政策 [J]. 建筑学报 ,2006(06):17-20.
④ 沈海虹. 美国文化遗产保护领域中的税费激励政策 [J]. 建筑学报 ,2006(06):17-20.

旅游业的发展，改善了城市的市容市貌。

（二）州层面

受联邦政府在历史文化遗产保护相关激励政策的启发，从 20 世纪 80 年代开始各州政府也逐步通过税制改革的方式来引导产权人加强保护，改革的内容涵盖所得税减免、物业税减免、历史建筑类博物馆免除销售税、财产税冻结、减免和扣除，非营利性保护团体免除财产税等激励政策。其中效果最为明显的是税费激励政策，主要包括州所得税抵扣和州物业税抵扣两项内容。

1. 州所得税抵扣

美国现有 20 多个州出台了税收抵扣制度，享受退税的项目一般包括登录"国家历史场所"的历史文化遗产、构成"国家历史地区"的历史文化遗产、被州或地方政府认定具有历史价值的历史文化遗产等。各个州对于退税的标准没有统一的规定，一般在投资额的 20%—30%，个别州如新墨西哥州甚至高达 50%。有的州如加利福尼亚和威斯康星州规定出资人可以同时享受联邦和州两级的历史建筑保护退税抵扣政策。在抵扣税的类型方面，很多州既包括了非居住类的商业性历史建筑，也包括居住类的历史文化遗产，甚至个别州如特拉华州对于居住类的历史文化遗产获得的税收抵扣还高于商业性文化遗产。

2. 州物业税抵扣

在物业税抵扣方面，各个州的规定并不完全相同，不过抵扣内容大致包括减免物业增值税、直接减免物业税、设定免征年限、物业税远期抵扣等。其中采用最多的是减免物业增值税，即对将修缮后历史建筑的增加附加值部分给予税收方面的减免或全部减免。对于历史建筑的界定，各个州的规定也不尽相同，如肯塔基州规定只要 25 年以上的建筑就可以享受减免政策。州物业税抵扣政策自实行以来，对于保护和活化利用老建筑起到了积极的推动作用，有力地改善了一些老建筑的保护保存状况，也促进了各州房地产市场的发展。

州所得税抵扣和物业税抵扣政策自实施以来收到了良好的效果。得益于这两项政策的实行，不论是业主、企业、非营利性组织还是租赁者，都从历史文化遗产保护和维修中获得了一定比例的税费减免，这对于减轻所有权人、相关组织及租户的经济负担、减缓老旧城区衰退具有相当积极的作用。据统计，通过税费抵扣制度明尼苏达州每年可获得超过 1 亿美元的收入，而弗吉尼亚州则每年有 3 亿多元用于旧城更新中。

通过分析可以发现，美国历史文化遗产的保护和管理具有鲜明的特点。一是保护具有"自下而上"的特点。从保护的萌芽阶段开始，民间组织就显示出强大的生命力，为公众参与历史文化遗产保护提供了渠道，引领了历史文化遗产保护的方向，并由此带动联邦政府开展保护工作。在民间社团组织的引领和推动下，美国陆续出台了很多重要的历史文化遗产保护法律、法规，促进了遗产保护的法制化进程。二是建立了完备的历史文化遗产保护法律体系。自 1906 年《古迹法》颁布以来，美国联邦制定了 10 多部与历史文化遗产相关的法律法规，与之相对应的是各州和地方政府也出台一系列的法律规定，通过不断建立和健全法律规定，既明确了联邦、州及地方政府保护机构之间的相互关系及其各自的责权利，也对历史文化遗产保护的相关工作进行法律界定。三是建立适合美国历史遗产实际的保护组织机构。作为联邦制国家，美国一向强调分权，对于历史遗产的保护也不例外。联邦—州—地方政府根据各自的职权设立不同的保护管理机构，明确各自的任务分工和职责范围。四是利用经济手段鼓励遗产保护。在历史遗产的资金投入方面，作为"小政府大社会"典型代表的美国来说，在缺乏足够资金直接投入遗产保护的情况下，充分通过税费减免和抵扣的方式间接支持和鼓励企业、组织和遗产所有权人进行遗产保护，起到了非常好的效果。

第二节 日本历史文化遗产保护的经验

作为一衣带水的邻邦，日本深受中国传统历史文化的熏陶，尤其是隋唐时期与中国持续数百年的经济政治文化交流，促进了日本经济社会文明开化的程度，也让中华文明在日本得以开枝散叶并得到很好的继承。日本现存的众多历史文化遗产中，有很多代表着我国隋唐时期的建筑风格和建筑样式，对于研究我国古代木结构建筑特别是唐代建筑具有非常重要的作用。在历史文化遗产保护管理方面，日本历经了从最初的否定传统文化、破坏历史文化遗产到探索建立完善保护管理体系及加强国际合作交流的保护过程。在此期间，日本建立了相对完善的保护管理制度，开创了物质文化遗产保护与非物质文化遗产保护相结合的保护管理模式，制定了完备的法律保护体系，在遗产保护的经济政策方面也成绩斐然。因而，研究日本在历史文化遗产保护制度方面的探索和成果，对于做好当代中国历史文化遗产的保护管理具有非常积极的参考和借鉴意义。

一、保护的发展历程

（一）保护的萌芽期

日本历史文化遗产的保护肇始于明治维新时期。面对西方国家在政治、经济、军事和文化等方面对日本社会的强烈冲击，励精图治的明治政府在推翻腐朽的幕府政治统治后，开启了以"富国强兵、振兴产业、文明开化"为目的的近代化之路。在全盘吸收西方政治经济科技、推动日本社会脱亚入欧的进程中，日本的传统文化遭到史无前例的抛弃和摧残。1868 年，日本政府发布《有关神佛分离的文件》，打压"一直以来处于较高地位的佛家，并抬高神道教作为国家祭祀的重要性"[①]。长期以来神佛融合的状

---

① 荣山庆二（Sakayama Keiji）. 日本文物建筑保护及维修方法研究——并浅述中国保护现状 [D]. 清华大学 ,2013.

态被彻底打破，神社和寺庙实行严格分离，要求神社内不得留有佛像佛具等与佛教相关的物品。于是在这一政令下，日本国内掀起了"神佛分离""废佛毁释"的浪潮，许多珍贵的佛教建筑、寺庙以及美术工艺品遭到严重破坏并由此在社会和民众之间引发了严重的混乱状况。

　　不过随着日本国力的增强和民族意识的觉醒，政府开始重新审视和检讨原先的文化政策，社会风气也逐步从"全面西化"转向"和魂洋才"，传统历史文化遗产逐步受到社会各界人士的关注。1897年，日本出台了《古社寺保护法》，旨在加强对神社、寺庙内的建筑和工艺美术品的保护，同时对历史文化遗产的保护管理机构也进行了改革。法律规定，古社寺内的文化遗产由内务省负责，内务大臣有权将古社寺中最具有"历史见证"价值和"美术典范"的物品指定为"特别保护建造物"或"国宝"。寺庙有保护这些文化遗产的责任，必要时可交由博物馆收藏，同时被指定为"特别保护建造物"或"国宝"严禁随意转让或处置。《古社寺保存法》实施后，第一次指定特别保护建筑物共44件，东大寺、兴福寺、新药师寺、唐招提寺、药师寺、法隆寺等19件古建筑被指定为国宝[1]。其中，在调查阶段建筑学家伊东忠太和关野贞参与了《古社寺保护法》中有关指定物的管理、规制、公开展示、资金援助等条款，成为战后日本文化财保护制度的原型[2]。《古社寺保存法》的出台，标志着日本历史文化遗产保护工作由此正式走到法制化建设的轨道上来。

　　迈入20世纪，尤其是日俄战争的胜利后，日本很多历史遗迹因国事的发展诸如土地开拓、铁路开通、道路建设、工厂开设、市区改正、水利开发等受到直接或间接的人为破坏。为此，日本贵族院提出要求颁布专门保护名胜古迹及天然纪念物的法律法规来保护国内的文化和自然遗产的提案。同时，民间力量也积极行动起来，先后成立了诸如"太极殿地保存会""平城宫址保护会""史迹名胜天然纪念物保存协会"等社会组织，开展了一系列的调查研究工作。在上层社会和民间力量的推动下，1919年，日本

---

① 张松. 历史城市保护学导论：文化遗产和历史环境保护的一种整体性方法 [M]. 上海：上海科学技术出版社, 2001:190.

② 于小川. 从法令规制的角度看日本文化遗产的保护及利用——二战前日本文化财保护制度的成立 [J]. 北京理工大学学报 (社会科学版),2005(03):3-5+11.

出台《史迹名胜天然纪念物保存法》。该法规定，史迹名胜天然纪念物的指定和管理工作分别由内务大臣和地方社会团体负责。其指定程序延续了《古社寺保存法》中对"特别保护建造物"或"国宝"的程序，说明政府对史迹名胜天然纪念物的保护与重视程度与古社寺的保护是一致的。不过，受当时思想认识的局限，在保护对象的选择上，更多地强调具有代表性的个别物品，而没有从整体上进行把握。从 20 世纪 20 年代至 20 世纪 50 年代，日本政府先后指定名胜古迹及天然纪念物 1580 处，其中部分名胜古迹是在推土机下抢救和保护下来的。该法"在紧急情况下，地方长官可对文物进行临时性假指定"的法律条文，在抢救濒危遗产的过程中发挥了特殊作用①。

《古社寺保存法》自颁布后虽然发挥了很大的作用，但其保护范围仅局限在神社、寺庙内的建筑物和美术工艺品方面，对个人和地方公共团体所拥有的建筑物和工艺美术品的保护却无能为力。为进一步扩大文化遗产的保护范围，1929 年日本政府废除了《古社寺保存法》，颁布《国宝保存法》，将保护对象由原先的古社寺，扩大到城郭、住宅等普通建筑及其收藏品。法律规定，不论是国有、私有还是公有的遗产只要符合相关条件均可被列入指定对象，同时提供维修交付补助金。在修缮的过程中，法律规定要有专门的机构进行监督。此外，法律还对国宝展示进行了规定，强调向民众开放的重要性。至 1950 年，已有 1057 处建筑被指定为国宝，此外还有 5790 件美术工艺品也被指定为国宝。

从明治维新初期的废佛毁释到《古社寺保存法》《史迹名胜天然纪念物保存法》《国宝保存法》的陆续颁布，表明日本历史文化遗产的保护和管理制度从无到有，逐步建立并完善起来。在历史文化遗产的指定、保护、管理和展示利用方面都进行了探索和规定，形成了一套适合日本遗产保护管理实际的制度规范。不过，由于受历史环境和认识水平的局限，其遗产保护实行的是精品保护路线，相关的保护和研究也大多与宣扬皇室权威和赞扬日本正统文化有关，保护的广度和深度还存在一定的欠缺。

---

① 苑利. 日本文化遗产保护运动的历史和今天 [J]. 西北民族研究 ,2004(02):132–138.

（二）保护的发展期

二战结束后的日本在政治、经济和社会发展逐步转入正轨的同时，历史文化遗产保护事业也在平稳推进。1948 年，日本制定了为期五年的文物修复计划，然而一场发生在法隆寺的大火引发了日本上下对文化遗产保护的极大关注并由此改变了日本历史文化遗产保护的发展进程。1949 年 1 月 26 日，由于工作人员的疏忽，位于奈良县的国宝法隆寺金堂及四周的壁画发生火灾，导致世界上最古老的描绘在木建筑的壁画被烧毁。消息传出，全国哗然。日本参议院文化委员会就失火事件向政府质询，多名议员针对遗产保护问题展开 10 多次的座谈讨论和现场调研，议题也从修改《国宝保存法》逐步发展到制定新的更全面的法律轨道上来。《文化财保护法》经国会批准并于 1950 年 8 月 29 日正式施行。从法隆寺金堂失火到《文化财保护法》获得通过仅用一年多的时间，由此可见，其立法效率之高、民众和社会关注程度之高[①]。而对于为什么使用文化财这一词语，日本学者铃木良通过研究认为，该词最早出现于太平洋战争期间[②]，是英文 "culture property" 的翻译，用于表述在战争期间掠夺的文化财产。

《文化财保护法》是先前相关法律法规的集大成者，是日本历史文化遗产保护领域中的第一部系统全面的法律。在保护对象上，文化财最初包含 "有形文化财" "无形文化财" "史迹名胜天然纪念物" 三类，其中有形文化财主要是指建筑物和传统美术工艺品，根据遗产价值的高低又可分为 "有形文化财" "重要文化财" 以及 "国宝"；无形文化财指的是戏剧、音乐、工艺技术及其他无形的文化遗产，其传承人可指定为 "人间国宝"；史迹名胜天然纪念物的概念基本延续了之前的规定，根据价值高低分为 "史迹名胜天然纪念物" 和 "特别史迹名胜天然纪念物"。这里面需要指出的是，《文化财保护法》是世界上首部将无形文化遗产列入保护的法律规范，这一点不论是在日本还是在国际遗产保护领域均产生了极为深远的影响，为日后的非物质文化遗产概念的提出和保护开创了先河。在保护机构方面，

---

① 康保成. 日本的文化遗产保护体制、保护意识及文化遗产学学科化问题 [J]. 文化遗产，2011(02):6–13.

② 铃木良. 文化財の誕生 [J] 歴史評論,1996(07):83–91.

日本政府依托原文部省、国立博物馆、独立研究机构成立了"文化财保护委员会"，负责开展文化财的保护、利用、调查、研究和管理等工作。该委员会在行政管理体系方面，一改过去完全由国家统揽的模式，确立中央政府与地方政府共同管理的行政体系，国家授权都、道、府、县等地方教育委员会开展文化财保护工作，在文化财指定方面，除了"国家指定文化财"以外，地方政府也可根据情况开展"县指定文化财""市町指定文化财"，从而能够更好地发挥地方政府在文化财保护方面的主动性和积极性。

随着时间的推移和认识的加深，文化财的内容不断得到扩充，保护种类逐步增多，保护范畴进一步扩大，《文化财保护法》也经历了多次修订。1954 年，文化财保护委员会提交《文化财保护法》修订议案，由此推动该法首次大规模修订。其修订的内容主要包括：为重要文化财和重要民俗资料建立管理制度，明确文化财所有者的保护管理责任；将无形文化财及其技术传承人一并纳入"重要无形文化财指定制度"中进行管理；调整了文化财保护类型，把"民俗资料"从有形文化财中剥离出来，形成一个新的类别实行单独专项保护；将埋藏文化财从无形文化财中分离出来，对埋藏文化财的发掘实行事前申报；在法律条文中设立"原状复原令"，加强对有形文化财的保护，对任意改造、破坏史迹名胜纪念物的行为实施严厉的处罚措施；明确地方政府在文化财保护工作中的责任和义务，鼓励民间组织、社会团体和个人参与文化财的保护工作。修订后的《文化财保护法》进一步强化了保护管理体制，扩大了遗产保护范围，严格管理程序和处罚措施，同时强调地方政府和公共团体在保护活化方面的作用，调动他们参与历史文化遗产保护的积极性[①]。

1975 年，《文化财保护法》再次大范围修改，其内容包括主要有四点。第一，将民俗资料改称民俗文化财，并分为有形民俗文化财和无形民俗文化财。第二，新设"传统建造物群"文化财类型，实行传统建造物保存地区制度，对传统建筑群及其周边环境实施整体保护。第三，建立文化财保存技术的选定制度，对具有重要价值的无形文化财和历史传统技艺进行认定，同时国家也会对列入保护的文化财保存技术提供必要的资金支持。第

---

① 孙洁.日本文化遗产体系(上)[J].西北民族研究,2013(02):99-112.

四，调动民间社团组织在文化财保护中的作用，要求地方教育委员会仿照中央政府建立"文化财保护审议会"，提升地方公共社会组织在文化财保护中的影响力。

20 世纪 50 年代到 20 世纪 90 年代初期，是日本历史文化遗产保护发展历程中最为关键的时期。《文化财保护法》的颁布，是日本文化财保护过程中的里程碑，不仅促进了日本遗产保护事业的发展，而且对全世界的历史文化遗产都具有重要的促进作用。该法实施以后，日本政府又不断修订和扩充文化财的相关内容，在历史文化遗产的行政管理机构、保护范围、责任要求以及保护管理组织等方面进行了探索和完善，逐步建立了符合日本历史文化遗产实际的保护管理体系，推动了日本遗产保护事业的发展。

（三）保护的完善期

在日本历史文化遗产保护管理制度不断推进过程中，日本政府也进一步加强与国际社会在遗产领域内的合作与交流，吸收和借鉴国外历史文化遗产保护经验。1992 年 6 月 30 日日本正式加入《保护世界文化和自然遗产公约》，成为第 126 个缔约国。此后，日本在学习国外文化遗产领域先进经验的基础上，不断修订本国的遗产保护管理制度，加强与国际遗产保护领域先进理念的融合与发展并取得了丰硕的成果。截至 2022 年 7 月，日本共拥有 25 处世界遗产，其中 20 处文化遗产和 5 处自然遗产。

在加入《世界遗产公约》之前，日本文化财的保护一直奉行精品路线，其认定工作一直由政府部门（中央和地方政府）负责实施，这就导致很多优秀的文化遗产因不符合官方标准而未能纳入保护范畴，特别是一些具有较高价值的近代建筑物，因得不到保护而遭到毁坏。为此，日本许多学者将目光投向国外，研究和介绍欧美国家的遗产登录制度。文化财审议会也向文部科学省提交《完善充实适应变化的文化财政策》，提议政府引入文化财登录制度。1996 年 6 月，国会对《文化财保护法》进行修改，正式确定在日本国内引入有形文化财登录制度。法律规定，凡是建成 50 年以上的建构筑物，只要符合"对国土的历史景观具有贡献""造型艺术的典范""难以再现"其中任一条件，就可申请登录有形文化财。在登录有形文化财的保护和管理上，采取较为宽松和弹性的政策。如登录有形文化财的所有者可以无需报告就能对建筑本身进行内部改造、设施更新、用途变更甚至是局部改建，只有涉及建筑外立面改变、结构调整、所有权变更以及遭受自然损害时，才向当地政府提出申请，由文化厅做出建议、指导或劝告。为了鼓励登录有形文化财的申报，在地价税、遗产税等方面政府会给予 30%~50% 的优惠，对于遗产的维修还会给予 50% 的财政补贴。截至2014 年，约 9618 件有形文化财进行了登录 [①]。登录有形文化财制度的建立对于促进日本的历史文化遗产保护具有非常重要的作用。首先，登录制度有效地补充了之前"指定制度"的不足，将更多有价值但官方未进行保护的建构筑物纳入其中，进一步扩大了历史文化遗产的保护范围。其次，登录制度调动了民间保护遗产的积极性，在指定制度下民间的很多历史文化遗产得不到重视，遭到破坏或拆除的事件时有发生，通过登录制度这些历史建筑得到法律的保护，而相关税费减免政策的刺激则增强了遗产所有人保护的自主意识和自觉性。再次，登录制度提高了文化财认定效率降低行政成本，传统的指定制度需要日本各级政府花费大量的人力物力和财力进行调查评估，耗时耗力且难免会有遗漏，而登录制度则将政府部门彻底解放出来，地方政府、民间组织或建筑所有人均可提出申请，文化厅只需进行审核评估进行登录即可，其日常维护、保养以及展示活化均由登录有形文化财的产权所有人负责实施。由此产生的一个积极的影响是日本国会在 1999 年再次修订《文化财保护法》，对"文化审议会"进行了改革，并将文化财的行政权部分下放都、道、府、县和部分城市，从而进一步增强了地方政府在保护本地区历史文化遗产的积极性。

2004 年 5 月，日本国会再次对《文化财保护法》进行修订，并于2005 年施行。新修订的《文化财保护法》主要在三个方面进行了改动。第一，增设"文化景观保护制度"。将国际遗产保护领域较为成熟遗产保护类型——"文化景观"引入国内；将那些人与自然和谐共生的对于理解日本国民生产生活具有重要意义的人文景观如梯田、里山、水渠进行保护，并启动"重要文化景观"的选定工作。第二，把"民俗技术"纳入保护范围，

---

① 梁青, 林梦婕. 日本文化遗产保护政策的两次转型 [J]. 大众文艺,2016(04):272-273.

将锻造、冶炼、工具生产等世代传承的技艺列为"民俗文化财"进行保护。第三，扩展"文化财登录制度"。原先登录制度只针对历史建筑，而新法则将建筑物之外的文化遗产也纳入其中，新设了"登录有形民俗文化财"和"登录纪念物"两个新类别，进一步扩大登录文化财的保护范围。

除了吸收和借鉴国外先进经验，日本也利用自身在历史文化遗产保护领域内的优势积极投身国际合作与交流。1998 年，日本在联合国教科文组织内设立了"文化遗产保存日本信托基金"，用于资助世界遗产的保护与研究。此外，文化厅还积极参与国际历史文化遗产保护事务，利用日本保护方面的技术优势帮助其他国家积极开展历史文化遗产的保护维修等。自日本加入《保护世界文化和自然遗产公约》以来，在文化财保护管理方面更加具备国际化的视野，"登录文化财制度"和"文化景观保护制度"的引入，改进了历史文化遗产的认定模式，扩大了文化遗产的保护范围，将明治维新以来在近代化发展过程中保留下来的具有重要价值的遗产和遗迹如学校、银行、工厂、铁路等作为登录遗产保护起来。文化遗产的保护管理模式也发生了变化，从原先的政府主导逐步转变为政府、公共组织、文化遗产产权人和使用人以及非政府组织等共同协作配合的新模式，进一步密切了普通民众与历史文化遗产之间的关系。

二、保护的组织架构

经过一百多年的探索和发展，日本逐步建立和完善了符合本国历史文化遗产特点、适应国际发展潮流的保护管理体系，形成了一整套责权明晰、分工协作、管理规范的保护管理构架。按照《文化财保护法》的规定，在历史文化遗产的保护管理上，分别赋予中央政府、地方政府、社会公共团体、遗产所有人以及普通民众不同的权利和义务，形成具有日本遗产保护管理的"举国体制"。

（一）国家层面

在国家层面上，负责历史文化遗产保护管理的机构是日本文化厅。文化厅最早成立于 1968 年，由原文化局和文化财保护委员会裁撤后组建而成,隶属文部科学省。文化厅现由长官官房、文化部和文化财部等部门组成。其中,负责文化财保护管理事务的是文化财部,其最高长官为文化财部部长,下辖传统文化课、美术学艺课、纪念物课、文化财监察官、参事官等部门,负责统筹协调各个类型文化财的调查、研究和劝告,开展文化财的指定、选定工作,组织专家对历史文化遗产进行评估,并向地方提供必要的指导和建议。为了更好地为历史文化遗产提供专业性的建议和指导,文化厅还设立咨询机构文化审议会,为文部大臣或文化厅长官就文化财的保护管理提供咨询和建议,审议并推荐重要文化财、国宝等。文化审议会下辖文化政策部会、美术品补偿制度部会、世界文化遗产·无形文化遗产部会、国语分科会、著作权分科会、文化财分科会、文化功劳者选考分科会,其中与历史文化遗产密切相关的是世界文化遗产·无形文化遗产部会和文化财分科会。此外,文化厅还直接管理与文化财密切相关的独立法人单位,包括国立美术馆、国立文化财机构以及日本艺术文化振兴会等。

按照《文化财保护法》的规定,国家(主要以文化厅为代表)在历史文化遗产保护方面的主要职责有如下八点。第一,制定、修订《文化财保护法》。第二,开展重要文化财的指定、选定以及登录工作。第三,指导和监督指定文化财的所有者或持有者对文化财的保护、管理和修缮工作。第四,保护指定文化财的现状,审核指定文化财的现状变更,对擅自改变外观的行为勒令恢复原状。第五,对指定文化财所有者在遗产管理、修缮和公开展示等方面提供一定的经费支持。第六,对退订文化财公有化的地方公共组织给予资金补助。第七,给予指定文化财特殊的税收优惠政策。第八,设置和运营文化财研究所,兴建博物馆、剧场等公共文化设施。

(二)地方层面

在历史文化遗产保护方面,日本都、道、府、县和市、町、村等地方政府均肩负非常重要的责任和义务。根据《文化财保护法》和其他法律法规的要求,文化厅将部分文化财保护管理权限下放给都、道、府、县教育委员会。都道府县的教育委员会下设文化课和文化财审议会,负责本地区的历史文化遗产的保护管理工作。在文化财保护管理方面文化课和文化财审议会的主要职责有以下几点：制定当地的《文化财保护条例》；开展对除国家指定以外的重要文化财进行指定和选定等工作；指导和审核文化财所有者关于遗产的保管、维修和开放，限制遗产的现状变更；为指定文化财的所有者在管理、修缮、开放等方面提供经费支持；建造和运营与文化财保护开放相关的公共文化设施；推进当地文化财保护工作，组织文化财的学习、保护和传承活动；从事指定文化财的管理、修缮工作等。

按照 1975 年文化厅颁布《都道府县文化财保护条例参考案》要求，当前日本国内全部的都道府县和 3139 个市町村，即约 97% 的地方自治政府均制定了各自的"文化遗产保护条例"。对于本行政区内的历史文化遗产，除文化厅指定或选定外，都道府县或市町村的教育委员会也可以根据《文化财保护条例》的规定，分别指定、选定本地区的文化财。对于指定的文化财，地方政府有对它们的管理、维修、展示等提供资金补助的义务，作为增进公共福利的补偿。此外，地方政府还积极参与建设同文化财密切相关的美术馆、博物馆等公共文化设施，开展丰富多彩的遗产保护宣传活动，推进社会公众热爱、保护和传承历史文化遗产的意识。按照 1975 年修订的《文化财保护法》的规定，都道府县教育委员会专门成立了文化财保护指导委员，主要负责当地历史文化遗产的巡视及工作指导，并就巡查过程中发现的情况进行上报。

除了地方政府承担历史文化遗产保护管理的职责外，文化财所有者和普通国民对历史文化遗产同样具有一定的责任。对历史文化遗产所有者来说，要对文化财的管理、维修和开放负责，如所有者变更、文化财发生破坏损毁或位置变化时应及时上报，重要文化财或其他文化财的所有权转让还要向国家提出让渡申请。按照"文化财是全体国民珍贵的文化财产"的理念，法律规定一般国民有遵守文化财保护规定、协助政府部门开展文化财保护活动、上报新发现的遗址、遗迹等义务。

由此可见，在历史文化遗产保护方面，日本政府建立了以《文化财保护法》为核心的法律法规保护体系，明确了中央政府、地方政府、文化财所有人、普通国民四者之间的责任和义务，通过一系列法律法规的规范和约束，形成了责权明晰的文化财保护管理制度。在这一体制下，各个责任主体的权利得到彰显，责任和义务得到明确规范，各方的积极性得以充分调动，从而形成责权利明确的历史文化遗产保护管理体系，极大地促进了文化财保护管理利用事业的健康有序发展。下图体现了日本历史文化遗产各保护管理主体及相关业务职责。

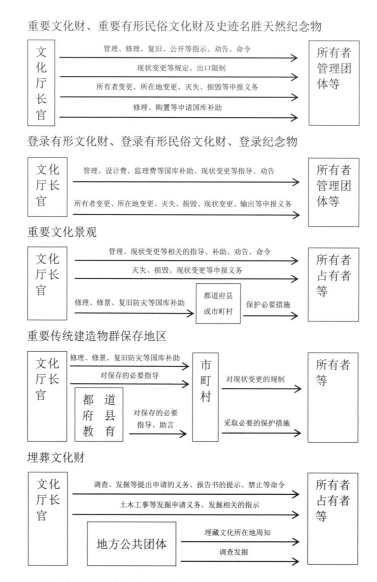

图 34：日本历史文化遗产管理主体及相关业务职责
资料来源：日本文化厅官方网站。

三、保护的经济政策

对于这些珍贵的历史文化遗产，日本政府每年均投入巨额资金用于文化财的保存、利用和修缮。以 2005 年为例，日本文化厅当年的财政预算总额为 1016.05 亿日元，占国内总账户 8218290 亿日元的 0.12%，其中与加强文化财保护相关的预算是 579.79 亿日元，占整个文化厅预算的 57.1%。这些财政预算主要分两个大的方面，一个方面是国内文化财的保存和利用，包括文化财的保存和利用、重要文化景观的保护和利用、壁画的紧急保护和利用、为公有制历史遗迹提供补贴、历史遗迹的保存和利用项目、埋藏文化财的调查发掘等、文化财保存修理等、文化财的防灾设施以及无形文化财的发展和传承；另一个方面是文化财的国际协作，包括文化财保护国际贡献事业和西亚地区文化遗产保护方面的紧急合作。除了直接拨款用于遗产保护之外，为了提高和调动遗产保护积极性，日本还通过税收政策、文化财补助金政策以及其他多项支援政策支持历史文化遗产保护。

（一）税收减免政策

为了促进文化财的国有化和公有化，推动文化财的保护和利用，让更多的历史文化遗产的产权收归国有，日本政府在税收方面采取形式多样的减免措施，减免的税收主要包括国税和地方税两种。其中国税包括转让所得税减免、转让收入的特别扣除、继承税的核减以及地价税的减免。

转让所得税减免方面，个人所有的指定为重要文化财产的动产或建筑物，在 2007 年 12 月 31 日之前，转让给国家、地方公共团体、独立行政法人、国立博物馆、国立美术馆、国立科学博物馆的，将不会征收所得税。而那些个人所有的有形文化财中未被指定为重要文化财但具有同等价值的遗产以及重要有形民俗文化财，在 2007 年 12 月 31 日后，转让给国家，独立行政法人、国立博物馆，国立科学博物馆、国立美术馆的，税金按转让收入的二分之一减免。

转让收入的特别扣除（所得税）方面，个人或法人所有的重要文化财上的建筑连同土地和被指定为天然纪念物的名胜古迹连同其土地，在转让给国家或地方公共团体、独立行政法人、国立博物馆、国立科学博物馆时，可以享受 2000 万日元的所得税的特别扣除。

继承税核减方面，被指定为重要文化财的建造物、登陆有形文化财的建造物和传统建造物群保存地区内的房屋和构筑物，其继承税和赠与税会有所减轻，其标准为按重要文化财财产评估价的 70% 进行减免。此外，登录有形文化财，按财产评估价的 30% 减免，传统建造物也按财产评估价的 30% 减免。

地价税减免方面，重要文化财、重要有形民俗文化财、史迹名胜天然纪念物等，或地方公共团体指定的文化财所占有的土地或传统建造物群保存地区内的一定土地，不征收地价税。在不课税的文化财中，保存和利用这些文化财的土地时，征税的金额可以减少，减少的金额为土地等价格的一半。登录有形文化财上的土地，课税金额减少。减少的金额为土地等价格的一半。

地方税减免政策主要包括固定资产税、特别土地拥有税、城市规划税的减免。对于重要文化财、重要有形民俗文化财、史迹名胜天然纪念物、或者作为重要美术品认定的房屋或其用地，不征收固定资产税、特别土地拥有税、城市规划税。由文部科学大臣公布的传统建造物群保存地区内的传统建造物（娱乐场所除外），不征收固定资产税和城市规划税。经文部科学大臣批准的登录有形文化财、登录有形民俗文化财、登录纪念物的房屋及用地、重要文化景观的用地，固定资产税、城市规划税的征收数额将缩减，征收固定资产税的课税标准为原来的一半。关于重要的传统建筑物群保存地区的传统建筑的房屋用地，根据市町村的实际情况，其税额按收入的二分之一进行缩减；对于传统建筑物群保存地区以外的建筑物等用地，根据市町村的实际情况，将税额也可适当地减少。

（二）文化财补助金·支援制度

为了更好地促进日本文化财的保护管理和公开展示，日本政府专门制定了文化财补助金制度和文化财捐赠制度，对涉及文化财保护管理的各个方面提供资金上的支持。

　　文化财补助金根据各都道府县上报的文化财经费需求情况和遗产现状每年分批次下发。如 2016 年日本文化厅先后分 6 次对不同都道府县发放文化财补助金，分 2 次发放补充预算，此外还针对地震地区的文化财修复工作提供专门的补助金。文化财补助金的补助范围非常广泛，涉及文化财保护、管理、调查、修理、防灾、利用、传承等诸多方面，合计 30 个国库补助项目。国库补助项目分别是近代和风建筑等综合调查费国库补助要项、重要文化财（建造物及美术工艺品）修理、防灾事业费国库补助要项、登录有形文化财建造物修理事业费国库补助要项、重要文化财等（美术工艺品及民俗文化财）保存利用整备事业费国库补助要项、民间保存管理设施费国库补助要项、重要文化财建造物等收购费国库补助要项、史料调查费国库补助要项、天然纪念物紧急调查费国库补助要项、史迹等保存利用计划等策定费国库补助要项、天然纪念物再生事业费国库补助要项、天然纪念物虫害对策费国库补助要项、埋藏文化财紧急调查费国库补助要项、名胜地调查费国库补助要项、文化景观保护推进事业费国库补助要项、传统建造物群保存对策费国库补助要项、传统建造物群保存地区保存事业费国库补助要项、指定文化财管理费国库补助要项、重要无形文化财传承事业费国库补助要项、重要无形文化财等公开事业费国库补助要项、民俗文化财调查费国库补助要项、重要有形民俗文化财修理以及防灾事业费国库补助要项、民俗文化财传承利用等事业费国库补助要项、故乡文化财森林管理业务支援事业费国库补助要项、文化财建造物等利用以及地区活化事业费国库补助要项、探访美丽日本以及促进文化财建造物魅力事业国库补助要项、活态历史古迹等综合利用整备事业费国库补助要项、反映地域特色的埋藏文化财利用事业费国库补助要项、旅游景点重要支援事业国库补助要项、史迹等收购费国库补助要项。为了能够合理有效地利用这些补助项目，文化厅专门制定了国库补助的操作要领，只有符合相应的条件才可以申请文化财补助金。

　　除了文化财补助金制度外，文化厅还制定了文化财指定捐赠制度。在对国宝和重要文化财（建造物、美术工艺品）等国家指定的文化财进行修理时，对于那些文化财的所有者（修理事业者）向社会广泛募集到的用于修缮的资金，经财务大臣认定后，捐款的法人、个人在税制上均能够享受到"指定捐款金"制度的优惠措施。财务大臣指定的要件包括所得税法、法人税法、"广泛的一般募集""教育或科学的振兴、文化的提高、社会福利的贡献"以及为增进其他公益用于紧急或确有需要的支出等，指定捐赠的范围涵盖了国宝和重要文化财修理、防灾设施、国库补助金以及迫切需要开展的文化财保护业务等。个人和法人向这些指定的文化财保护事业捐款时，其个人所得税和法人税将会得到相应的抵扣，从而实实在在地享受到捐赠金带来的好处。

（三）文化财支援项目

日本各地具有丰富的历史文化遗产、传统艺术和传承活动技艺，文化厅作为文化财的国家主管部门，通过支持各地区开展各类文化遗产的保护活动，从而达到振兴日本传统文化，推动地区遗产保护和利用的目的。主要的文化财支援项目有如下三项。

1. 文化遗产利用、地区活化利用支援

该支援项目主要包括文化遗产综合利用推进事业、文化遗产的地区活化利用事业、文化遗产的观光振兴·地域活性事业。其中，文化遗产综合利用推进事业补助的范围分别是地区文化遗产活化事业、世界文化遗产活化事业和历史文化基本构想策定支援事业等。文化遗产的地区活化利用事业补助范围包括地区文化遗产下一代传承事业、历史文化基本构想策定支援事业和日本历史传统文化信息推进事业。文化遗产的观光振兴·地域活性事业补助范围包括地区文化遗产活化观光振兴、地域活化事业、博物馆活化支援事业、史迹、埋藏文化财公开展示利用事业以及重要文化财建造物、登录有形文化财建造物或传统建造物群保存地区的公开展示利用的计划策定、设备等整备方面等。

2. NPO 等文化财建造物的管理利用事业

虽然文化财建造物的保存、利用的责任主体主要是遗产的所有者和行政机关，但是由于文化财建造物数量巨大种类繁多、国民高度关注，不少关心文化财建造物和地区发展的 NPO 和市民团体也参与遗产的保护管理。为此，文化厅在 2011 年启动实施"NPO 等文化财建造物管理利用事业"，

允许特定的非营利活动法人、市民团体等以独立的形式作为文化厅"管理利用事业"的重要力量，参与文化财建造物的维护管理和积极利用。2011年NPO等组织共实施文化财管理利用项目4项，2012年实施6项、2013年实施6项，2014年实施6项，2015年共有27个项目进行了申请，先后有6项被实施。

3. 利用历史文化基本构想的观光旅游事业

历史文化遗产是日本传统文化的最直接体现和重要载体，也是珍贵的旅游观光资源，对于促进地区经济发展、传播日本传统价值观具有非常重要的作用。因此，文化厅积极支持诸如地区文化财周边环境综合保护等利用历史文化发展观光旅游业，将传统文化作为连接现实世界与未来发展的重要桥梁。该观光旅游事业的补助内容包括信息传播、人才培养、普及启发以及整备利用等。

此外，日本文化厅还针对无形文化财、天然纪念物等开展项目支持，如传统文化亲子教室事业、传统音乐普及促进支援事业、故乡文化遗产森林系统推进事业等，进一步促进文化财事业的发展。

纵观日本的历史文化遗产保护制度的发展历程，可以清晰地发现其发展过程中不但尽力平衡国内经济社会发展与历史文化遗产保护的关系，开创具有日本独有特色的保护管理制度，也在不断借鉴和吸收西方国家的保护理念、保护经验和管理手段。概括起来，主要有以下几个显著的特点：一是遗产保护的范围大，自成体系。日本的遗产保护最初只涉及古神社、寺庙在内的建筑及工艺品，之后逐步延伸到名胜古迹、天然纪念物、城郭、古建筑等。而到了1950年，随着《文化财保护法》的颁布，无形文化财、民俗文化财等非物质文化遗产也纳入遗产保护的范畴，从而极大地扩展了遗产保护的广度和深度。可以说，将物质与非物质文化遗产同等对待一同保护不仅是日本遗产保护管理制度的一项首创，在国际遗产保护领域也是具有开创性的，非常具有引导作用。在日本颁布《文化财保护法》半个世纪后，非物质文化遗产保护才被联合国教科文组织纳入国际宪章。二是法律制度和保护管理体系相对完善。日本在遗产保护过程中，构建了以《文化财保护法》为核心的法律保护体系，在此之下制定和配套了相当完备的历史文化遗产保护法律法规。在遗产的保护行政管理方面，中央政府、地方政府之间的保护管理责任相对明确，建立了符合本国特色的遗产指定和登录制度，强化了与遗产相关的各个责任人的责权利，理顺了各部门的保护职责，避免了相互推诿和扯皮。三是建立了相对完善的遗产保护经济激励政策。通过实施税收减免政策、文化财补助金、文化财支援项目等积极的经济手段，有效地支持和鼓励文化财的相关产权主体加强对遗产的保护、管理和活化利用，并在保护中获得实实在在的好处，从而进一步反哺遗产保护事业的传承与发展。

第三节　法国历史文化遗产保护的经验

　　法国是历史文化遗产大国，拥有众多闻名遐迩的文物古迹，每年吸引大量来自世界各国的游客参观游览。人们一提到法国，往往就会联想到卢浮宫、埃菲尔铁塔、巴黎圣母院等。这些伟大的人类遗产不仅代表了法国璀璨的历史文化，也演化成了法国的象征符号，成为法国人乃至全世界的共同财富。在历史文化遗产的保护和管理方面，法国一直走在世界的前列，世界上第一部关于历史文化遗产保护的现代法律就是在法国诞生的。在长期的保护管理过程中，法国形成了一整套完整的遗产保护法律体系和管理制度，据不完全统计，在过去 100 多年的法制建设中，仅历史文化遗产一项，就有 100 多部相关法律问世。可以毫不夸张地说，法国平均每年都要颁布一部历史文化遗产方面的法律，众多的法律条款为法国人依法保护自己的传统文化遗产奠定了坚实的基础[①]。

一、保护的发展历程

　　法国历史文化遗产保护的历史最早可以追溯到大革命时期。在此之前，人们对于遗产的认识局限于从父亲或母亲处继承的财产，仅把部分宗教、军事建筑和贵族遗留建筑看作文化遗产。而当法国大革命的风潮无情地将众多精美的历史建筑疯狂破坏的时候，觉醒的人们开始意识到这些艺术珍品不仅是过去王公贵族享乐的场所，也是法国悠久历史文化的杰出代表和人类社会的共同财富。遗产的概念也从传统社会里家庭财产的角色中解放出来，历史建筑被当作代表公共利益的重要载体来看待。为此，很多有识之士和社会贤达开始关注并呼吁加强历史文化遗产保护，法国作家维克多·雨果就指出："法国虽然被那些毁灭人性的革命者、唯利是图的商人

---

① 杨倪.论法国历史文化遗产的保护 [D]. 浙江大学 ,2006.

继续破坏，她还是拥有丰富的法国式文物古迹。我们应该禁止锤子继续破坏我们祖国的脸面。需要有一个法律来阻止这一切。"在他们的不懈努力下，法国政府也行动起来。1810 年，法国内政部长蒙特利维（Montalivet）拨款设立历史上第一笔保护古建筑的基金。1830 年，法国设立历史古迹总监专职负责对历史建筑进行监督和管理。1834 年普罗斯佩·梅里美任历史古迹总监，在他的推动下法国成立了历史古迹管理委员会，也就是今天历史古迹高等委员会的前身。历史古迹管理委员会在设立初期便对法国境内的历史古迹展开调查，指导各省对管辖范围内的历史古迹进行清点，并制作详细的档案记录，形成欧洲最早的一份历史建筑登录名单，567 处文物古迹受到保护。1840 年，法国颁布了世界上首部与历史文化遗产保护相关的法律即梅里美《历史性建筑法案》，从而开启了法国历史文化遗产保护的先河。1887 年 3 月 30 日，法国通过了具有现代意义的历史文化遗产保护法律《纪念物保护法》，将"历史建筑"纳入法定概念，并陆续出台多个与遗产保护相关的规章制度。法律规定历史古迹的保护属于公共事业，国家应担负起相应的责任和义务。对于历史古迹的保护管理和保养修缮，政府部门有必要采取措施进行指导和干预。法律创立了历史遗产的列级保护制度，确立了遗产保护的范围和相关标准。此外，法国还专门成立了主要由建筑师组成的管理委员会，负责历史文化遗产的日常养护和保护管理工作。通过 1887 年的《纪念物保护法》，法国的历史文化遗产保护开始迈入规范化、法制化的轨道上来。

（一）历史文物建筑的保护

1905 年，法国颁布了"政教分离"的法令，原先隶属教会的宗教场所变成公共建筑，礼拜堂由市政当局所有，大教堂和其他宗教场所由中央政府接管。这一变化为保护这些历史文化遗产提出了新的挑战，据统计，1900 年至 1905 年，平均每年有 24 个建筑物被列级保护，而 1906 年到 1914 年，激增至每年 260 个，其中宗教性纪念建筑物占很大比例[①]。显然，剧增的历史建筑保护问题成为亟待解决的难题，保护方式的改变刻

———————————

① 杨倪. 论法国历史文化遗产的保护 [D]. 浙江大学 ,2006.

不容缓。1913 年 12 月 31 日，法国颁布了《历史古迹法》，该法律的出台对日后法国历史文化遗产保护的法规体系建设指明了方向。法律规定，历史建筑作为一种公共利益应该得到保护，在需要的时候可以对私人所有权加以限制，准许国家对列入名单的历史建筑进行修复。根据历史建筑的历史和艺术价值，分别确立列级保护和注册登记两种保护方式。列级保护主要针对那些重要的历史建筑物，其选定和保护制度非常严格，由政府强制进行保护维修，而注册登录的保护方式比较灵活，保护对象为价值略逊于列级保护的文物建筑，保护要求也相对简单，主要是对历史建筑的变化进行监督和有效的管理，以保持和体现其价值[①]。

　　到了 20 世纪 60 年代，文化艺术遗产委员会提出要对全国的历史文化遗产开展调查的提案，目的在于摸清法国现有的纪念物及艺术品等文化遗产的家底并为保护提供参考。该提案很快得到政府的批准，由此拉开了法国有史以来最大规模的文物普查工作，整个遗产普查持续 3 年之久。文化艺术遗产委员会作为此次普查的领导机构，主要负责制定调查计划、调查方法与调查标准。地方委员会则根据相关要求培训调查人员、实施调查计划。普查的一大亮点是引入了计算机技术，为历史文化遗产保护的标准化和自动化开了先河。通过此次普查，发现了众多独具特色的文物古迹。据统计，法国 1903 年登记文物 4000 件，1963 年登记文物达到 10000 多件。历史建筑从 1950 年的 50000 多处扩展到 1968 年的 75000 处。普查结束后，普查成果被文化艺术遗产委员会整理，并进行整理出版为供人查阅的参考文献，其内容涵盖文物的背景、地方特征及调查事项三部分。此外，该出版物还收录了许多照片和图解[②]。通过此次普查，法国发现并保护了一大批新的珍贵历史文化遗产，摸清了全国遗产的保护保存状况。同时，普查成果也为学术研究创造了良好的条件，详尽的普查数据为历史学家、建筑学家、博物馆学家以及文物学家提供了难得的资料储备研究范畴。总之，此次大普查，不但摸清了法国历史文化遗产的家底，提高了普通民众对历史文化遗产的认识，也为法国历史文化遗产保护事业的发展打下了坚实的基础。

---

① 邵甬，阮仪三 . 关于历史文化遗产保护的法制建设——法国历史文化遗产保护制度发展的启示 [J]. 城市规划汇刊 ,2002(03):57-60+65.

② 顾军 . 法国文化遗产保护运动的理论与实践 [J]. 江西社会科学 ,2005(03):136-142.

（二）自然与文化景观的保护

法国在保护历史人文景观的同时，也针对自然和文化景观展开相应的保护与管理。1906 年，法国颁布《历史文物建筑及具有艺术价值的自然景区保护法》，把那些具有美学价值的历史文物建筑和自然景观如山脉、瀑布、海滩、悬崖等也纳入法律保护的范围。到了 1930 年，法国通过了《景观保护法》，依法保护天然纪念物和富有艺术、历史、科学、传奇及画境特色的景观。在保护制度上，借鉴历史文化遗产的保护程序，也分为列级保护和登录保护。虽然《景观保护法》主要针对自然景观的保护，但后来范围逐步扩大到城市景观和田园景观上来，如埃菲尔铁塔、巴黎的三月广场等被认为是巴黎最重要的城市景观而被列级保护，巴黎环线内大约有 80% 的面积被注册登记在景观地的补充名单上[①]。为了加强和协调景观保护方面的工作，文化部新设了历史遗迹景观保护委员作为其保护管理机构。

1967 年，法国出台了新的《景观保护法》。新的法律扩展了景观的选定范围，既可以是树木、村落，也可以是历史街区。仅 20 世纪 60 年代，法国被指定自然景观的总数已经达到 6500 多个。对于景观的保护，法律提出更高的要求。对于那些纳入保护范围的景观，未经批准任何人都不得随意毁坏或改变其外观。违者除被要求恢复原貌以外，还面临公诉甚至追究法律责任等处罚。除此之外，1960 年 7 月，法国针对设立大规模的国家或地方公园制定了《国家公园法》，1975 年通过法律设立沿海和湖泊保护区。1983 年《建筑和城市遗产保护法》出台，提出"建筑、城市和遗产保护区"的概念，并与 1993 年在此基础上进行补充和完善形成《建筑、城市和风景遗产保护法》，历史文化遗产和自然遗产的保护逐步纳入一个体系。

（三）历史文化街区的保护

随着对历史文化遗产保护理念探究的深入，人们开始认识到历史建筑

---

① 邵甬 , 阮仪三 . 关于历史文化遗产保护的法制建设——法国历史文化遗产保护制度发展的启示 [J]. 城市规划汇刊 ,2002(03):57-60+65.

不可能完全脱离原先的历史环境而孤立存在，对于历史建筑的保护不应只关注历史建筑本身，还要将与之相邻的周边环境、城市肌理纳入保护的范畴。为此，法国政府在 1943 年 2 月 25 日出台了《历史建筑周边环境法》，规定凡是列级或登录的历史建筑，在其 500 米半径内的所有建设都将受到严格控制，而且还要满足必要的视线通廊条件。国家专门成立"历史建筑周边委员会"，对历史建筑周边环境明确规定：禁止在控制区域内开展任何建设活动；对紧邻文物建筑的构建筑物实施修复；保存和维护历史建筑周边的街道广场的空间特征，如地面铺装、街道小品、市政照明等；加强对文物建筑四周环境的保护。法律规定，任何可能改变历史纪念建筑物周边 500 米范围内的自然和人文环境的建设方案，必须经过法国国家建筑师批准方可实施。这一法律的颁布，扩大了历史建筑的保护范围，也为后来历史街区的设立奠定了基础。

到了 20 世纪 60 年代，伴随战后经济的快速发展和城市化进程的加快，特别是土地价格的高涨，很多地方出现了破坏古迹新建高楼大厦的情况，历史城区的保护面临更加严峻的形势。在此情况下，时任法国文化部部长安德烈·马尔罗受意大利建筑师乔凡诺尼"城市遗产"思想的影响，提出通过创立"历史街区"的方式来保护城市中的历史建筑及其周边环境。在他看来，保护历史街区与满足城市现代化生活之间并不是完全对立、矛盾难以调和的，通过保护历史街区的外立面而更新其内部设施的方式能够实现既保留了城市的历史印记，又能够满足人们对现代生活追求的目标。在他的推动下，1962 年 8 月 4 日法国通过了《历史街区保护法》（也即常说的《马尔罗法》），正式从法律层面确定了历史街区的概念。该法在总结和吸收 1913 年《历史古迹法》和《历史建筑周边环境法》的基础上，提出要"通过司法手段以及城市更新系统与那些具有历史、城市规划、社会和审美价值的古老区域扩展之间的互补来实现对特色区域的保护"[①]。法律确定了两个目标，一是加强历史建筑及其周边环境的保护，即将整个历史街区纳入保护范围；二是促进城市的现代发展，将遗产保护与城市更新结合起来，通过技术手段实现历史街区的新陈代谢和有机更新。可以说，

① 　孔德超. 法国文化与自然遗产法历史发展概述 [J]. 理论界 ,2010(04):68–71.

《马尔罗法》的颁布和历史街区的创立提供了另一种城市更新的可能性，即通过整治修缮而不是拆除文物建筑来发展历史城市中心区①。

1973 年，法国颁布《城市规划法》进一步加强城市更新过程中历史文化遗产的保护。针对城市改造过程中涉及的历史街区保护文化，法律规定，历史街区的选定和保护无需经过街区的同意，在历史街区内实施相关工程作业必须符合有关规划的规定，对于不遵守规划要求破坏街区景观的行为将受到法律的制裁。据法国有关方面统计，在 20 世纪 60 年代，法国共有著名建筑群落 2000 座，其中至少 400 座属于应该受到保护的大型历史街区②。可以说，1962 年的《马尔罗法》和 1973 年的《城市规划法》一同构成法国历史建筑和历史街区保护的法律屏障，保护了大批历史文化街区。此外，法国还有计划地疏散城市人口，新建了一些远离中心城区的卫星城吸引老城的居民迁移过去。

虽然历史街区的保护纳入法律保护的范畴，但是很多专业人士对 500 米的保护范围还是提出了质疑。在 20 世纪 80 年代初期举行了一次关于历史建筑周边环境的研讨会上，与会代表——建筑师、规划师、城市管理者都认为不顾文物建筑的实际情况而采取一刀切的方式在其周边划定的 500 米半径是个"愚蠢而又凶恶的圆圈"，既不能体现不同遗产对环境要求，对遗产编制保护规划也带来不少难题。此外，500 米保护范围的规定只是包括列级保护和注册登录的建筑遗产，尚未涵盖城市景观和自然遗产。而恰在此时，法国正进行行政制度改革，陆续出台了一系列权力下放的法律和政令，统称《地方分权法》。在这样的背景下，将城市规划编制的管理权下放地方政府也提上议事日程。1983 年，修订后的《地方分权法》规定，可以在历史建筑周围以及更普遍的因其美学或历史原因而值得保护或价值重现的街区或景观地建立"建筑与城市遗产保护区"（ZPPAU）③。其编制工作完全由地方政府来决定，国家只是负责指导和监督，由此极大地增强了地方政府在遗产保护中的积极性和创造性。到了 1993 年 1 月 8

① 邵甬.法国建筑、城市、景观遗产保护与价值重现[M].上海：同济大学出版社,2010:147.

② 顾军.法国文化遗产保护运动的理论与实践[J].江西社会科学,2005(03):136-142.

③ 邵甬,阿兰·马利诺斯.法国"建筑、城市和景观遗产保护区"的特征与保护方法——兼论对中国历史文化名镇名村保护的借鉴[J].国际城市规划,2011,26(05):78-84.

日，法国又通过了《景观保护和价值体现法》，明确了对具有公共利益的景观进行保护，国家除了负责编制《景观保护和价值体现指令》外，其余的编制工作纳入 ZPPAU，从而形成了新的 ZPPAUP。ZPPAUP 通过原则规定和图例的方式提出推荐性意见。地方政府在编制 ZPPAUP 方面具有很大的权限，在遵守国家有关规定的基础上可以根据遗产的类型、规模和特点因地制宜地划定保护范围，同时还可以将很多重要非历史建筑、城市景观、乡野遗存、自然景观等也划入 ZPPAUP，从而进一步扩大了遗产的概念。ZPPAUP 制度的实行取代了原先《历史建筑周边环境法》的相关规定，增强了地方政府在遗产保护领域的话语权，也促进了历史文化遗产保护的针对性和可操作性。随着 ZPPAUP 的实施，政府官员、专家学者、遗产所有权人以及普通民众越来越认识到该制度在保护和管理遗产方面的优越性。截至 2009 年底，法国共公布了 620 个建筑、城市和景观遗产保护区。

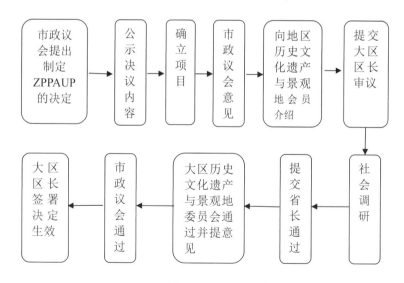

图 35：法国 ZPPAUP 的制定过程

资料来源：姚青石，易晓园．不断的探寻与发展——法国遗产保护制度的发展历程 [J]．世界建筑，2010(04):120-123.

二、保护的组织架构

在历史文化遗产的保护管理方面，法国遗产保护逐步形成了以中央和地方政府为责任主体，社会团体、基金组织等为辅助的保护管理模式。这种管理体系以集权为主要特征，其主要管理资源由各级行政部门来管控和支配，政府在遗产保护方面具有绝对的控制权。与之相比，社会力量相对薄弱，参与的程度也比较浅。很多社会管理机构与政府部门存在千丝万缕的联系，这一点与欧美其他国家相比存在较大的差异。

（一）中央政府层面

法国历史文化遗产保护管理的最高行政机关是法国文化与交流部，主要任务是让人们更好地接触和了解法国的人文和历史作品。文化与交流部由总秘书处、遗产司、艺术创作司以及媒体与文化产业司组成，其中负责历史文化遗产保护的是遗产司，由法国博物馆理事会（DMF）、法国档案理事会（DAF）以及建筑和遗产理事会（DAPA）于 2010 年 1 月 13 日组成。遗产司的组建不仅促进了部门的结构简化和部门功能更加优化，而且在各个专业领域内有效引导公共政策方面得到了加强。遗产司的主要任务是保护和传承历史遗产，促进建筑创作、监督建筑和景观地在自然空间和构造上质量的提升，负责法国文化遗产保护工作的规划、决策、领导和监督。其目的在于确保研究、保护、保存处于最佳状态和加强文化财产和历史遗迹、公园、考古和非物质遗产、博物馆收藏、公共档案等的保护。其主要工作范围包括4 个服务职能，分别是建筑服务、法国档案服务、法国博物馆服务和遗产服务。其中遗产服务为保护、保存、维修、恢复、提升纪念物、考古学、人类学遗产的价值和保护空间提供政策。在机构设置方面，遗产司下设四个处三个科，分别是文化活动及事务处、遗址处、文化遗产管理处、文化遗产登记管理处、人类学遗产管理科、影像学管理科、推广暨国际事务管理科。

（二）地方政府层面

面对庞大的历史文化遗产，法国政府将保护管理的任务转交地方政府负责实施。因此，每个地方政府都结合本地历史文化遗产状况设置相应的保护管理部门，开展相关保护管理工作。保护管理部门的职责主要包括：制定本地区的历史文化遗产保护与利用长期规划；指导遗产保护维修项目，安排维修经费；参与制定各类历史文化遗产的保护计划；向产权人发放保护、修缮、复原所需资金；保障国家所有的纪念物或历史文化遗址财政支持；开展历史文化遗产资源调查，搜集与遗产密切相关的研究资料；建立监管机制，制止破坏历史文化遗产行为的发生并对违法行为提起诉讼等。

在大区政府方面，其下属的文化事务厅是负责历史文化遗产保护的重要机构。大区文化事务厅由总务财务处、造型艺术处、电影和电视处、书籍和公共读物处、博物馆处、音乐舞蹈处戏剧和表演处以及遗产处等部门组成，统筹负责档案、博物馆、电影电视、科技文化、音乐和舞蹈以及历史文化遗产保护等方面的政策制定和实施。其中，遗产处的主要职责有四个方面，分别是考古、文物建筑保护、人类学和普查。考古方面，遗产处需要具体监督有关考古挖掘和考古遗址拨号的法规条例实施，开展相关考古项目，实施考古发掘计划，负责研究、保存、保护和宣传大区的考古遗产。文物建筑保护方面，遗产处主要负责文物建筑的保存、保护和价值重现。普查方面，主要负责调查、研究和认知所有从艺术、历史或考古角度能成为国家遗产的要素，从而建立法兰西艺术和遗产库。而人类学科方面，遗产处相关工作人员则负责研究和认知有形和无形遗产，艺术、历史、可移动和不可移动文物，以及社会活动、文化和技术环境等，主要在大区开展人类学遗产的研究、保护和价值重现。

在省一级政府层面上，负责历史文化遗产保护管理的机构是省级建筑与遗产局。该局的前身是成立于1979年的省级建设局，最开始是为文化部、装备部和环境部服务的。1996年改革后，文化部将原装备部的建筑和遗产保护职责接收，故而该局正式更名为现在的省级建筑与遗产局。此外，该局还继续为环境部服务，负责景观地的保护与管理。与大区文化事务厅不同的是，省级建筑与遗产局是文化部的派驻机构，在业务上受文化部和环境部的指导。全国共有100个省级建筑与遗产局，人数大约有800人。每个省级建筑与遗产局大约有5—20人，这些人中部分是国家建筑与规划师，作为省级建筑与遗产局的骨干力量负责整个单位的运转，另一部分是工程师，作为国家建筑与规划师的助手协助开展相关工作。其中，国家建筑与规划师是最为关键的，主要任务是保护、监督和管理历史建筑的保护现状，决定和审理由文化部出资的列级建筑物的日常维护和整修工程。如果保护建筑的状况非常复杂，需要进行深入研究或维修时，则需要主任建筑师介入。省级建筑与遗产局主要职责有以下几个方面：一是历史建筑尤其是列级建筑的保护、管理、维修等活动的实施；二是负责保护区的管理，对保护区内的建设、拆改、插建及广告牌设置等出具意见，根据"可视性"要求判定是否符合"可视性"条件，并以此为依据做出是否出具强制性意见；三是负责协调历史建筑和周边环境的关系，由于历史建筑实行周边环境保护制度，故而在保护范围内实施外立面改变、内部装修、新建建筑等工程均需征求该局意见；四是负责 ZPPAUP 管理，在对 ZPPAUP 的规划编制、保护措施制定以及相关工程改造等方面，需要省级建筑与遗产局出具相应的意见。

（三）社会组织层面

1. 社会团体

在法国，历史文化遗产的保护与民间力量有着密切的关系。各种与历史遗产保护相关的社会团体、咨询机构、基金组织、科研和教育机构纷纷加入保护与管理的行列中来，形成了具有法国特色的非官方遗产保护体系。

通过委托民间社会团体开展历史文化遗产的保护在法国拥有悠久的历史传统。这项制度最早开始于 1914 年，据不完全统计，在该制度下有 1.8 万个规模不等、功能不同的社团组织。比较著名的社会组织有古迹信托、青少年与文化遗产古迹国际协会、历史建筑促进会、法国传统宅院促进会、古迹基金会、法国国立古迹建筑博物馆、文化遗产专门性博物馆等。其中，古迹信托规模最大也最出名。该组织成立于 1983 年，成立以后便受政府委托参与各类古迹遗产的托管工作，在实践中积累了相当丰富的经验，促进了法国遗产保护事业的发展。1995 年，法国政府将 100 处古迹的托管工作交由古迹信托，除历史古迹的维修需要国家拨付经费外，其他方面的管理和运营完全由古迹信托负责，国家不再介入。由此可以在一定程度上看出法国政府对民间社团组织的重视程度。法国政府之所以这么做，与法国历史文化遗产的管理权有很大的关系。据了解，在法国完全由受中央政府管理的重点文物古迹不到 5%，受市级部门管理的占 1/3，剩下的一半以上为私人管理。对于数目庞大的私人遗产，通过委托这些民间组织开展和实施保护管理也是法国遗产保护领域的一大特色。

2. 咨询机构

除了委托民间组织开展和实施保护管理以外，法国还设立了历史文化遗产保护委员会制度用于负责文化遗产保护、开发、运营与咨询业务等。与很多国家只设立单个历史文化遗产保护委员会并在其下设若干专业委员会不同，法国政府根据文化遗产性质的不同，分设多个文化遗产委员会。其中，比较著名的有文化遗产保护登记管理国家委员会、文化遗产保护最高委员会、古迹研究国家（高级）顾问团等。在委员会人员的构成上，既有从事遗产保护管理研究的专业学者，也包括相关行政部门的公职人员。另外一些与之相关的民间社会团体、民意代表等都会加入其中。这一点与很多国家的遗产委员会的组员完全由专家学者构成相比，其组成人员更加全面、代表性也更强，在提供咨询和建议的时候能够综合吸纳各个层面和利益集团的意见，对于遗产的保护管理提出更加合理科学可行的指导性建议。

3. 基金组织

与美英等其他发达国家相比，法国在利用基金开展历史文化遗产保护方面稍显落后，不论是在规模上还是在实际运作过程中，历史文化遗产保护基金组织的力量还比较弱小，不过在政府层面上主导的部分基金会还是发挥了非常大的作用。这些基金会的保护对象主要针对那些尚未纳入国家保护体系内的遗产，包括乡村的、自然的、河域的、海域的、工业的、手工业的、军事的等多种类型。其主要任务是促进人们对历史和自然遗产的认识，保护遭受破坏和面临消亡的文化遗产自然景观，支持、鼓励和资助遗产保护事业，促进遗产的有效保护和地方经济发展水平，为当地提供更多的就业机会。

当前，法国最大的历史文化遗产保护的基金会是成立于 1941 年的历史纪念物基金会，该基金会隶属文化部。在基金运作上，为体现国家对该基金会的重视和掌控，其董事会成员既有来自中央层面的参议员、众议员，还有来自地方的市长、大区议会主席、省议会主席、法兰西学院专家等，此外文化部、环境部部长提名的专家也是董事会的成员。在财政资金使用方面，虽然该基金实行财务自治，但在使用上，要由财政部、内务部、文化部及观光厅等多方代表组成的基金评议会进行讨论，确定基金会的主要政策方针，从而确保基金能够得到正当有效合理的使用。基金会的主要目标是协助政府部门推动保护那些尚未纳入保护体系的文化和自然遗产，鼓励更多社会力量加入基金会开展遗产保护工作，通过向捐赠者提供税收优惠政策提高企业和个人保护遗产的积极性。在实际操作过程中，该基金会所筹的经费主要用于历史文化遗产的维修、历史古迹的展示展览、与遗产保护相关的著作、书籍和摄影作品的出版等。为了能够更好地宣传和展示历史文化遗产，历史纪念物基金会还通过在历史建筑内举行讲座、音乐会等方式，增进广大民众对于历史文化遗产的认识和理解。此外，对于更好地合理利用历史文化遗产，基金会鼓励和支持一些历史建筑在不改变建筑外立面或历史元素的情况下，有限制地进行功能置换，如改建为咖啡厅、书店等营业性商业场所。这样不但吸引了更多的游客，提高了遗产利用的经济效益，而且使历史建筑在使用过程中焕发了新的生机。

4. 科研和教育机构

法国历史文化遗产保护之所以在世界范围内闻名遐迩，与其强大的遗产保护管理教育研究密不可分。法国在遗产的科学研究和教育方面一直走在世界前列。在科研方面，法国目前现有百余个文化遗产研究机构，专门负责历史文化遗产的调查、研究、教学和资料搜集。这些机构在遗产的保护、管理、维修、研究等方面发挥了非常重要的作用。这里面比较著名的科研机构有古迹保护研究中心、法国文化遗产保护研究实验所、罗马时期壁画研究中心、国立磁器研发中心等机构等。

在历史文化遗产教育方面，法国建立了多家学科相对齐全的教育培训机构从事遗产保护管理人才和专业技术人才的培养，这些教育机构为法国的历史文化遗产保护提供了众多专业人员。当其他国家面临人才短缺的时候，法国的历史文化遗产保护队伍建设却呈现了勃勃生机。在这些机构中，法国国家遗产研究院占有举足轻重的作用。该研究院是法国文化与交流部下属的一个高等教育机构，负责通过考试招聘并初步培训国家及地方公职部门和巴黎市政府的遗产保管员，以及通过竞考挑选和培训有资格为国家藏品工作的遗产修复员。在同一个机构里进行两个高度互补的行业的培训，这在欧洲也是独一无二的。对于遗产保管员的培训，学制18个月。主要面向拥有学士学位的法国或欧洲公民招生，向其提供5门专业课程的学习，分别是考古学、档案学、历史古迹和编制清单、博物馆学、科学技术和自然遗产，由国家遗产和行政部门、地方行政机构的专业人员和大学教师以及私营部门的专业人士进行授课。课程结束后，学生可以从事与历史文化遗产相关的设计、人员管理、项目管理等方面的工作。而关于遗产修复员的培训，学制为5年，主要面向拥有中学毕业文凭的、30岁以下的法国和外国学生。遗产修复员需要接受7门专业的课程培训，分别是火的艺术、书画刻印艺术和书籍、织品艺术、家具、绘画、摄影、雕塑。工作作坊是学生培训的重要场所，在老师的监督指导下，学生通过修复这些物品进行学习。学生毕业后，将获得"遗产修复员"硕士学位，从而具备对历史文化遗产藏品进行修复的资格。此外，法国国家遗产研究院还不断加强与世界各国历史文化遗产保护机构的交流与合作。如2014年10月，法国国家遗产学院在法国文化和交流部部长与中国文化部副部长的共同见证下签署了遗产领域的法国和中国交流与培训计划。2015年7月，法国国家遗产学院应邀参加中国文化遗产研究院建院80周年纪念活动。2016年9月，陕西省文物局与法国文化遗产科学基金会在巴黎签署《关于陕西省文物局与法国遗产科学基金会合作备忘录》。2016年11月，法国国家遗产学院绘画修复专家及法国历史建筑研究室木质建筑部门负责人，应邀专访陕西省文物保护研究院，针对"户县公输堂彩绘木作保护修复合作研究"事宜进行交流合作，达成3个合作意向，包括户县公输堂彩绘保护研究、小木作保护研究与生物病害的防治研究。

三、保护的经济政策

纵观法国历史文化遗产保护的历程，可以清楚地发现政府部门占据了遗产保护的主导地位，同样在支持和鼓励遗产保护的经济刺激政策方面，法国政府依然发挥举足轻重的作用。根据 1913 年颁布的法律，列级和登录文物建筑保护修缮工程成本的 20% 至 80% 可以得到国家预算资助。1914 年，法国建立了历史古迹国家基金，用于监督购买和修复历史建筑的资金分配。到 20 世纪 30 年代，大部分历史建筑的保护和修复都接到政府财政援助。1966 年，法国文化部为鼓励遗产的私有产权人加强对重要历史建筑的维修，向其提供一部分修缮资金。同时，法国文化部鼓励却不强制要求它们向公众开放建筑物。随着列级保护和登录注册建筑的不断增多，分摊到每个建筑本身的经费逐年减少。为了筹措用于遗产保护的资金，中央政府只能通过特殊基金来补充文物保护方面的应急之需。如 2006 年，法国政府从高速公路私有化获得的收入中提取 1 亿欧元，2007 年又从财产转移税收入中提取 7 千万欧元用于文物遗产维护。虽然在遗产保护方面的支出日益繁重，但法国政府却认为对历史文化遗产的投入实际上是一种投资，因为在他们看来，文化遗产行业每年大约能为法国创造 10 万个就业机会和 50 亿欧元的收入，这对于国家经济发展具有非常重要的作用。2013 年，法国政府在编制预算时，计划为文化遗产保护投入 7.76 亿欧元。从中也可以看出，法国在支持历史文化遗产保护的动力和决心。

（一）文物建筑修缮补助政策

虽然法国的文物建筑修缮实行"谁拥有谁修缮"的原则，不过为了提高历史文化遗产私有产权人保护历史文化遗产的积极性。法国政府除负责修缮国有文物建筑外，还对非国有文物进行公共补助。公共补助资金分别由国家财政、国家基金会和各种组合资金等构成。列级文物建筑的修缮工程根据该建筑价值、保存现状、工程性质的不同拨付不同比例的公共补助，最高为工程成本的 80%。如果工程的建设单位是地方政府，那么可获得税收成本 50% 的补助；如果是需要交税的个人，则可获得含税工程成本 50% 的补助。登录文物建筑的修缮工程最高可获得工程成本 40% 的公共补助，但实际计算时往往根据列级文物建筑的标准给予 20% 的补助 [1]。

---

① 　邵甬 . 法国建筑、城市、景观遗产保护与价值重现 [M]. 上海 : 同济大学出版社 ,2010:178.

（二）文物建筑修缮税收优惠政策

1. 税收减免对象

税收减免的对象包括两个方面，一是保护性建筑，不论是列级保护还是登录注册的建筑，只要是在保护名册之中的建筑，都可以享受到一定的税收减免。如果列入保护的部分与整体建筑或环境具有不可分割的联系，那么与之相关的工程费用也可以纳入考虑范畴。对于那些不是文物建筑但被认为是国家历史文化遗产组成部分的建筑，能够体现历史、艺术、旅游价值的，省级建筑与遗产局也建议减免。此外，根据税法附则规定，假如保护建筑能够向社会开放则可获得额外的优惠政策。一般情况下，税法规定文物建筑的开放时间每年不得少于50天，其中至少有25天位于4月至9月的节假日（或周日），或至少40天是在7月至9月，而且每天的开放时间不得少于6小时。二是税收优惠的受益人。受益人包括个人产权人、免征企业税的企业成员和非政府组织。对于修缮后的文物建筑，既可以自己使用也可以用于出租。不过，对于商业出租的文物建筑其租金需要缴税。可见，国家会针对不同使用情况给予不同的税收减免优惠政策。

2. 所得税减免相关规定

可减免所得税的开支包括管理费用、看护人的报酬和保险（根据受保护部分和其他部分按比例分摊），以及文物建筑的修缮和维护费用（修理或翻修屋面、楼板、壁炉、立面等，拆除、改善相关设施的费用），保卫经费，与该工程相关的建筑师费用，因保护、购买、建设、修缮或改变而产生的债务利息等。新建、重建或扩建工程项目不计入可减免费用。

申请税收减免的产权人在每年收入申报时，需附上一份说明，内容包括需减免费用的明细账单，建筑列级、登录或认可的宣布时间。如果涉列级文物建筑，该说明中需附上文化事务行政管理部门出具的证明，证明实施的项目确实属于修缮或维护工程，并注明该工程估价表由文物建筑主任建筑师给出，同时需注明给予的补助比例，对于登录建筑则需这样的证明。除此之外，像营利税、行业税、增值税以及财产转移（继承和捐赠）税等也能够根据列级和登录文物建筑及其附属物实际情况给予一定的减免。

（三）历史城市中心的居住建筑修缮补助和税收优惠政策

1. "建筑修缮范围"制度

"建筑修缮范围"制度是随着 1962 年的《马尔罗法》的颁布而建立。该制度指的是由地方政府或行政主管部门划定一个范围，若这个范围内的私有产权人通过对旧住房进行维修以改善房屋质量，政府将对用于建筑修缮的成本部分免税。不过，在实际操作中，有些人利用建筑修缮可以免税的政策在"建筑修缮范围"内大肆买入—修缮—卖出历史建筑，不但使国家的税收受到损失，也大幅增加了该地区的房价。为此，1994 年《财政法案》对这项制度进行了修改，规定除非修缮后的建筑向社会出租，否则单纯的建筑修缮工程不再享受税收减免政策。对于在历史街区和 ZPPAUP 范围内的建筑修缮，法律规定可以继续实行鼓励性税收减免政策。

2. "城市复兴"政策

面对历史城市中心空心化严重、基础设施落后、居住环境恶劣、人口不断外流的状况，法国在 1975 年开始实行以"重新征服历史城市中心"为目标的"城市复兴"政策。为了改善历史街区内的基础设施、提高历史建筑的居住品质，吸引社会各阶层的人口重新回归历史城市中心。政府充分运用经济手段，将历史文化遗产同房地产市场、社会文化等因素综合考虑，采取多种途径实现历史城市的复兴。"城市复兴"政策实施以后，历史城市中心的衰败情况得以逆转。经过修缮后的历史建筑受到很多富有阶层人士的追捧，历史街区出现"缙绅化"倾向，像巴黎马莱地区贵族化越来越严重，社会出现分层现象。为改善这一情况，法国政府通过补贴的方式来达到高低收入阶层之间的社会融合。其措施主要有三点：第一，加大对低收入阶层和残障人士的关注，对那些实施无障碍改造工程的产权出租人提供税收减免政策。第二，鼓励空置房屋进入租赁市场，对空置房屋的修缮政府将给予产权人一次性补贴 2 万法郎，这一举措为房屋产权人维修房屋带来了积极性。据 1995 年的统计，经过修缮后的空置房屋有 2/3 进入市场，其中一半用于租赁。第三，通过实施"住房改善计划"扩大私有住房的社会化供给。2007 年，法国投入 2.5 亿欧元的年度预算用于"住房改善计划"。计划规定，在法国历史街区和 ZPPAUP 内按照"遗产保护和价值重现"的要求，产权人必须对保护区内的旧建筑进行修缮。作为补偿，产权人可通过"住房改善计划"获得工程成本最高85%的补助，同时还可享受自筹资金部分的减免税政策。否则，政府启动强制征收程序，按照评估市场价格对私有住房进行收购，由公共部门进行修缮后作为社会住宅储备。

通过"城市复兴"政策，尤其是"住房改善计划"，将历史城市中心区域的旧房改造同社会融合结合起来，一方面提升和恢复了历史中心区域的活力；另一方面也保证了低收入阶层能够在历史中心地区有立锥之地，缓解了社会矛盾，促进了社会融合。

（四）保护基金会政策

1987年，法国颁布了涉及发展文化、科学和体育等事业基金的法律，有力推动与遗产保护相关的基金会的发展。历史文化遗产基金会的收入来源主要包括基金会成员的会员费、财务收入、基金投资产出、公共资金、企业和个人捐赠与遗赠及由其活动产生的所有收入。其中公共资金的投入占其收入的主要部分。根据法律规定，国家会根据公共利益购买和强征的财产转移给基金会，每年也会将国库中无人继承的遗产部分转给基金会。如自2006年规定，将前一年收入国库的无人继承遗产的50%转给基金会，并且总数不能少于2003年所转的数额。除了中央政府以外，法国很多大区和省也会给予基金会一定的资金支持。

此外，个人捐献和企业赞助也是遗产基金会的重要收入来源，而且个人和企业也会因此获得一定的税收减免。2003年，法国通过了涉及加强向文化、科学等事业捐赠的法律。该法规定企业向遗产基金会捐赠可获得最高不超过总营业额5‰、捐赠额60%的企业税减免，企业赞助最少为500欧元。不少企业出于保护历史文化遗产、树立企业公益形象和获得税收减免等目的，纷纷向基金会赞助钱物。个人也可以直接向各个基金会或其代表处进行捐赠，捐赠者可获得最高不超过其年收入20%、捐赠额66%的个人所得税减免。

根据1996年7月2日《遗产基金会法令》，未受法律保护但又具有特别价值的不动产产权人在实施保护或修缮工程时可得到基金会资助和税收优惠。其中，税收优惠政策是遗产基金会所拥有的特权。其运作方式主要有三种形式。

第一种，经费支持。根据修缮项目、产权人收入情况等给予工程至少1%的费用资助。第二种，税收优惠。为扩大基金会的影响力，法国财政部给具有"遗产基金会标签"的项目提供税收优惠政策。能获得税收优惠的产权人有两种类型，需缴纳所得税的个人和协会（公民不动产协会等）如果基金会资助金额少于工程成本20%，除去资助金额后产权人承担的工程成本的50%可从年收入中减去，如基金会资助金额多于工程成本20%，除去资助金额后产权人承担工程成本100%可从年收入中减去。在这项政策中，基金会并不用出钱，而是通过认可和授予"标签"，使产权人享有税收优惠政策，这其实是国家变相的资助方法。因此，某种意义上，遗产基金会的建立及其特殊运作模式是法国"国家干预"政策的结果。第三种，募集资金。如果产权人没有足够资金进行遗产保护和修缮工程，基金会帮助该产权人进行资金募集，将募集到的资金交给产权人实施工程，基金会收取3%的管理费。不过由于法国政府一直把历史文化遗产保护当作公共利益来对待，历史遗产基金会只是政府公共事业的补充。所以截至目前，与历史文化遗产相关的基金会大概只有25家左右，而且基金会规模也不大，在作用发挥和经济政策刺激方面影响力还相对有限。

第四节　对我国历史文化遗产保护的启示

通过对美国、日本和法国等西方发达国家在历史文化遗产保护管理制度的回顾和分析，我们发现无论是在保护管理传统、保护管理体系、保护管理制度，还是保护管理的经济刺激政策等方面有很多值得我国学习的地方，对于做好我国历史文化遗产保护工作、完善遗产保护管理制度具有很强的启发和借鉴意义。

一、先进的遗产保护理念

相比较于我国的保护管理制度，西方国家无论是在历史文化遗产保护的正式制度还是非正式制度的建立时间都要远早于我国，其保护管理历程也大都经历了一个从自发到自觉的过程。在这些国家悠久的遗产保护传统的背后，是其对自己国家、民族的强烈认同感、自豪感和优越感的真实体现。历史文化遗产蕴含着一个国家、一个民族特有的精神价值、思维方式，只有发自内心地尊重和爱护历史文化遗产，才能在社会上形成普遍认同的保护理念进而形成良好的保护传统。此外，这些国家由于在工业革命的推动下较早地实现了从农业社会向工业社会的转变，他们向全球倾销工业产品的同时，也会加紧对外输出文化价值和意识形态。而历史文化遗产作为社会历史发展进程中保留下来的烙印和载体，相比于其他非物质类的文化灌输更真实、更客观、更具象，也更有说服力。

当前，我国正在推动实现中华民族伟大复兴的中国梦的进程中，历史文化遗产的保护与展示是国家文化自信和国家强大软实力的重要体现。因此，我们有必要加强对历史文化遗产保护的宣传教育工作，让历史文化遗产保护的理念根植于全社会中；提升全社会的思想道德素质和科学文化素养，让遗产保护的观念深入人心；增强民族的自豪感、自信心和爱国情感，在全社会营造保护历史文化遗产的良好氛围，让遗产保护成为人民群众的自觉行为。

二、健全的保护管理体系

在历史文化遗产保护管理构架上，美国、日本、法国等国家大都根据本国的实际情况，在长期的保护实践中逐步建立了与之相适应的保护管理体系。在保护管理层级上，这些国家大都采取中央统一负责的垂直管理体系，由政府设立的遗产保护管理部门和直属机构来实施国家对遗产的有效监管。在保护管理责任上，这些国家采用法律的形式明确了中央政府、地方政府及社区组织之间各自的权利和职责，理顺不同层级的关系，逐步建构了一整套责权明晰、分工明确、管理规范的保护管理构架，形成了中央与地方在遗产保护和管理上的合力。

相比较之下，我国的遗产保护管理体系还存在诸如多头管理、职权不清、管理混乱等问题，仅在中央政府层级就有住房和城乡建设部、国家文物局、自然资源部等多个部门负责遗产的保护管理，不同部委局之间由于部门利益的不同难以形成责权利明确的保护管理体系。中央政府层面如此，地方政府层面也是如此。因而，我们有必要在深入细致研究西方国家遗产保护管理行政体系的基础上，借鉴和吸收其保护管理制度的有益经验，探索和建立符合我国历史文化遗产实际的行政管理体制机制。

三、完善的法律保障制度

美、日、法等国家特别重视历史文化遗产的法制建设，可以毫不夸张地说，这些国家的保护历史文化遗产的历史就是相关法律法规建立、修订和发展的历史。在政府和广大民众的推动下，经过长期的增补、修订和完善，逐步形成了一整套完整且相对独立的遗产保护法律法规体系。在遗产的保护范围上，法律法规的设置从最初的应急性保护、单体性保护，逐步扩展到系统性保护和群体性保护。随着遗产保护范围的不断扩大，保护也不再局限于某栋名人故居、教堂庙宇，而是逐步扩展到与历史遗迹密切相关的附属设施、历史环境、历史街区、传统村镇甚至历史城市。有的国家将历史文化遗产的保护与自然遗产的保护进行统合，实现遗产保护法律上的全覆盖。在法律制度建设方面，西方国家普遍采取指定制度和登录制度相结合的方式，最大限度上明确了遗产保护管理的权利、责任和义务，做到遗产保护有法可依、有法必依。

目前，我国在历史文化遗产保护领域内的法律法规主要包括《文物保护法》《历史文化名城名镇名村保护条例》等。由于这些法律法规大都是在 21 世纪初制定或修订的，其保护原则、保护思路、保护方法已经与当前时代发展产生了脱节，甚至成为遗产保护的阻碍。所以，有必要在借鉴和吸收西方遗产保护法律法规先进经验的基础上，结合当前我国遗产保护实际，重新修订或制定与之发展相匹配的法律法规。

四、灵活的经济刺激政策

相对于我国采取行政管制的力量加强历史文化遗产保护管理的做法，西方发达国家似乎更倾向于使用经济手段来促进遗产保护和发展。不论是美国、日本还是法国，它们分别在税收减免或财政补贴两个方面对遗产保护给予特殊的优惠，从而刺激和引导遗产产权人加强对遗产的保护和利用。这些国家根据历史文化遗产的不同类型，有针对性地制定并实施了一系列历史文化遗产的经济支援和刺激政策。在充分尊重和发挥历史遗产公益性的基础上，对历史文化遗产的产权进行界定和分割，明确中央政府、地方政府、遗产所有权人、保护管理机构之间的责权利，采用经济的手段来直接和间接地激励各个主体遗产保护的意识和行动，从而促进历史文化遗产保护走向良性循环。此外，政府还积极引导和广泛吸纳社会力量参与遗产保护，通过税收抵扣等方式充分调动他们投资遗产保护的积极性，从而进一步扩展了历史文化遗产保护的资金来源。

我国由于长期受计划经济的影响，在历史文化遗产保护方面的资金投入几乎以国家和地方财政为主，社会资本参与保护的情况还比较少。受制于国家财政还不充裕的限制，我国很多历史文化遗产资源无法得到有效的保护和利用。因而，积极探索运用税收抵扣来鼓励和引导社会资本投身历史文化遗产保护事业，是当前我国遗产保护领域需要重点关注的课题之一。

五、多元的社会力量参与

社会力量的广泛参与是美、日、法等国家历史文化遗产保护领域内的一个突出特色。作为区别于政府（第一部门）和企业（第二部门）的第三部门，由保护志愿团体、社会组织或民间协会构成的社会力量，借助于自身在遗产保护领域内的专业知识，正发挥着越来越重要的作用。尤其是在美国，地方民间组织一直是遗产保护领域内不可或缺的重要组成部分。他们在遗产资金的募集、遗产资料的收集和整理、遗产保护与利用的技术支持以及遗产保护信息咨询等方面，都具有非常大的优势。有些时候，很多与遗产保护相关的团体或协会甚至受政府委托承担部分遗产保护管理职能，成为促进遗产保护与发展的不可或缺的力量。

由于我国的社会制度环境、经济发展水平和文化传统等方面与欧美等西方发达国家存在明显差异，在从计划经济转向市场经济的过程中，尚不具备西方国家成熟的市场经济基础，社会力量也比较薄弱，尚未形成像西方发达国家那样的非政府组织。不过，积极吸收和借鉴西方国家在社会力量发展方面的经验，培育和建立符合我国历史文化遗产保护的第三部门是未来发展的一个趋势。需要指出的是，虽然西方发达国家在遗产保护方面具有很多值得我国借鉴和引入的地方，不过由于我国政治制度的治理模式与意识形态、经济社会的结构特征和发展水平以及遗产保护的文化传统与管理理念的不同，只有将西方经验与中国实际相结合才能更好地促进我国历史文化遗产保护事业的发展。

小　结

　　本章对美国、日本和法国三国历史文化遗产保护制度进行了总结与分析。从中可以清楚地看到，这些国家均经历了漫长的遗产保护过程，期间还出现过一些波折或反复。不过，随着遗产保护制度的不断完善和社会各界力量的推动，这些国家不论是遗产保护管理的组织体系、遗产保护的法制建设，还是发挥经济手段鼓励和引导社会力量加强遗产保护等方面，都积累了非常丰富的经验。当前在我国历史文化遗产保护制度建设方面，还存在许多制约遗产保护事业发展的重难点问题。虽然在政治、经济制度方面西方国家与我国有较大差异，但对我国历史文化遗产保护仍有很强的借鉴意义。因此，加强对发达国家在历史文化遗产保护管理方面的学习和探索，充分吸收和借鉴这些国家先进做法和有益经验，对于改善我国历史文化遗产保护管理水平、推动我国历史文化遗产保护事业的快速平稳健康发展具有很强的指导意义。

第九章

改善我国历史文化遗
产保护的建议和对策

党的十八大以来，以习近平总书记为核心的党中央站在实现中华民族伟大复兴的中国梦的战略高度，多次就传承中华优秀传统文化、加强历史文化遗产保护发表一系列重要的讲话，强调要爱惜历史文化遗产，正确处理好城市开发建设与历史文化遗产保护利用的关系，在保护中发展，在发展中保护。作为拥有众多历史文化遗产的大国，如何推动历史文化遗产保护与经济社会发展成为摆在政府部门、专家学者以及社会公众面前的一道难题。因此，本章在前几章分析论证的基础上，从经济学、管理学的角度出发，结合当前实际提出改进和完善我国历史文化遗产保护的建议和对策，以期进一步促进我国历史文化遗产保护事业的发展与壮大。

第一节　推动保护与发展的管理体制改革方面

一、构建保护与发展的顶层设计

习近平总书记指出，发展是基础，经济不发展，一切都无从谈起。以经济建设为中心是兴国之要，发展是解决我国所有问题的关键[①]。历史文

[①] 以经济建设为中心是兴国之要 [EB/OL].(2022–03–09)[2023–04–02].https://theory.gmw.cn/2022–03/09/content_35573316.htm.

化遗产是老祖宗留给我们的宝贵财富，是坚定文化自信的重要力量源泉和加强社会主义精神文明建设的深厚滋养，保护历史文化遗产功在当代，利在千秋。在正确处理遗产保护利用与城乡建设之间的关系方面，习近平总书记多次强调，发展经济是领导者的重要责任，保护好历史文化遗产也是领导者的重要职责，两者同等重要。在城乡建设过程中要对历史文化遗产怀有敬畏之心，坚持遗产保护与城乡建设并重的原则，尊重城乡建设发展规律，保护城乡历史记忆，通过统筹规划、保用结合的方式，加强对城市的空间立体性、平面协调性、风格整体性、文脉延续性等方面的规划和管控，不断探索保护与发展的新路径，留住城市特有的文化基因①。

　　推进构建历史文化遗产保护与城市开发建设发展的顶层设计，就是要在习近平新时代中国特色社会主义思想的指导下，站在国家经济社会发展大局的高度上，从最高层级的角度统筹各部门的资源要素，形成保护与发展的整体理念和顶层目标，辅以可实施、可操作的执行手段，实现顶层决定底层、高端延伸低端的制度设计。一是要树立保护与发展的科学理念。要进一步贯彻落实习近平总书记关于历史文化遗产保护的一系列重要指示批示精神，树立保护文物也是政绩的观念，将历史文化遗产保护上升到坚定"四个自信"、培育社会主义核心价值观、实现中华民族伟大复兴中国梦的高度，把历史文化遗产保护纳入各级政府的绩效考核之中。妥善协调保护与建设发展的矛盾，理顺历史文化遗产保护管理体制，落实地方政府的主体责任，探索新型城镇化建设中的历史文化遗产保护发展思路，让历史文化遗产成为体味城市历史、塑造城市品位和展示城市特色的重要载体。二是要在国家层面建立历史文化遗产保护与经济建设发展协调工作领导机构。建议在国务院的统一领导下，由文化文物、发展改革、自然资源、住房建设、财政、宗教等部门组成领导小组，全面统筹和专业指导历史文化遗产保护开发利用方面的各种协调、管理、监督工作。制定并签署历史文化遗产保护与经济建设发展管理框架协议，定期召开联席工作会议，协商国家重大建设项目、重要城市总体规划、土地利用总体规划中涉及历史文化遗产保护发展问题，形成统筹协调、沟通顺畅、监管有力的保护管理协

---

① 中央城市工作会议在北京举行 [N]. 人民日报 ,2015–12–23(001).

商机制,有效解决长期以来历史文化遗产保护与经济建设发展信息不对称、保护与发展各自为政、难以有效沟通协调等问题。三是要完善遗产保护与建设发展的制度安排。进一步梳理历史文化遗产保护和城市开发建设方面的法律法规、部门规章和政府文件,达成保护与发展的理念共识,修订两者之间存在冲突和矛盾的相关条文,建立和完善历史文化遗产保护的政府部门协商制度、专家学者咨询制度、公众舆论监督制度,发挥有关学术机构、大专院校、企事业单位、社会团体和普通民众等各方面的作用,将保护与发展纳入更加合理科学的决策范畴。四是要加强事前审批与事中事后监管。相关部门要建立审批监管的制度规范和流程安排,对于涉及历史文化遗产保护与城市土地开发建设的项目,规定相关职能部门要组织开展专家论证、出具历史文化遗产影响评估报告,并经履行相关审批程序后方可实施。在项目实施过程中,履行必要的监管责任,严格按照审批意见组织施工。建立历史文化遗产违法终身追责机制,对于在城市土地开发建设中出现的破坏不可移动文物、擅自改变使用用途、违法施工建设等行为,加大惩戒力度,依法追究涉事法人的行政或刑事责任。

二、创新统一协调的保护管理体系

当前,我国的历史文化遗产保护管理机构属于多部门管理,仅在中央层面上就涉及文物、文化旅游、住建、自然资源、民族宗教等诸多部委,而到了地方层面则分属相对应的各有关部门从事保护管理工作。由于我国职能部门大都采取地方政府和中央业务部门双重领导的方式,即上级业务部门负责工作业务的事权,地方政府负责职能部门的人、财、物管理。从中可以看出,掌握人、财、物的地方政府相比较只从事业务指导的中央部门来说,对相关职能部门的约束力更强,职能部门在更多时候服从地方政府的决定而导致代表国家意志的中央业务部门的意见难以落实。为此,有必要打破当前多头管理、政出多门的局面,对中央与地方历史文化遗产保护管理体制进行必要的改革。

在创新保护管理体制建设上,建议在全国范围内设立统一的历史文化遗产保护管理机构,例如筹建"国家历史文化遗产保护管理局"等政府部门,直接受国务院的管辖。该管理机构应将中央各部委中涉及与历史文化遗产保护管理相关的职能进行统合，业务范围涵盖文物、历史文化名城名镇名村、传统村落甚至是非物质文化遗产和自然遗产在内的所有文化遗产类型。在此基础上，对涉及历史文化遗产的法律法规和政策性文件进行重新整合，推动制定一部具有我国特色的《历史文化遗产保护法》以取代现行的以历史文化遗产类型为分类的多部法律法规，从而成为指导我国历史文化遗产保护的基本大法。在业务职能上，国家历史文化遗产保护管理局将主要负责制定历史文化遗产事业发展规划，拟定历史文化遗产保护管理的标准和办法，组织开展历史文化遗产资源调查，掌握全国历史文化遗产保存现状，制定全国性的历史文化遗产保护总体规划；参与起草与遗产保护管理相关的法律法规并负责监督实施，协调和指导地方政府开展遗产保护工作，履行行政执法督察职责，协同有关部门开展历史文化遗产犯罪执法工作；开展与历史文化遗产相关的申报、审核、审批、宣传等工作等。为了降低保护管理的交易费用，剪断地方政府与重要历史文化遗产的利益纠葛，建议对于那些规模体量巨大、社会影响力强、遗产价值高的世界文化遗产和全国重点文物保护单位等将其改由隶属中央的国家历史文化遗产保护管理局进行统一垂直管理，拟定相关的历史文化遗产专项规划、详细规划等，以便更好地促进遗产的保护与利用。同时，为了做好与其他部门的沟通与协调，有必要从顶层设计的角度建立由国家历史文化遗产保护管理局主导的"国家历史文化遗产保护发展联席会议"制度，针对在遗产保护与发展中遇到的难点和痛点问题组织各相关部委和省级政府进行沟通和协商，从而实现相关问题的有效解决。

对于地方政府的历史文化遗产保护管理机构来说，应该尽量仿照中央的制度改革样式，对本地区内的保护管理机构进行整合，建立相应的历史文化遗产保护管理机构。在保持原有条块化管理的情况下，地方历史文化遗产保护管理机构在业务上继续接受中央业务主管部门的指导，贯彻落实与历史文化遗产保护管理相关的法律法规，开展对本地区内历史文化遗产资源的调查、保护与监管，制定本地区的保护规划、专项规划和详细性规划并加以落实。按照历史文化遗产的等级实施相应的保护管理职责，落实属地责任。从实际来看，地方政府及其历史文化遗产保护管理机构最能掌据历史文化遗产的相关信息及当地人民群众的利益诉求，最有动力去维护遗产地人民的利益诉求。对于大量的一般性的历史文化遗产应该赋予当地政府及部门更多的权限，以保障历史文化遗产产权人及当地民众的利益诉求的维护或补偿。

三、培育多元社会力量参与保护

自 20 世纪 70 年代以来，以非政府组织为代表的社会力量在欧美等发达国家迅猛发展起来，在文化、教育、卫生、环保、扶贫以及提供社会服务等方面发挥着非常重要的作用。社会力量被认为是"市场失灵"或"政府失灵"的产物。由于我国历史文化遗产主要以公有制为主体，所以社会力量参与遗产保护所占比重小于相关职能部门。但是它们在历史文化遗产保护领域内发挥的作用却不容小觑。事实上，在我国城市化进程的快速推进过程中，很多珍贵的历史遗迹、名人故居等都是在这些社会力量或志愿者的努力呼吁下才得以保留的。我国政府高度重视社会力量参与文物保护，2016 年，时任国家文物局副局长顾玉才在"首届社会力量参与文物保护论坛"上指出，国家文物局始终把社会力量看作文物保护的主力军和生力军。国家文物局将不断完善社会力量参与的法制建设，在文物保护维修、博物馆建设、购买社会服务等方面，为更多社会力量的参与提供政策支持。

因此，有必要改革当前我国历史文化遗产的保护管理体系，培育和发挥这些社会力量的作用，利用他们在社会沟通和治理上的优势，将其发展成为我国历史文化遗产保护事业的有益补充。由于他们一般同基层文化遗产保持相对密切的联系，所以社会力量能够非常容易地发现遗产保护管理过程中存在的问题，能够通过报刊、网站、自媒体等方式快速、便捷、低成本地向公众展示历史文化遗产面临的困难和处境，也能短时间地唤起民众对遗产的关注，进而推动政府及相关部门对遗产保护管理的重视。此外，这些社会力量还利用自己筹措的资金开展和实施一些文物保护工程，有力地促进和改善了历史文化遗产的保存状况。所以，有必要从制度设计层面上加强对非政府组织的培育与引导，鼓励那些热爱历史文化遗产保护、具有经济实力或专业知识背景的组织或个人通过遗产认养、租用、托管以及特许经营权等方式进入历史文化遗产保护领域，让其参与历史文化遗产的保护与管理，满足他们的行为偏好，发挥他们的能力特长，实现政府部门主导、民间力量参与的良好局面，以此促进我国历史文化遗产保护事业的发展和社会力量的不断壮大。

第二节　实施产权结构治理方面

一、开展历史文化遗产产权确权登记

　　清晰明确的历史文化遗产产权制度能够有效减少"公地悲剧"和"租值耗散"，明确产权相关人的利益和义务，降低交易费用，有助于人们对未来形成合理可确定的预期，引导人们更好地在权利范围内合理保护、开发、利用历史文化遗产。当前，我国历史文化遗产的产权管理制度保护管理方面几乎处于空白状态，其遗产登记和公布制度完全游离于土地、房屋、草原、林地、海域以及国有公共财产等不动产管理体制外，尚无法定授权机关、登记依据、登记内容和登记程序等管理制度。由于无法与土地、房屋、海域等不动产登记系统建立联系，在历史文化遗产保护与发展过程中存在巨大的信息不对称，难以与发展改革、自然资源、住房建设等部门实现有效的资源共享和信息互通。因此，以不可移动文物保护为主体的文物部门和以历史街镇保护为主体的城乡建设和规划部门有必要利用当前我国正在推行的不动产确权登记工作，将历史文化遗产作为一类特殊的不动产类别纳入不动产登记系统。联合自然资源部、住房和城乡建设部、民政部、农业农村部等国家部委，出台有关历史文化遗产产权登记确权的政策性文件，实现登记机构、登记簿册、登记依据和信息平台"四统一"。在开展确权登记工作中，历史文化遗产保护管理部门要建立单独的管理制度，进一步加强对历史文化遗产资源的精细化管理。通过产权授权、产权登记、产权监管等手段，建立科学合理同时体现历史文化遗产特点的确权制度，清晰界定不同类型遗产的产权属性、相关主体的职责权益等，从而确保各类历史文化遗产的各项权能得到有效的保护和交易。

二、创设历史文化遗产产权流转机制

在界定和明确产权权属的情况下，建议建立一整套完善的产权流转机制，通过设立历史文化遗产产权交易平台的方式，实现历史文化遗产产权的各种权能合理有效的转让和交易。对于私有产权的历史文化遗产，在遵守相关规定的情况下，可以对其包括所有权、使用权、经营权在内的各类产权权能进行自由交易，实现历史文化遗产资源的合理配置和有效流动，鼓励私有产权转化为国有产权。对于国有历史文化遗产，建议在保留所有权国有性质不变的情况下，将其所有权、管理权和经营权分离，实现经营权的有效流转。对于经营权的转让，建议实行政企分离、事企分离，将保护管理与遗产开发经营彻底分开，即保护管理机构只负责遗产的保护、保养、修缮等工作，遗产的开发经营则交由企业经营。在遵守相关法律条文的基础上，对于历史文化遗产景区内吃、住、游、购、行及娱乐等方面的资产和经营活动通过出租、转让等方式交由具有经营实力的企业来实施，形成特许经营权制度。其经营性收入在扣除经营单位的净利润之后，剩余部分转交财政专门用于历史遗产的保护。对于其他国有产权的历史文化遗产，则要鼓励其向社会开放，发挥历史文化遗产正外部性。

三、探索历史文化遗产地役权补偿政策

如前文所述，历史文化遗产作为一种对公众利益具有正外部性的公共产品，为了保持和促进其外部性的发挥，政府必然会对历史文化遗产的保护、使用、修缮等做出一定的限制性规定，即为了公共利益需要而对产权所有人的土地实行强制役使，而这些规定就构成了地役权问题。因此有必要对这部分受限的权利进行补偿，即建立相应的历史文化遗产地役权补偿机制，给予相关产权人适当的补偿以弥补他们的损失并激发其保护遗产的热情和动力。这些补偿机制围绕着历史文化遗产由于保护后与普通建筑物之间存在的权利落差进行研究。通过法律法规或政策性文件等进行规定，确定补偿对象和补偿范围，明确哪些是可以补偿的，哪些是不可以补偿的。具体补偿形式可采取专项资金补助、税收减免等方式进行。一是加强对历

史文化遗产保护修缮的补偿，实现各种类型不同级别的历史文化遗产全覆盖。不论是国家层面上的《文物保护法》还是地方层面的各类文物、历史风貌建筑保护条例，对历史文化遗产的保养、修缮都做出了一定的要求，如遵循"不改变原则""最小干预""修旧如旧"等。这些要求的出发点显然是为了保护遗产的真实性和完整性，不过历史文化遗产的保护与维修是一项非常专业性的工作，所需费用与普通建筑修缮相比要高得多，所以在遗产保养修缮中政府及有关部门有必要对其进行适当的补助。二是对历史文化遗产保管和使用进行补偿。一般情况下，相关管理部门为了遗产的保护，往往会划定的必要的保护范围和建设控制地带并做出相关的规定，此外还对历史文化遗产的使用提出了一些要求。这些规定必然会损害产权所有人的权益，因此有必要对这些损害给予一次性的补偿，其具体做法可参照发展权转移的做法。三是对历史文化遗产潜在损失给予补偿。历史文化遗产的公共地役负担不仅对其当前价值形成损坏，而且对其潜在的经济价值也会造成影响。受地役权的限制，历史文化遗产只能是处于静态保护的状态，其土地失去了更多再发展再增值的机会。因此，有必要根据相邻地价的增长幅度适当的给予遗产产权所有人适当的补助，弥补因为无法进行开发利用导致的土地价值减损。

四、研究指定与登录相结合的认定模式

当前，我国的历史文化遗产认定制度完全采取指定的方式。这一方式最大的好处是不需遗产产权所有人同意即可由政府部门将其列为保护对象，受到国家相关法律法规的保护。如果这一历史文化遗产的产权为国有，采取该方式可以被理解，若产权为私有，则会带来诸多问题。另外，历史文化遗产的指定是依据相关业务部门掌握的遗产资源，事实上，政府部门掌握的资源信息是有限的，在民间还有很多丰富的历史文化遗产信息尚未汇集到保护管理机构手里，这些遗产资源一旦被拆除或破坏也将无法恢复。鉴于以上情况，建议在历史文化遗产认定方面引入登录制度，形成指定和登录两种制度并行的认定制度。对于产权为国有的历史文化遗产，可以根据历史文化遗产的历史、艺术、科学、社会和文化价值指定为相应级别的

遗产。对于指定的历史文化遗产，由于指定的主体是中央和地方政府，因此其保护、保养、修缮的主要费用完全由中央和地方财政来负责。对于产权为私人的历史文化遗产，政府部门可以采取指定或登录的方式来认定历史文化遗产。对于具有很高价值的私有遗产，政府部门应该采取指定的方式认定遗产，但是前提是要明确政府与产权所有人的权利和义务。由于是政府部门认为该私有遗产具有价值，故而保护管理的主要责任应该交由政府部门，政府部门可以采取委托代理的方式请产权所有人或使用人进行代为管理，但是其相关费用应该由政府部门支付。对于一般价值或政府部门尚未掌握的私人遗产，则一般采取登录制度。从申报程序上讲，可以请历史文化遗产的产权人根据有关登录程序向政府部门提出申请，由政府部门按照相关程序组织认定后登录到历史文化遗产的名录中。对于登录的历史文化遗产，必须遵守关于历史文化遗产相关的法律法规的规定，在遗产的改建、扩建、拆除、外立面更新和内部结构改造、装潢装修变更等方面按照相关的程序履行报批手续。登录历史文化遗产由于是产权人自己的主观意愿，故而保护管理的责任主要由产权人负责，政府部门只是起辅助作用。当然，由于历史文化遗产具有公共产品的特性，具有很强的正外部性，在遗产的保护、管理和修缮过程中政府部门可以提供必要的技术支持或经费支持，但是主要的责任依然由私有产权人负责。综上，责权明确的具有我国特色的历史文化遗产认定制度初具雏形。

在对历史文化遗产认定制度进行改革的同时，也要对遗产的退出机制进行制度创新。当前，我国与历史文化遗产相关的法律法规仅仅规定了遗产认定制度，对于遭到破坏、拆除的已经失去相关价值的历史文化遗产却并没有建立退出机制。尤其是前些年来伴随城市化的快速发展，很多登记在册的文物建筑已经随着城市的发展而消失，还有一些虽然并未被拆除，但是由于相关产权人或所有人为了经济利益等对历史文化遗产进行修缮、改扩建或原址复建等，形成事实上的假文物，造成历史文化遗产的价值遭到破坏甚至是灭失，早已失去了历史文化遗产的历史、艺术、科学价值。因此，有必要对这些类似假古董或没有价值的建筑物从历史文化遗产的名录中进行清除。历史文化遗产之所以珍贵，在于其稀缺性、真实性和完整性。因此，建立历史文化遗产的退出机制也是为了更好地保证历史文化遗产的价值。

五、完善土地储备中的历史文化遗产保护措施

　　土地储备是各级地方政府和自然资源部门从"经营城市、经营土地"的需要出发进行土地制度创新，为调控土地市场、促进土地资源有效开发利用，土地储备部门通过回收、征用、收购等方式取得土地，在对土地进行适度开发整理后进行储存，并向社会提供各类建设用地。实行土地储备及招拍挂制度，对于在增加地方财政收入、改善城市基础设施建设、提高土地市场的公平性和透明性方面具有非常突出的作用。不过，在土地收储过程中，很容易遇到历史文化遗产保护问题特别是地下文物埋藏问题。虽然《文物保护法》明文规定在"进行大型基本建设工程时应在可能埋藏文物的地方进行考古调查"，不过从实际执行情况看效果并不理想。主要是一旦考古勘探中发现重要文物，需要长时间的发掘，不仅延误建设单位的建设周期，也给土地规划的实施和文物保护带来很多负面影响。为此，2018 年原国土资源部、财政部等部门联合印发修订新版的《土地储备管理办法》，明确规定，存在文物遗存等情况的土地，在按照有关规定由相关单位完成核查、评估和治理之前，不得入库储备。要重点做好先期考古调查、勘探、发掘工作，相关建设项目应严格依法履行报批手续，并将其对历史文化遗产的影响降至最低。同年 10 月，中共中央办公厅、国务院办公厅印发的《关于加强文物保护利用改革若干意见》中，再次重申"国土空间规划编制和实施应充分考虑不可移动文物保护管理需要……地方政府在土地储备时，对于可能存在文物遗存的土地，在依法完成考古调查、勘探、发掘前不得入库"。这些规定的出台，将"建设前考古"转变为"出让前考古"，解决了长期以来遗产保护与城市建设之间的矛盾，理顺了两者之间的关系。出让国有土地使用权考古调查勘探发掘前置，既有利于降低建设单位投资风险和企业制度性交易成本，又能实现对考古工作的有效保护。

　　不过，尽管政策框架已经建立，但由于此项改革涉及规划、自然资源、住房建设、文化文物等诸多部门，各地的相关实施细则还在协调酝酿中。

鉴于此，建议在土地储备开发过程中重点开展好以下工作。一是加强统筹协调。地方政府的土地储备部门、规划部门、文物部门要加强沟通提前谋划，依据土地利用总体规划、城市规划的要求，对拟整理入库的土地资源提请文物部门开展文物调查，发现文物遗存的，根据土地储备计划和供应计划制定年度考古勘探计划，确保收储的土地"地面净、地下净、权属净"。二是要加强流程设计。在宗地规划条件出具以后，由土地储备部门向文物部门递交考古调查申请，签订考古调查勘探合同、支付考古费用并纳入土地收储成本。如在考古勘探过程中发现需要保护或发掘的文物，土地储备工作暂停。三是加强协作分工。在考古调查勘探发掘前置改革中，明确各相关部门的责任分工，加强部门间沟通协调，提高实施效率，从供给端进一步释放土地要素红利，确保考古调查勘探发掘前置改革取得成效，推动经济转型升级，实现经济社会高质量发展。

第三节　改善资金保障制度方面

一、创新公共财政扶持激励机制

由于历史文化遗产具有很强的正外部性，保护好历史文化遗产对于弘扬中华传统优秀文化、培育社会主义核心价值观、增强国家文化软实力、齐心共筑中国梦具有非常重要的作用。因此，政府部门作为社会公众的代理人，理应在保护管理方面投入更多的财政资金进行支持。按照《文物保护法》的规定，文物保护经费纳入地方财政预算，用于保护的财政拨款应随财政收入的增长而增长。因此，各级政府要在发展经济的同时，进一步加大对遗产保护的资金投入，提高遗产保护在公共服务支出中的比例。中央政府要加强财政转移支付引导，拓宽遗产保护补助资金的支持范围，重点对一些遗产分布广、保护难度大、社会效益强的遗产保护项目以及中西部财政困难地区倾斜，激发地方财政投入遗产保护的积极性。落实省、市、县各级地方政府在遗产保护的资金投入，保证地方基本性预算资金更多用于遗产保护事业，建立遗产保护的考核机制，将地方经费投入和使用纳入政府绩效考核，强化考核和追责力度。另一方面，积极学习和借鉴西方国家在历史文化遗产保护的经济刺激政策，在充分明确和界定中央政府、地方政府、产权人以及相关组织责权利的同时，进行必要的财税政策改革，通过制定历史文物建筑修缮补助、历史文化遗产活化利用专项补助、文物保护管理的税收减免抵扣、历史街区保护开发优惠政策等经济手段来鼓励各相关主体积极参与到历史文化遗产保护开发利用中去，不断推动我国历史文化遗产保护事业的发展。

二、引入多元资金投入方式

由于我国幅员辽阔，历史文化遗产众多，如果单纯依靠公共财政，不仅国家财政难以承受，而且也不利于历史文化遗产的保护与发展。因此，在加大政府投入的同时，也要进一步扶持社会资金参与历史文化遗产保护利用。完善相关法律法规体系建设，依法保障社会力量在遗产保护方面投资的合法权益，通过财税政策给予必要的物质精神奖励、财政补贴或税收减免，利用杠杆作用撬动更多的社会资金进入遗产保护领域。一是建立历史文化遗产保护基金会。提倡和鼓励企业、社会团体以及个人捐赠资金用于历史文化遗产的保护、维修以及开发利用等。对于捐赠的企业、社会团体或个人，政府部门应给予必要的物质和精神奖励，以激发社会各界参与历史文化遗产保护的积极性。二是制定优惠的税收政策引导社会力量加强历史文化遗产保护。政府通过制定有差别的税收政策对参与历史文化遗产保护的单位提供税收减免，准予在缴纳企业所得税或者个人所得税税前扣除，激励企业、社会团体、个人等将资金投入到遗产保护中。三是积极吸引国际资金支持。历史文化遗产不仅属于中国，也属于全世界。因此，在我国公共财政还比较困难的前提下，积极寻求国际援助，通过吸引国际力量来加强我国历史文化遗产的保护是非常有必要的。可喜的是，近年来我国利用世界银行、联合国教科文组织等的资金用于历史文化遗产保护的项目越来越多。如重庆湖广会馆利用意大利文化遗产信托捐赠的 40 万美元用于技术咨询，故宫博物院用香港中国文物基金会的资金用于文物修缮等。通过引入多元的资金方式，逐步形成以政府投资为主导、社会资金投入为补充的新型遗产保护经费投入机制。

三、探索历史文化遗产保护的自输血模式

近些年来，虽然各级政府部门加大了对历史文化遗产财政经费的支出，但是与我国庞大的遗产数目相比，与遗产保护的经费需求相比还存在很大的差距。而且以国家文物局为代表的中央政府主要对全国重点文物保护单位投入财政经费，对于大多数的省、市、县级文物保护单位和一般文物经费的保障责任基本落在了各级地方政府手上。由于各地财政状况不一、遗产分布不均，相应的保护管理机构也不统一，在缺乏中央财政支持的情况下将历史文化遗产保护工作完全推给地方政府实际上给地方财政造成很大的负担。我国部分地区为此进行了不少大胆且卓有成效的创新改革，通过所

有权与经营权相分离的方式实现了自身保护与发展的难题，积累了一些宝贵的经验。如 2003 年苏州颁布施行的《苏州市古建筑保护条例》规定，对于一般价值的历史文化遗产，鼓励国内外组织和个人租用，可以将其作为参观游览场所和经营活动场所。2017 年 3 月，山西省政府启动社会力量参与文物保护利用"文明守望工程"，鼓励和引导社会组织、企业或个人通过出资修缮、认领认养的方式参与市、县级文物保护单位和一般不可移动文物的保护利用。2017 年 8 月，安徽在出台的《安徽省历史文化名城名镇名村保护办法》中，也明确规定鼓励有能力的单位或者个人采取认保、认养、认租、认购等方式参与遗产保护。此外，广东开平、浙江金华等地也积极探索历史文化遗产社会认养制度。通过遗产认养，认养人可以获得认养遗产一定的使用权和经营权，在法律规定的范畴内合理使用和经营遗产。这一举措一方面解决了地方政府财力有限难以满足历史文化遗产养护的需求，拓宽了遗产养护资金的来源渠道，减轻了政府的压力；另一方面也让更多的对历史文化遗产具有感情的组织、企业或个人参与其中，满足他们的偏好需求，也让这些遗产通过资助得到更加精细化的保护。在总结这些地区在遗产认养方面的经验基础上，2022 年国家文物局印发了《关于鼓励和支持社会力量参与文物建筑保护利用的意见》（以下简称《意见》）。该《意见》明确了社会力量参与文物建筑保护利用的指导思想、工作原则以及参与内容、方式和程序等，对社会力量参与文物建筑保护利用进行规范和引导。该《意见》指出，通过社会公益基金、全额出资、与政府合作等方式，按照《文物建筑开放导则（试行）》要求，参与文物建筑本体保护修缮、历史风貌维护、旅游文创开发、文化传承发展等文物保护利用全过程。目的是通过社会力量的广泛参与，推动大量低级别文物建筑"有人管、在利用、出效益"。社会力量参与文物建筑保护利用可以获得一定时限的管理使用权，管理使用期限最长一般不超过 20 年。在管理使用期间，可以利用文物建筑开设博物馆、陈列馆、艺术馆、农村书屋、乡土文化馆和专题文化活动中心等公共文化场所，也可以开办民宿、客栈、茶社等旅游休闲服务场所。利用文物建筑丰富城乡业态，充分发挥文物建筑的文化价值和公共服务属性，为社区服务、文化展示、参观旅游、经营服务、传统技艺传承和文创产品开发等，提供多样化多层次的服务。

第四节　探索建立土地发展权转移制度方面

一、引入建设强度分区规划

　　建设强度分区规划是衔接城市总体规划层面强度管控原则与控制性详细规划层面具体建设指标之间的一种规划，通过在分级分片划定不同建设强度的方式为控制性详细规划指标的制定提供必要的依据，满足城市发展总体导向的要求。建设强度分区规划以容积率为核心指标，以建筑密度、高度、空地率、绿地率为辅助指标，以街巷或多个街巷的合围区域为单位，对于不同用地性质的地块设定必要的基准强度，其强度赋值介于一定的数值区间之内[①]。一经设立，必须严格执行。对特别意图区（Special Purpose Districts）——如中心商务区、特色发展区、风貌协调区、历史文化遗产保护区——的开发强度进行特别控制和引导，由此实施城市设计、历史保护以及其他规划意图。与美国、日本、新加坡等国家在建设强度分区规划中长期实践相比，我国目前尚处于摸索阶段，仅上海、深圳、杭州、宁波[②]等少数城市有过相关研究，大多数城市还处于空白阶段。尽管处于初步尝试阶段，但效果显著。建设强度分区规划能够有效避免城市建设强度扁平化、同质化问题，防止容积率指标分配依据不足、随意突破以及不同地段景观风貌差异缩小，其目的在于构建一套城市开发保护的"游戏规则"。通过制定分区依据、分区方法、平均强度、强度等级等，作为控规编制、地块出让、公共设施建设以及历史文化遗产保护的依据，明确城市的发展方向，从单纯土地经济优先，转向效率优先，兼顾公平。同时，在加强建设强度严格管控的基础上，由禁止性消极控制向鼓励性积极引导转

---

①　薄力之, 宋小冬. 建设强度的精细化管控——"整体分区"与"地块赋值"方法的融合 [J]. 城市发展研究, 2018,25(09):82-90.

②　薄力之, 宋小冬, 徐梦洁. 城市建设强度分区规划支持系统的研发与应用——以宁波市中心城为例 [J]. 规划师, 2017,33(09):52-57.

变，通过土地发展权转移等方式不断优化强度分区规划的设定，达到城市开发与遗产保护的均衡状态。由此可见，如果建设强度分区规划能够被我国多数城市采纳，不仅能够有效推动包括历史文化遗产在内的保护协调工作，而且对城市的建设管理走向稳健成熟同样具有很好的引导作用。

二、加快融入"多规合一"建设

所谓"多规合一"，是指在一级政府一级事权下将国民经济和社会发展规划、城乡发展总体规划、土地利用总体规划、生态环境保护规划、文物保护规划、林地与耕地保护规划、综合交通规划、社会事业规划等多个规划融合到一个区域内，确保多个规划明确的三区三线（城镇、农业、生态区和生态保护红线、永久基本农田、城镇开发边界）以及文化和自然遗产控制线、产业区块控制线等重要空间参数一致，实现一个市县一本规划、一张蓝图，解决现有各类规划自成体系、内容冲突、缺乏衔接等问题，实现优化空间布局、有效配置土地资源、提高政府空间管控能力和治理水平的目标。"多规合一"是历史文化遗产保护融入经济社会发展大局的重要机遇之一，是推进历史文化遗产保护、实现土地发展权转移的重要前提条件。在"多规合一"的编制过程中，要加强与自然资源、住房建设、生态环境等部门的协调，按照中共中央办公厅、国务院办公厅印发的《关于加强文物保护利用改革的若干意见》中"国土空间规划编制和实施应充分考虑不可移动文物保护管理需要"和国务院《关于进一步加强文物工作的指导意见》中"将文物行政部门作为城乡规划协调决策机制成员单位，按照'多规合一'的要求将文物保护规划相关内容纳入城乡规划"的相关要求，自觉将文物保护规划、名城名镇名村和街区保护规划、传统村落保护规划等融入多规之中，形成一张蓝图、一站审批，使历史文化遗产保护与城市开发建设发展之间形成信息资源联动。同时，针对历史文化遗产登记与公布制度游离于土地、房产、林地、海域等不动产管理体制之外的问题，探索建立文物资源资产管理机制。建议将历史文化遗产作为一类特殊的不动产纳入不动产登记中，加快以文物建筑为主体的历史文化遗产不动产登记进程，将推动确权登记，尊重现状、分类处理，实现历史文化遗产保护管理部门与自然资源部门的信息互通共享。在此基础上，参考其他行业和国家的做法，建立土地发展权转移基金或文物保护产权保护性征收基金等方式，适当给予特殊的土地和财政政策支持，用于补偿历史文化遗产土地所有权人的利益损失。

三、创建符合我国特色的土地发展权转移制度

目前，我国的历史文化遗产不论是文物建筑还是历史文化街区，其所依托的土地皆为国有。由于我国土地的性质为全民所有和集体所有且所有权不能买卖，能够转让的只是土地的使用权。虽然土地发展权制度在我国还没有得到法律的正式确认，但实践中已经或多或少存在类似交易的尝试[①]。根据我国土地利用的实际，建议建立一套基于市场机制解决城市土地使用与经济社会发展相适应的发展权转移机制。发展权的发送方为拥有历史文化遗产土地所有权的地方政府，接收方为开发企业，而要实现发展权的转移，则需要建立一个公开公正的交易市场。这个交易市场可以依托现有的土地交易平台来实现，也可以由地方政府的土地整理部门、收储部门、历史文化遗产主管部门以及银行、信托等单位联合注资成立，受地方政府直接领导。中央政府作为代表民众利益的第三方，其主要作用是制定发展权转移的相关法规和政策，保障发展权转移交易双方的权益，监督双方的实施过程。通过历史文化遗产发展权转移，一方面给为保护历史文化遗产失去发展权的地方政府及周边居民住户予以补偿；另一方面让待开发地区在获得更高强度的土地利用的同时承担社会成本，从而实现交易双方的帕累托效率。可以说，通过构建历史文化遗产发展转移制度，政府部门无需或仅需少量的财政支出就可以实现历史文化遗产的保护与地区经济建设的发展，不仅提升了城市文化内涵，改善了历史文化遗产的生存环境和保存状况，而且接收地区通过加大开发强度也能获得更多的开发收益，促进了地区经济的发展。

---

① 谭荣,曲福田.中国农地发展权之路:治理结构改革代替产权结构改革[J].管理世界,2010(06):56–64.

小 结

　　当前我国历史文化遗产保护事业还存在不少与之发展不相适应的地方。针对在保护与发展过程中存在的问题，本章在前几章分析论证的基础上，从推进保护与发展管理体制改革、改进资金保障制度、开展产权结构治理和探索建立土地发展权转移制度等方面提出了相应的建议和意见，以期对我国历史文化遗产保护事业的发展添砖加瓦。

第十章

结论与展望

近年来，党中央、国务院高度重视历史文化遗产保护工作。习近平总书记多次就文物、历史文化名城等历史文化遗产进行批示、指示，他指出：文物承载灿烂文明，传承历史文化，维系民族精神，是老祖宗留给我们的宝贵遗产，是加强社会主义精神文明建设的深厚滋养。保护文物功在当今、利在千秋①。作为文明沿袭的具象载体，历史文化遗产保护的不仅是各种不同类型的物质遗存，更是保护其内在所蕴含的文化精髓、文明记忆和文脉传承。正是由于历史文化遗产所具有的这些正外部性，在经济社会发展过程中遇到的问题正日益引起社会各界的关注和重视。从经济学的角度研究历史文化遗产保护管理问题，不仅为理解和认识历史文化遗产的属性拓展了崭新的思路，也为探索和处理遗产保护与经济发展之间的关系提供了理论基础。

第一节 主要结论

第一，深化对历史文化遗产经济特征的研究。长期以来，人们对历史

---

① 保护好中华民族精神生生不息的根脉——习近平总书记关于加强历史文化遗产保护重要论述综述[EB\OL].(2022-03-20)[2023-04-11].http://politics.people.com.cn/n1/2022/0320/c1001-32379041.html.

文化遗产的研究大多围绕着文化价值展开，缺乏从经济学的角度来认识和理解历史文化遗产的经济价值。通过研究，本书认为，历史文化遗产的文化价值是本征的，经济价值是衍生的。如果没有了文化价值，历史文化遗产的经济价值便无从谈起。因此，对于历史文化遗产的经济学研究首先要立足于保护，这是因为历史文化遗产作为特殊类型的产品，具有稀缺性、脆弱性和不可再生性的特征，一旦损害将难以恢复。尽管根据排他性和竞争性的原则，历史文化遗产可以划分为纯公共产品、俱乐部产品和私人产品，不过由于其具有很强的正外部性，即使是属于私人物品的历史文化遗产也存在一定的公益性。由此需要通过多种形式对历史文化遗产的外部性进行治理，通常的做法是税收、补贴和政府管制。而在现实生活中，通过加大公共财政投入对于推进历史文化遗产保护、增进社会福利能够起到较好的效果。

第二，指出产权问题是历史文化遗产保护的关键问题。从产权经济学的角度来分析历史文化遗产保护问题是近些年来学术界研究的热点。与其他形式的物品类似，历史文化遗产的产权研究也是围绕着产权的特征、结构、属性和产权安排来展开的。在历史文化遗产产权安排的效率对比上，尽管传统的观点认为私有产权具有主体明晰、易分割转让、交易费用低等优点，但考虑到历史文化遗产具有较强的外部性的特点，而公有制更强调公益性和非排他性，因此即使诸如欧美等市场经济发达国家在历史文化遗产的产权安排方面公有制依然占据很大的份额。通过研究，本书认为，有效的产权界定对于界定历史文化保护主体与责任、激励产权人实施保护、推动遗产资源有效配置以及实现外部性内部化方面具有非常重要的作用。

第三，指出历史文化遗产保护与破坏的表象背后是各相关利益群体博弈的结果。一般来说，与历史文化遗产保护管理密切相关的主要有政府部门、开发企业及相关社会团体等。其中，政府部门又分为中央政府和地方政府。在遗产保护与经济发展的博弈中，对于中央政府来说，其主要职责是制定历史文化遗产保护政策，监督地方政府及相关部门开展工作，保护是其主要诉求，目的比较单纯。相比较而言，地方政府对于历史文化遗产的态度要复杂得多，一方面要贯彻落实中央政府关于遗产保护的相关要求；另一方面还要肩负地方经济社会的发展，保护与发展之间的联系与矛盾也让地方政府处于各个利益集团博弈的核心地位。开发企业作为与遗产保护管理密切相关的群体，在与地方政府的博弈过程中主要关注的是保护与不保护的经济收益问题。对于具有私有产权的居民群体来说，改善居住环境、增加就业机会、提升生活质量是其与地方政府博弈的落脚点。而对于历史文化遗产保护的非政府组织及其相关志愿者来说，经济利益始终是比较次要的，他们主要的诉求是从公益性的角度来要求地方政府部门加强保护，阻止相关部门破坏和拆毁历史文化遗产。通过对以上参与主体的博弈分析，能够更加深刻清晰地认识历史文化遗产保护过程中存在的问题，这为理顺它们之间的关系、推动相关保护管理体制机制改革奠定了一定基础。

第四，指出土地发展权转移对于协调城市开发建设与历史文化遗产保护具有非常积极正面的作用。按照地租理论，在历史文化遗产分布较为密集的城市中心地带，本应是高强度开发、高容积率使用的。不过，为了保护历史文化遗产，在土地分区规划下不得不面临容积率指标没办法用足的情况，不仅给土地所有权人造成相关经济利益的损失，也妨碍了历史文化遗产的保护水平。土地发展权理论就是在创新性解决这一矛盾中产生的，通过发展权转移，能够将那些没有用足的剩余容积率在同一地区或邻近地区内进行买卖交易。这样一方面补偿了保护历史文化遗产的低容积率而给产权人造成的损失，将发展权转移带来的赔偿用于遗产的进一步保护和改善自身经济状况；另一方面通过提高同一地区或邻近地区的容积率，给开发企业提供更多的建设面积和建设规模，实现开发企业的利益最大化。加强历史文化遗产保护的土地发展权转移研究，对于妥善处理我国文物建筑、历史文化街区保护与经济社会发展具有一定的理论和实践意义。

第五，指出历史文化遗产保护对于促进经济社会发展具有一定的推动作用。历史文化遗产作为一种特殊的文化产品和旅游资源，对于优化地区经济结构，提升经济运行水平、改善经济增长质量、促进国民经济社会发展具有非常强的带动作用。通过研究发现，历史文化遗产保护事业不但通过自身行业的发展带动直接就业、经营收入等方面的发展，而且还推动了文化旅游业、文化创意产业、交通运输业、餐饮住宿业、建筑业以及土地开发和房地产业的发展，可以说历史文化遗产保护在国民经济结构中具有较长的产业链条。近年来，我国历史文化遗产保护事业对经济社会发展作出了很大的贡献，特别是对那些拥有丰富遗产资源的地区，其文化旅游及其相关行业发展成为带动当地经济快速增长的重要方面。本书选取了具有代表性的案例分别研究了历史文化遗产保护对城市、产业新城及小城镇发展的影响，进一步验证了加强历史文化遗产保护对地区经济发展的强大促进作用。

第六，指出历史文化遗产保护与经济社会发展水平之间具有一定的关联性。纵观我国及国外相关历史文化遗产保护发展历程，我们发现历史文化遗产保护与经济社会发展层次之间是有规律可循的，也就是说两者的发展存在这样的路径：即在经济社会发展的启动阶段，历史文化遗产保护与经济发展之间矛盾和冲突逐步引发人们的关注和思考，并由此催生了与之相关的一系列行动、言论和法律法规。而一旦经济社会发生巨变尤其是经济处于快速增长时期，保护与发展之间的矛盾会急剧恶化，在经济迅猛发展的冲动下历史文化遗产往往成为牺牲品，被当作阻碍社会发展的绊脚石而被拆毁或破坏。这种现象不论是在 20 世纪 50—60 年代的欧美国家还是在改革开放初期的中国，经济的快速发展期也都是历史文化遗产惨遭破坏的高发期。不过，当经济社会发展到一定高度的时候，也就是人们从渴求物质资源满足到追求精神文化享受的转换过程中，历史文化遗产的保护问题再次引起人们的重视，加强历史文化遗产保护在政府、企业、社会组织以及个人之间逐渐达成了一种默契和共识。从这个角度看，"仓廪实则知礼节"的道理同样适用于历史文化遗产保护发展过程。

第七，提出改进我国历史文化遗产保护发展的建议和对策。本书在充分借鉴美国、日本、法国等国家在历史文化遗产保护方面先进经验的基础上，结合我国历史文化遗产保护的发展路径和现实特点，提出推进遗产保护与经济发展的保护管理体系改革、实施产权结构治理、改善资金保障制度以及探索建立土地发展权转移制度四个方面的建议，并对每一项建议进行了细化，以期对我国的历史文化遗产保护事业发展献出自己的一点点力量。

第二节　研究展望

历史文化遗产作为传承历史文化传统、增进民族认同感和提高全社会的文明程度的珍贵资源，对于改善人民群众的精神文化需求、提升社会生活的幸福感和增强民族的自豪感无疑具有极强的促进和引导作用。随着我国经济增长方式的转变和经济结构的不断优化调整，历史文化遗产保护在经济社会中的地位越来越重要，所发挥的社会和经济效益也越来越凸显。在这种情况下，探讨历史文化遗产保护与经济社会发展之间的关系实现互利共赢成为时代发展迫切需要解答的问题。不过，由于历史文化遗产保护问题涉及的知识领域非常广泛，相关理论研究层出不穷，受制于本人知识水平和研究能力的有限性，本书只是对历史文化遗产保护面临的困境进行了最基本的研究和探讨，还有许多研究工作需要进一步深入和细化，主要包括以下四个方面。

第一，加强历史文化遗产资源与资产方面的研究。历史文化遗产作为不可再生的珍贵文化资源的理念已经深入人心，但是对其资产性的研究还很不深入。特别是对属于绝大多属于国有产权的历史文化遗产，长期以来未纳入国有资产的范畴，导致难以像其他资源一样对其进行经济价值的衡量，更谈不上促进其价值的保值增值问题了。因此，进一步剖析历史文化遗产的资源属性和资产属性的关系问题，从经济学的角度加大研究力度，破除人们认识上的藩篱，打通历史文化遗产资源向资产转换的瓶颈，建立历史文化遗产资源资产登记评估制度，制定国有文物资源资产管理办法，建立健全文物资源动态管理体制机制，实现其文化价值向经济社会价值、资源属性向资产属性的合理有效转化应该是今后研究的全新领域。

第二，加强历史文化遗产保护投入产出的分析研究。尽管之前有部分专家学者对我国历史文化遗产的投入产出问题进行了一些定量和定性的分析，但从研究现状来看，不论是研究深度还是研究广度均存在不少欠缺。一是研究对象大都集中在文物系统，对于其他类型遗产的研究较少，尚未对整个历史文化遗产的投入产出开展全面系统的分析。二是宏观层面研究成果较多，微观层面研究成果相对较少。受制于相关财务数据难以获取的现状，很少有针对某一特定区域或单独的历史文化遗产进行投入产出分析的研究成果。三是尚未引入历史文化遗产投入产出的模型分析研究。由于历史文化遗产的投入产出比例在国民经济中占据的份额较小，受社会关注度较低，因此目前学界缺乏对其进行相关系统化精细化的研究。

第三，加强历史文化遗产经济刺激政策的分析研究。通过对西方国家历史文化遗产保护制度的研究发现，它们在历史文化遗产保护的过程中，往往通过制定一些财政刺激政策来引导使用权人加强历史文化遗产的保护，收到了非常好的效果。反观我国在历史文化遗产保护的经费投入上，大都采取直接拨款的方式，没有或很少要求相关的配套资金，也没有在税收、公用事业收费等方面推出减免政策，导致使用权人在遗产保护中的积极性不够，社会力量参与遗产保护的热情也不高。因此，有必要加强对与历史文化遗产保护利用密切相关的经济政策研究，尤其是借鉴西方国家先进经验并结合我国实际情况建立具有我国特色的历史文化遗产财税政策势在必行。

第四，加强城市土地再开发的历史文化遗产保护分析研究。从效用最大化的角度出发进行的城市土地再开发，对于挖掘存量土地的内在潜力、提高土地利用率、改善人居环境、完善基础设施、提升土地的经济社会效益具有非常突出的作用。然而在城市土地再开发过程中，由于我国当前主要采取房地产开发为主导的开发模式，政府和企业更多考虑经济收益而非社会效益，在实际操作层面出现了诸多与历史文化遗产保护不和谐的情况。尽管在此方面很多学者进行了开创性的探索和研究，也取得了一些成功的案例，但总的来说由于缺乏相关产权制度、法律规范和经济政策等方面的约束和激励，城市土地再开发中的历史文化遗产保护问题研究依然任重道远。本书在此方面的研究相对薄弱，这也是本人在今后研究中重点关注和探索完善的地方。

参考文献

一、外文论著

[1] Arthur C. Nelson, Rick Pruetz, Doug Woodruff. *The TDR Handbook: Designing and Implementing Transfer of Development Rights Programs*[M]. Island Press, 2013.

[2] Daniel Mandelker. *Land Use Law*[M]. Lexis Law Publishing, 1997.

[3] David Throsby. *Economics and Culture*[M]. Cambridge Universtiy Press, 2001.

[4] Donovan D. Rypkema. *The Economics of Historic Preservation: A Community Leader's Guide*[M]. National Trust for Historic Preservation,2005.

[5] Frank K, Petersen P. *Historic Preservation in the USA*[M]. New York: Springer, 2002.

[6] Moskowitz H S, Lindbloom C G. *The Latest Illustrated Book of Development Definitions*[M]. Routledge, 2004.

[7] Rick Pruetz. *Beyond Takings and Givings: Saving Natural Areas, Farmland and Historic Landmarks with Transfer of Development Rights and Density Transfer Charges*[M]. Sundsvall: Arje Press, 2003.

[8] Robert C. Ellickson, Vicki L. Been, Roderick M. Hills, Christopher Serkin. *Land Use Controls: Cases and Materials*[M]. Aspen Publishing Inc, 2020.

[9] Schiffman I, Schiffman A. *Alternative Techniques for Managing Growth*[M]. Berkeley: University of California, Institute of Governmental Studies Press, 1999.

[10] Thomas F. King. *Anthropology in Historic Preservation*[M]. London: Academic Press, Inc. Ltd., 1977.

[11] William A. Fischel. *The Economics of Zoning Laws: A Property Rights Approach to American Land Use Controls*[M]. Johs Hopkins University Press, 1985.

[12] William J. Muztagh. *Keeping Time: The History and Theory of Preservation in*

America[M]. New York: Sterling, 1990.

[13] Donovan D. Rypkema. *The Economics of Historic Preservation: A Community Leader's Guide*[C]. National Trust for Historic Preservation, 2005.

[14] Nathaniel Lichfield, William Hendon, Peter Nijkamp, Christian Ost, Almerico Realfonzo, Pietro Rostirolla. *Conservation Economics: Cost Benefit Analysis for the Cultural Built Heritage: Principles and Practice*[C]. ICOMOS, 10th General Assembly in Colombo, 1993.

[15] *Report On Economics of Conversation: An appraisal of Theories, Principles and Methods*[C]. ICOMOS International Economics Committee, 1998.

[16] Zouian G. S. *The Economic of World Heritage Sites: How Can Economic Analysis Improve the Retures and Protection of Culture Heritage*[C]. National Heritage Center-Tsinghua University, International Conference on Economic Development and Conservation of World Heritage Sites, 2010.

[17] Alchian.A, Demsetz, H. Production, Information Cost and Economic Organization[J]. *The American Review*, 1972(05):777-795.

[18] Arik Levinson. Why Oppose TDRs? Transferable Development Rights Can Increase Overall Development[J]. *Regional Science and Urban Economics,* 1997(27):283-296.

[19] Danner. John C. TDRs: Great Idea But Questionable Value[J]. *The Appraisal Journal 65,* 1997(02):133-142.

[20] David Schnakenberg. Speach: New York City's Landmarks Law [J]. *Widner Law Review*, 2012(18):259.

[21] John J. Constonis. Development Rights Transfer: An Exploratory Essay[J]. *The Yale Law Journal*, 1973,83(75):75-128.

[22] John J. Costonis. The Chicago Plan: Incentive Zoning and the Preservation of Urban Landmarks[J]. *Harvard Law Review* 1972, 85(03): 574-634.

[23] Johnston R A, Madison M E. From Landmarks to Landscapes: A Review of Current Practices in the transfer of development rights [J]. *Journal of the American Planning Association*, 1997(63): 365-378.

[24] Leslie E. Small, Donn A.Derr.Transfer of Development Rights: A Market Analysis[J]. *American Journal Economics*.1980,62(01):130-135.

[25] Michael D Kaplowitza, Patricia Machemerb, Rick Pruetz. Planners' Experiences in Managing Growth Using Transferable Development Rights (TDR) in the United States[J]. *Land Use Policy*, 2008(25): 378-387.

[26] MŠ Hribar, D Bole, P Pipan. Sustainable Heritage Management: Social, Economic and Other Potentials of Culture in Local Development[J]. *Social and Behavioral Sciences*, 2015(188):103-110.

[27] Pizor P J. Making TDR Work: A Study of Program Implementation[J]. *Journal of the American Planning Association*, 1986,52(02):203-211.

[28] Pruetz R, Standridge N. What Makes Transfer of Development Rights Work: Success Factors from Research and Practice[J]. *Journal of the American Planning Association*, 2009, 75 (01):78-87.

[29] Rick Pruetz, Erica Pruetz. Transfer of Development Rights Turns 40[J]. *American Planning Association , Planning & Environmental Law*, 2007:3-11.

[30] Samulson, Paul A.The Pure Theory of Public Expenditure[J]. *Review of Economics and Statistics*, 1954(36):387-389.

[31] Federal Historic Preservation Laws: The Official Compilation of U. S. Cultural Heritage Statutes: 2006 Edition[EB/OL]. (2015-05-05)[2017-09-02]. https://www.nps.gov/parkhistory/online_books/fhpl/index.htm.

[32] James A. Coon Local Government Technical Series Transfer of Development Rights[EB/OL]. (2016-10-11)[2018-02-18]. http://www.dos.ny.gov/lg/publications/Transfer_of_Development_Rights.pdf.

[33] Luigi Fusco Girard. Innovative Strategies for Urban Heritage Conservation, Sustainable Development, and Renewable Nergy[EB/OL]. (2016-03)[2017-12-15]. http://www.globalurban.org/GUDMag06Vol2Iss1/Fusco%20Girard.htm.

二、中文著作

[1] 毕宝德 . 土地经济学 [M]. 北京 : 中国人民大学出版社 ,2016.

[2] 鲍德威 , 威迪逊 . 公共部门经济学 :(第二版)[M]. 北京 : 中国人民大学出版社 ,2000.

[3] 詹姆斯·M. 布坎南 . 民主财政论 [M]. 穆怀朋 , 译 . 北京 : 商务印书馆 ,1993.

[4] 保罗·A. 萨缪尔森 , 威廉·D. 诺德豪斯 . 经济学 :(第十四版)[M]. 胡代光 , 等译 . 北京 : 北京经济学院出版社 ,1996.

[5] 巴泽尔 . 产权的经济分析 [M]. 费方域 , 段毅才 , 译 . 上海 : 上海人民出版社 ,1997.

[6] 陈志勇 . 陈莉莉 . "土地财政" 问题及其治理研究 [M]. 北京 : 经济科学出版社 ,2012.

[7] 罗纳德·H. 科斯 , 等著 . 财产权利与制度变迁 : 产权学派与新制度学派译文集 [C]. 刘守英 , 等译 . 上海 : 格致出版社 ,2014.

[8] 思拉恩·埃格特森 . 新制度经济学 [M]. 北京 : 商务印书馆 ,1996.

[9] 樊勇明 , 杜莉 . 公共经济学 [M]. 上海 : 复旦大学出版社 ,2003.

[10] 顾江 . 文化遗产经济学 [M]. 南京 : 南京大学出版社 ,2009.

[11] 国家文物局编 . 中国文物年鉴 (2017)[M]. 北京 : 文物出版社 ,2017.

[12] 胡乐明 , 刘刚 . 新制度经济学 [M]. 北京 : 中国经济出版社 ,2009.

[13] 黄恒学 . 公共经济学 [M]. 北京 : 北京大学出版社 ,2009.

[14] 黄少安 . 产权经济学导论 [M]. 北京 : 经济科学出版社 ,2004.

[15] 黄亚钧 . 微观经济学 [M]. 北京 : 高等教育出版 ,2005.

[16] 埃里克·弗鲁博顿,鲁道夫·芮切特.新制度经济学:一个交易费用分析范式 [M].姜建强译.上海:上海人民出版社,2006.

[17] 柯武刚,史漫飞.制度经济学:社会秩序与公共政策 [M].北京:商务印书馆,2000.

[18] 康晓光.NGO 扶贫行为研究 [M].北京:中国经济出版社,2001.

[19] 莱昂内尔·罗宾斯.论经济科学的性质和意义 [M].北京:商务印书馆,2000.

[20] 莱斯特·M.萨拉蒙.全球公民社会:非营利部门视界 [M].北京:社会科学文献出版社,2002.

[21] 李会明.产权效率论 [M].上海:立信会计出版社,1995.

[22] 梁思成.中国建筑艺术二十讲 [M].北京:线装书局,2006.

[23] 刘世锦.中国文化遗产事业发展报告 (2008)[M].北京:社会科学文献出版社,2008.

[24] 卢现祥.新制度经济学 [M].武汉:武汉大学出版社,2016.

[25] 罗哲文.中国古代建筑 [M].上海:上海古籍出版社,1990.

[26] 骆祖春.中国土地财政问题研究 [M].北京:经济科学出版社,2012.

[27] 麦加切尔·克罗斯.文化旅游与文化遗产管理 [M].朱路平,译.天津:南开大学出版社,2005.

[28] 米尔顿·弗里德曼.价格理论 [M].鲁晓龙,李黎,等译.北京:商务印书馆,1994.

[29] 诺思.经济史中的结构与变迁 [M].上海:上海三联书店,1991.

[30] 曼瑟尔·奥尔森.集体行动的逻辑 [M].陈郁,郭宇峰,李崇新,译.上海:格致出版社,2014.

[31] 潘义勇.产权经济学 [M].广州:暨南大学出版社,2008.

[32] 单霁翔.文化遗产保护与城市文化建设 [M].北京:中国建筑工业出版社,2009.

[33] 盛洪.现代制度经济学 [M].北京:中国发展出版社,2009.

[34] 斯密德.财产、权利和公共选择:对法和经济学的进一步思考 [M].上海:上海三联书店,1999.

[35] 孙弘.中国土地发展权研究:土地开发与资源保护的新视角 [M].北京:中国人民大学出版社,2004.

[36] 苏志强.产权理论发展史 [M].北京:经济科学出版社,2013.

[37] 吴志强,李德华.城市规划原理 [M].北京:中国建筑工业出版社,2010.

[38] 吴良镛.北京旧城与菊儿胡同 [M].北京:中国建筑工业出版社,1994.

[39] 肖泽晟.公物法研究 [M].北京:法律出版社,2009.

[40] 阳建强,吴明伟.现代城市更新 [M].南京:东南大学出版社,1999.

[41] 姚昭杰,刘国臻.我国土地权利法律制度发展趋向研究:以土地发展权为例 [M].广州:中山大学出版社,2016.

[42] 柯武刚,朱利安·西蒙,等著.经济、法律与公共政策的规则 [M].冯兴元,毛寿龙.重庆:重庆大学出版社,2013.

[43] 张凡.城市发展中的历史文化保护对策 [M].南京:东南大学出版社,2006.

[44] 张杰.吕舟.世界文化遗产保护与城镇经济发展 [M].上海:同济大学出版社,2013.

[45] 张杰.从悖论走向创新——产权制度视野下的旧城更新研究 [M].北京:中国建筑

工业出版社 ,2010.

[46] 张松 . 历史城市保护学导论 : 文化遗产和历史环境保护的一种整体性方法 [M]. 上海 : 上海科学技术出版社 ,2001.

[47] 张维迎 . 博弈论与信息经济学 [M]. 上海 : 格致出版社 ,2015.

三、期刊论文

[1] 边学芳 , 吴群 , 刘玮娜 . 城市化与中国城市土地利用结构的相关分析 [J]. 资源科学 ,2005(03):73-78.

[2] 柴铎 , 董藩 . 美国土地发展权制度对中国征地补偿改革的启示——基于福利经济学的研究 [J]. 经济地理 ,2014,34(02):148-153.

[3] 陈俊 , 齐百慧 . 浅议新形势下我国历史文化名城的保护 [J]. 四川建筑 ,2006(04):9-10.

[4] 陈利根 , 李宁 , 龙开胜 . 产权不完全界定研究 : 一个公共域的分析框架 [J]. 云南财经大学学报 ,2013,29(04):12-20.

[5] 程烨 . 土地利用控制与土地用途分区管制浅析 [J]. 中国土地科学 ,2001(04):22-25.

[6] 戴铜 , 金广君 , 董晶晶 . 开发权转让及相关概念的界定与辨析 [J]. 华中建筑 ,2010,28(03):23-26.

[7] 杜业明 . 现行农村土地发展权制度的不均衡性及其变迁 [J]. 西北农林科技大学学报 (社会科学版),2004(01):4-8.

[8] 顾军 . 法国文化遗产保护运动的理论与实践 [J]. 江西社会科学 ,2005(03):136-142.

[9] 贺云翱 . 文化遗产学初论 [J]. 南京大学学报 (哲学 . 人文科学 . 社会科学版),2007(03):127-139.

[10] 胡兰玲 . 土地发展权论 [J]. 河北法学 ,2002(02):143-146.

[11] 黄泷一 . 美国可转让土地开发权的历史发展及相关法律问题 [J]. 环球法律评论 ,2013,35(01):120-140.

[12] 姜海 , 夏燕榕 , 曲福田 . 建设用地扩张对经济增长的贡献及其区域差异研究 [J]. 中国土地科学 ,2009,23(08):4-8.

[13] 康保成 . 日本的文化遗产保护体制、保护意识及文化遗产学学科化问题 [J]. 文化遗产 ,2011(02):6-13.

[14] 孔德超 . 法国文化与自然遗产法历史发展概述 [J]. 理论界 ,2010(04):68-71.

[15] 李承刚 . 美国土木工程师学会选定中国赵州桥为 "国际历史土木工程里程碑" [J]. 土木工程学报 ,1991(04):92.

[16] 李和平 . 美国历史遗产保护的法律保障机制 [J]. 西部人居环境学刊 ,2013(04):13-18.

[17] 李和平 , 吴骞 , 章征涛 . 城市遗产保护公私权冲突的规划应对 [J]. 城市问

题 ,2016(11):83-89.

[18] 李世平 . 土地发展权浅说 [J]. 国土资源科技管理 ,2002(02):15-17.

[19] 梁青 , 林梦婕 . 日本文化遗产保护政策的两次转型 [J]. 大众文艺 ,2016(04):272-273.

[20] 林旭霞 , 王芳 . 历史风貌建筑的权利保护与限制——以公共地役权为解决方案 [J]. 福建师范大学学报 (哲学社会科学版),2012(03):40-47.

[21] 林元兴 , 陈贞君 . 容积移转与古迹保存 [J]. 中国土地科学 ,1999(05):14-18.

[22] 刘文俭 , 张传翔 . 土地资源的节约集约利用与城市经济的持续稳定发展 [J]. 现代城市研究 ,2006(05):53-58.

[23] 刘文敬 , 方瑜 . 基于开发权转移的历史街区开发模式初探 [J]. 山西建筑 ,2009,35(04):43-44.

[24] 刘夏夏 . 上海城市文化遗产保护管理中借鉴"发展权转移"制度的探讨 [J]. 上海城市规划 ,2011(03):79-83.

[25] 罗建 . 公共地役权制度研究 [J]. 中国不动产法研究 ,2014,9(00):84-107.

[26] 罗榆 , 刘贵文 , 徐鹏鹏 . 历史街区保护视角下的容积率等值转移研究——基于 Hedonic 模型 [J]. 建筑经济 ,2018,39(11):98-101.

[27] 欧名豪 , 李武艳 , 刘向南 , 等 . 城市化内涵探讨 [J]. 南京农业大学学报 (社会科学版),2002(04):13-22.

[28] 欧阳雪梅 . 努力走出一条符合国情的文物保护利用之路——习近平总书记文化遗产观研究 [J]. 湖南社会科学 ,2018(06):8-14.

[29] 阮仪三 . 市场经济背景下的上海历史文化遗产保护 [J]. 上海城市规划 ,2004(06):10-14.

[30] 阮仪三 , 林林 . 文化遗产保护的原真性原则 [J]. 同济大学学报 (社会科学版),2003(02):1-5.

[31] 邵波 , 钱升华 . 产权视阈下的不可移动文物外部性及其治理研究 25C[J]. 天津城建大学学报 ,2019,25(01):8-14.

[32] 邵甬 , 阿兰·马利诺斯 . 法国"建筑、城市和景观遗产保护区"的特征与保护方法——兼论对中国历史文化名镇名村保护的借鉴 [J]. 国际城市规划 ,2011,26(05):78-84.

[33] 邵甬 , 阮仪三 . 关于历史文化遗产保护的法制建设——法国历史文化遗产保护制度发展的启示 [J]. 城市规划汇刊 ,2002(03):57-60+65.

[34] 邵甬 , 王丽丽 . 产权制度下遗产保护与居住改善策略探讨——以上海公有居住类遗产为例 [J]. 城市规划 ,2016,40(12):73-80.

[35] 沈海虹 . 美国文化遗产保护领域中的税费激励政策 [J]. 建筑学报 ,2006(06):17-20.

[36] 沈海虹 . 美国文化遗产保护领域中的地役权制度 [J]. 中外建筑 ,2006(02):52-54.

[37] 沈海虹 . 文化遗产保护领域中的发展权转移 [J]. 中外建筑 ,2006(02):50-51.

[38] 孙洁 . 日本文化遗产体系 (上)[J]. 西北民族研究 ,2013(02):99-112.

[39] 孙燕 . 中国世界文化遗产潜在资源和发展状况——清华大学 - 国家遗产中心近期研究成果 [J]. 南方建筑 ,2011(05):20-24.

[40] 谭荣,曲福田.中国农地发展权之路:治理结构改革代替产权结构改革[J].管理世界,2010(06):56-64.

[41] 汤自军.国外自然文化遗产产权制度比较研究——以加拿大为例[J].文史博览(理论),2011(05):53-55.

[42] 唐鹏,周来友,石晓平.地方政府对土地财政依赖的影响因素研究——基于中国1998—2010年的省际面板数据分析[J].资源科学,2014,36(07):1374-1381.

[43] 田莉,姚之浩,郭旭,殷玮.基于产权重构的土地再开发——新型城镇化背景下的地方实践与启示[J].城市规划,2015(01):22-29.

[44] 王楚云.非国有不可移动文物上的权利冲突研究——以土地发展权转移为突破[J].法治论坛,2018(02):318-329.

[45] 王景慧.历史文化名城的保护内容及方法[J].城市规划,1996(01):15-17.

[46] 汪丽君,舒平,侯薇.冲突、多样性与公众参与——美国建筑历史遗产保护历程研究[J].建筑学,2011(05):43-47.

[47] 王万茂,臧俊梅.试析农地发展权的归属问题[J].国土资源科技管理,2006(03):8-11.

[48] 王权典,陈利根.集体土地征收补偿制度变革的立法选择[J].华南农业大学学报(社会科学版),2014(04):37-45.

[49] 吴明发,欧名豪,杨渝红,等.基本农田保护经济补偿的经济学分析[J].经济体制改革,2011(04):18-21.

[50] 夏方舟,严金明.新型城镇化背景下土地规划改革的方向[J].中国国情国力,2014(04):37-39.

[51] 杨明洪.刘永湘.压抑与抗争:一个关于农村土地发展权的理论分析框架[J].财经科学,2004(06),24-28.

[52] 姚青石,易晓园.不断的探寻与发展——法国遗产保护制度的发展历程[J].世界建筑,2010(04):120-123.

[53] 于小川.从法令规制的角度看日本文化遗产的保护及利用——二战前日本文化财保护制度的成立[J].北京理工大学学报(社会科学版),2005(03):3-5+11.

[54] 苑利.日本文化遗产保护运动的历史和今天[J].西北民族研究,2004(02):132-138.

[55] 运迎霞,吴静雯.容积率奖励及开发权转让的国际比较[J].天津大学学报(社会科学版),2007(02):181-185.

[56] 臧俊梅,张文方,李明月,等.土地发展权制度国际比较及对我国的借鉴[J].农村经济,2010(01):125-129.

[57] 张安录.可转移发展权与农地城市流转控制[J].中国农村观察,2000(02):20-25.

[58] 张朝枝,保继刚.国外遗产旅游与遗产管理研究——综述与启示[J].旅游科学,2004(04):7-16.

[59] 张鹏,高波,叶浩.土地发展权:本质、定价路径与政策启示[J].南京农业大学学报(社会科学版),2013,13(04):83-89+116.

[60] 张舜玺.习近平文物事业法治思想研究[J].中国法学,2017(04):5-22.

[61] 张松 . 中外城市遗产保护的制度比较与经验借鉴 [J]. 城市与区域规划研究 , 2009,2(02):114–127.

[62] 张松 . 中国文化遗产保护法制建设史回眸 [J]. 中国名城 ,2009(03):27–33.

[63] 张小平 , 闫凤英 . 有限理性视角下城市遗产保护主体的行为机制——基于上海市三个案例的比较研究 [J]. 城市规划 ,2018,42(07):102–107+116.

[64] 张耀宇 , 陈利根 , 陈会广 . "土地城市化"向"人口城市化"转变——一个分析框架及其政策含义 [J]. 中国人口·资源与环境 ,2016,26(03):127–135.

[65] 张友安 , 陈莹 . 土地发展权的配置与流转 [J]. 中国土地科学 ,2005(05):10–14.

[66] 周诚 . 我国农地转非自然增值分配的"私公兼顾"论 [J]. 中国发展观察 , 2006(09):27–29+26.

[67] 周其仁 . 公有制企业的性质 [J]. 经济研究 ,2000(11):3–12+78.

[68] 周武夫 , 谢继昌 . 有机更新视角下城镇低效用地再开发思路——以温州为例 [J]. 规划师 ,2014,30(S3):203–207.

[69] 邹兵 . 悉尼市历史建筑保护的奖励制度及启示 [J]. 规划师 ,2001(01):42–45.